Elementos da Teoria Estruturante do Direito Ambiental

Elementos da Teoria Estruturante do Direito Ambiental

NORMA AMBIENTAL, COMPLEXIDADE E CONCRETIZAÇÃO

2018

Giorgia Sena Martins

ALMEDINA

ELEMENTOS DA TEORIA ESTRUTURANTE DO DIREITO AMBIENTAL
NORMA AMBIENTAL, COMPLEXIDADE E CONCRETIZAÇÃO

Autor: Giorgia Sena Martins
DIAGRAMAÇÃO: Almedina
DESIGN DE CAPA: FBA
ISBN: 9788584933952

Dados Internacionais de Catalogação na Publicação (CIP)
(Câmara Brasileira do Livro, SP, Brasil)

Martins, Giorgia Sena
Elementos da teoria estruturante do direito ambiental : norma ambiental, complexidade e concretização / Giorgia Sena Martins. -- São Paulo : Almedina, 2018.

Bibliografia.
ISBN 978-85-8493-395-2

1. Crise ambiental 2. Desenvolvimento econômico - Aspectos ambientais 3. Direito ambiental 4. Direito ambiental - Legislação - Brasil 5. Norma jurídica 6. Pensamento I. Título.

18-19697 CDU-34:502.7(81)

Índices para catálogo sistemático:

1. Brasil : Direito ambiental 34:502.7(81)

Maria Alice Ferreira - Bibliotecária - CRB-8/7964

Este livro segue as regras do novo Acordo Ortográfico da Língua Portuguesa (1990).

Dezembro, 2018

EDITORA: Almedina Brasil
Rua José Maria Lisboa, 860, Conj.131 e 132, Jardim Paulista | 01423-001 São Paulo | Brasil
editora@almedina.com.br
www.almedina.com.br

Dedico este trabalho a minha mãe,
Benilda Sena, fonte inesgotável de estímulo e inspiração,
e a minha avó Olga Lunelli Sena (in memorian),
exemplo de força, amor e coragem.

AGRADECIMENTOS

À Professora Dra. Cristiane Derani, minha orientadora. Mais que a minha gratidão por sua orientação, registro aqui minha profunda admiração por sua inteligência e sagacidade. Esta dissertação é, em grande parte, fruto de seus preciosos *insights*!

Ao Professor Dr. José Rubens Morato Leite, coorientador deste trabalho e Coordenador do Grupo de Pesquisa Direito Ambiental na Sociedade de Risco, do qual participo, pelo carinho, pelo exemplo, pelo constante incentivo acadêmico, bem como pela experiência adquirida durante o estágio de docência que cumpri sob sua supervisão. Agradeço, ainda, pelas contribuições ao projeto de pesquisa e por ter me instado fortemente a aliar teoria e prática neste trabalho.

Ao Dr. Marcelo da Silva Freitas, Procurador-Chefe da Procuradoria Federal em Santa Catarina, por me permitir o gozo de setenta dias de licença-capacitação para a conclusão deste trabalho.

Aos Analistas e Técnicos Ambientais do IBAMA, pelas lições que me permitiram ver e entender o Direito Ambiental para além da letra fria da lei. Agradeço por me inspirarem com sua paixão e comprometimento com a causa ambiental. Em especial, agradeço aos analistas ambientais Antônio Ganme, Miguel Bernardino dos Santos, Vincent Kurt Lo, Jury Patrícia M. Semo e Ísis Akemi Morimoto, pelo treinamento sobre fauna e pelos valiosos subsídios que me forneceram, especialmente pelos slides e imagens usadas nas petições constantes dos anexos.

Ao Professor Doutor Rabah Benakkouche, Professor Titular de Economia da Universidade Federal de Santa Catarina, pela leitura atenta do primeiro capítulo deste trabalho, que sepultou meu medo de haver cometido alguma grande impropriedade em termos econômicos.

Aos Professores Doutores Patryck Araújo Ayala, José Eduardo Ramos Rodrigues (in memoriam), Ricardo Camargo, meus queridos amigos, pelos debates e por haverem lido os originais deste trabalho, presenteando-me com valiosíssimas sugestões.

Aos meus amados amigos do PPGD André Soares, Gabriela Navarro, Fabiano Dauwe, Luiza Christman, Kamila Guimarães Moraes, Renata Guimarães Reynaldo, Melissa Ely Melo, Liz Sass, Clarissa Dri, Ademar Pozzatti Jr., Flávia França Dinnebier, Luísa Bresolin, Patrícia Kotzias, Adailton Pires Costa, Alexandre Hubert, Kamila Brandl, Andreia Rosenir Silva pelos debates acadêmicos e, principalmente, por terem tornado a minha vida mais feliz durante o mestrado!

Aos meus queridíssimos amigos Procuradores Federais Osvaldo Antônio Bertemes, César Dirceu Obregão Azambuja, Martin Erich Rodacki e Henrique Albino Pereira pelo companheirismo, pela luta que compartilhamos, pelas risadas e pelas infindáveis (e profícuas) discussões ambientais.

Aos meus grandes amigos Miguel Teixeira Gomes Pacheco, Renata Cordeiro e Elena Lemos Pinto Aydos, pela incondicional amizade, carinho, apoio e incentivo em todos os momentos!

À minha querida mãezinha, Benilda Sena, por ter sempre a palavra certa, na hora certa e por ter sido o melhor exemplo de pesquisadora e de ambientalista que eu poderia ter na vida. Por tudo, mesmo! Mamis, te amo!

A Deus, sobre todas as coisas! Aos anjos e santos, budas e boddhsatvas, a todos seres de luz que nos circundam.

A todos os seres, enfim... àqueles que vejo, àqueles que não vejo, àqueles que me protegem, àqueles que me desafiam. A todos com quem tenho a honra de compartilhar este Planeta.

Tudo, creio, já foi pensado e dito por tantos e tontos
Ou quase tudo. Ou quase tontos
De modo que não há novidades sob o sol – e isso também já foi dito.
Então, o que se pode fazer de melhor é dizer de outra forma.

Manoel de Barros

PREFÁCIO[1]

Hoje, dia em que escrevo estas linhas, inicia-se a umas centenas de quilômetros a oeste daqui, em Paris, a 21ª Conferência do Clima, a COP21. Essa vigésima primeira Conferência Climática Mundial das Nações Unidas será provavelmente a última chance dessa cacofônica comunidade mundial dilacerada, já não mais de impedir, mas ao menos de iniciar o impedimento do desastre definitivo da humanidade nesse planeta, por meio de concretos acordos jurídicos obrigatórios.

O início desse processo foi marcado na Cúpula Mundial sobre Desenvolvimento Sustentável no Rio de Janeiro (1992), com sua Agenda 21, que entrou em vigor em 1994 na Convenção-Quadro sobre o Clima Mundial. Após o apático e indiferente acordo do protocolo de Kyoto de 1997, obrigatório no âmbito do Direito Internacional e o vergonhoso fracasso da Conferência de Copenhagen, em 2009, já não é possível garantir atualmente um viável biótopo de terra saudável. Temos um único planeta, que é finito em todos os níveis de sua potencialidade e seus recursos. A filosofia Trans-Humanista (como em Jean-François Lyotard) e as fantasias de evasão rumo a Exoplanetas não oferecem nenhuma solução pragmática

Somente um esforço, até agora, inimaginável de consciência e de coragem dos povos e seus políticos, poderá, quiçá, impedir que o nosso belo planeta não continue seguindo sua órbita ao redor do sol como um astro envenenado, um deserto sem vida ou uma vala comum radioativa.

Com isso, a proteção do clima e o aquecimento global são tão somente uma parte deste jogo. Apresente catástrofe na região do Rio Doce mostra com uma brutalidade assustadora, o quão frágeis são os Ecossistemas, o quão vulneráveis os meios de vida são e, o quão avassaladora uma Economia pode ser, quando esta cavalga sobre o turbocapitalismo financeiro atual,

[1] Traduzido por Vanessa Moreira Schemiczek e revisado por Friedrich Müller.

almejando somente lucros em curto prazo e com sua curta visão de um pretenso crescimento ilimitado.

A questão do meio ambiente e sua proteção são de uma complexidade a perder-se de vista. Giorgia Sena Martins enfrenta esse fato com suas pesquisas específicas e uma clara, minuciosa e abrangente análise dos casos ocorridos e julgados pelo Tribunal Regional Federal da 4ª Região e vai além – com dois desafios básicos: contesta a tradição linear cartesiana com a Teoria do Pensamento Complexo, de Edgar Morin e busca no Direito e na Ciência do Direito fazer frente ao positivismo convencional com a complexa Teoria Estruturante do Direito. Isso permite, por meio das categorias Norma Jurídica, Texto Normativo e Âmbito da Norma e, através de sua metodologia altamente diferenciada, a inserção de elementos da realidade das normas ambientais em vigor em direção a sua concretização – partindo da premissa da "necessidade de que o jurista compreenda a realidade que antecede a norma e as consequências que lhe sucedem, apreendendo a realidade como porta de entrada e saída da norma" (p. 128).

A autora responde a ambos desafios em um nível de excelência: abrangência científica, crítica – trabalha com rigor e com um empenho pessoal e humano que vão além da impressionante certeza e precisão.

Assim sendo, ela concebe não somente um novo pilar para a discussão dentro do Direito Ambiental Brasileiro, mas também um exemplo claro para a concreta aplicabilidade de um novo paradigma da Ciência do Direito no Brasil.

Seu livro deve ser e, assim espero e acredito, será reconhecido no Brasil como um marco em sua especialidade jurídica e, ao mesmo tempo, como uma legítima base para pesquisas futuras.

Heidelberg, 30 de novembro de 2015.

Friedrich Müller

LISTA DE SIGLAS

AGU	Advocacia-Geral da União
CITES	Convenção sobre o Comércio Internacional de Espécies Ameaçadas da Fauna e Flora Silvestres
DPU	Defensoria Pública da União
IBAMA	Instituto Brasileiro do Meio Ambiente e dos Recursos Naturais Renováveis
JFSC	Justiça Federal de Santa Catarina
MPF	Ministério Público Federal
ONU	Organização das Nações Unidas
PF/SC	Procuradoria Federal em Santa Catarina
TRF4	Tribunal Regional Federal da 4ª Região
UFSC	Universidade Federal de Santa Catarina

SUMÁRIO

Introdução

Um homem dos vinhedos falou, em agonia, junto ao ouvido de Marcela.
Antes de morrer revelou a ela o segredo:
– A uva – sussurrou – é feita de vinho.
Marcela Pérez-Silva me contou isto, e eu pensei: se a uva é feita de vinho, talvez a gente seja as palavras que contam o que a gente é.

Eduardo Galeano, *O Livro dos Abraços*

Ultrapassando qualquer elucubração teórica ou inquietação acadêmica, esta obra nasce de um problema de ordem prática: a constatação empírica, da Autora, em mais de uma década de atuação direta no contencioso ambiental federal, de que o Direito Ambiental não é suficientemente compreendido e aplicado pelo Poder Judiciário, dando margem a decisões que reduzem ou esvaziam o espectro de proteção ambiental.

Os laudos técnicos, as evidências científicas e o próprio texto normativo cedem espaço ao voluntarismo judicial, ao senso comum e a meras opiniões, em uma abordagem retórica, destituída da competente fundamentação ambiental. O desconhecimento das interações ecológicas abre alas ao princípio da insignificância. A pobreza serve de fundamento para a delinquência ambiental, enquanto a riqueza (o simples pagamento de multas) permite a 'regularização' de infrações. Cestas básicas substituem a responsabilização criminal e, até mesmo, a recuperação do dano. Soluções de ordem formal são garimpadas para evitar o conhecimento do mérito. Decisões alimentam boletins estatísticos, mas matam à míngua a necessária e urgente proteção ambiental.

Velhos cânones afetos às lides interindividuais e ao Direito Privado balizam decisões ambientais altamente complexas, relacionadas à danosidade difusa. A racionalidade mecanicista e fragmentada é aplicada, sem filtros, ao mundo vivo, orgânico, prenhe de interações. O Direito Ambiental é adaptado a institutos jurídicos ultrapassados. Não se amplia a ótica jurídica para entender a Ecologia; ao revés, reduz-se a Ecologia para que o Direito lhe seja aplicável.

O que surge, naturalmente, após os sentimentos de frustração, impotência e desespero, é a busca por uma saída. Como levar ao Judiciário uma nova visão? Como fazer o operador do Direito entender as lides ambientais? Como modificar a racionalidade jurídica tradicional? Como demonstrar que o Direito Ambiental não funciona sob a vetusta lógica das relações entre Mévio e Tício?

As questões formuladas encontram resposta jurídico-normativa na Teoria Estruturante do Direito de Friedrich Müller, especialmente em sua concepção de norma jurídica. Essa nova norma jurídica, que conjuga ser e dever ser, texto normativo e realidade, deve ser preenchida, do ponto de vista material (ambiental), pela Teoria da Complexidade, trazida aos meios acadêmicos ocidentais por Edgar Morin.

Este trabalho encerra uma tentativa de enfrentamento da crise ambiental por meio dos instrumentos de que dispõe o Direito, a partir da lei posta. Busca-se a concretização da norma jurídica ambiental. A ideia que perpassa todo a pesquisa é que não há como compreender as questões ambientais sem transpor a abordagem tradicional cartesiana. É necessário o recurso ao pensamento complexo, como forma de preencher a norma ambiental de realidade.

Explicar ou definir em poucas palavras a complexidade soa reducionista e contraditório. Entretanto, um exemplo pode ilustrá-la sob a ótica ambiental: a guarda doméstica irregular de um papagaio. Segundo a visão cartesiana, fragmentada, isso significa que apenas um papagaio que foi retirado da natureza e essa conduta pode ser tida por insignificante ou de baixa lesividade.

Do ponto de vista do pensamento complexo, um papagaio não é apenas um papagaio, mas uma rede de relações. A retirada de um papagaio da natureza implica que aqueles papagaios que ficaram no ninho não serão alimentados e perecerão. Além disso, cabe considerar que as aves alimentam-se de frutas e excretam as sementes: resta, então, comprometida a dispersão de sementes que contribuem para a manutenção da floresta.

Outro aspecto a ser considerado é o tráfico de animais: uma ave irregular é uma ave oriunda do tráfico. E o tráfico de animais é uma das atividades humanas mais danosas à biodiversidade, haja vista que cerca de 90% das aves traficadas morrem durante esse processo. Assim sendo, para que se tenha a guarda doméstica ilegal de um papagaio, cerca de nove papagaios morreram pelo caminho.

Além disso, um animal silvestre em cativeiro irregular pode se tornar agressivo, causar acidentes (mordeduras), além de transmitir doenças aos humanos (zoonoses, psitacoses etc.) e contrair doenças humanas de difícil tratamento.·.

Ainda é preciso considerar que um animal retirado da natureza é um animal que deixa de se reproduzir. A partir dos seis anos, um papagaio pode gerar cerca de quatro filhotes por ano. Assim, ao fim de 35 anos, a retirada de um exemplar da espécie pode significar o impacto exponencial de mais de 3500 papagaios que deixaram de nascer, considerando-se apenas os descendentes diretos, em duas gerações[1]. E isso é apenas o início de uma longa cadeia causal de abstrações que podem ser realizadas do ponto de vista da Ecologia e suas interrelações.

O exemplo do papagaio é singelo e paradigmático: em termos ambientais, não se pode considerar apenas aquilo que se vê, pois a maioria das interações está distante dos olhos do observador e as consequências não são diretas ou imediatas, tais quais em um acidente de carro. É preciso ir mais longe e visualizar a teia de infinitas relações, nas quais há que se considerar a interdependência entre os fatores antrópicos, bióticos e abióticos. Se um singelo papagaio permite avaliar tantos desdobramentos, o que dizer da construção de uma usina hidrelétrica, por exemplo?

O texto normativo, ao dispor sobre a ilicitude da guarda de um animal silvestre, não consegue abarcar toda essa realidade. As questões relativas ao tráfico de animais, à crueldade que lhe subjaz, a dispersão de sementes e tudo o mais que conduz à substancial perda de biodiversidade não constam

[1] As informações acerca do tráfico de animais, bem como aquelas específicas relacionadas aos papagaios baseiam-se no treinamento "Aspectos Legais e Ambientais na Conservação da Fauna Silvestre", promovido pela AGU, em conjunto com o IBAMA/SP (GANME, 2009; KURT LO, 2009; MORIMOTO, 2009, SANTOS, 2009; SEINO, 2009). Foi anexada a este trabalho ampla bibliografia técnica referente à reabilitação, soltura, reintrodução ou translocação de psitacídeos (Anexo A).

do texto normativo e não podem ser constatadas a partir de um processo hermenêutico lógico-dedutivo.

O texto da norma é apenas o início de um processo de aplicação do Direito. A norma precisa ser construída, conjugando-se o texto normativo com a realidade, que é muito mais rica, ampla e complexa do que pode prever a letra fria da lei. O mecanismo subsuntivo de interpretação afigura-se insuficiente diante da magnitude do caso concreto, que ganha ainda mais relevo quando o assunto é meio ambiente.

É preciso ir além e trazer a realidade (o âmbito da norma) para o processo de aplicação do Direito. É aí que entram Friedrich Müller e Edgar Morin, com as ideias de concretização e complexidade, aqui aplicadas especificamente à área ambiental.

As hipóteses que pautam este trabalho são, portanto: a) que o conteúdo ambiental da norma não é suficientemente compreendido por parcela do Poder Judiciário, o que resulta em decisões que não salvaguardam o meio ambiente; b) que a abordagem tradicional, pautada pela mera indicação de textos legais, doutrina e princípios não tem se mostrado suficiente para a promoção da compreensão dos institutos jurídico-ambientais; c) que a compreensão e aplicação do Direito Ambiental demandam uma nova abordagem e uma nova forma de argumentação, a qual deve passar pela demonstração da complexidade subjacente à norma ambiental.

O objetivo geral deste trabalho é propor fundamentos de concretização da norma jurídica ambiental, conjugando texto normativo e realidade, com base na transposição do paradigma cartesiano e o apelo ao pensamento complexo.

Os objetivos específicos deste trabalho são: a) contextualizar a crise ambiental, utilizando argumentos relativos à Economia Ecológica e à sociedade de risco, em sua conexão com o pensamento complexo; b) demonstrar, por meio da comparação entre as concepções de norma em Kelsen e Müller, a necessidade de superação do pensamento cartesiano e a adoção do pensamento complexo de forma a permitir a compreensão do conteúdo ambiental da norma e sua correta aplicação; c) demonstrar, do ponto de vista prático, a insuficiente compreensão da norma ambiental por parcela do Poder Judiciário e a utilização de instrumentos de concretização da norma ambiental, bem como os resultados obtidos a partir da utilização desses instrumentos.

O método de abordagem adotado nesta pesquisa é o método indutivo, por meio de análise qualitativa. Utiliza-se preponderantemente o

Método de Procedimento Monográfico. A temática será desenvolvida com a técnica de documentação indireta por meio de pesquisa documental em fontes primárias (processos judiciais/decisões judiciais/jurisprudência) e pesquisa bibliográfica interdisciplinar.

Para as citações, optou-se pelo sistema autor-data (NBR 10520/2002, da Associação Brasileira de Normas Técnicas), regra que também fundamenta a utilização das notas de rodapé explicativas, haja vista a vedação de utilização simultânea das mesmas com as notas de referência bibliográfica.

Para alcançar os objetivos propostos, a dissertação foi dividida em três capítulos, que contemplam respectivamente teoria de base, problematização e teste da hipótese.

O primeiro capítulo trata da crise ambiental: aborda as relações entre Ecologia e Economia à luz da Teoria da Complexidade. Busca demonstrar que a crise ambiental decorre da forma como a teoria econômica tradicional concebe o mundo, atribuindo à Economia as características de sistema fechado, sem portas de entrada e saída, que desconsidera, em suas bases, a variável ambiental. Como sistema fechado, a Economia é um verdadeiro moto-contínuo, que opera dentro de um sistema aberto (o Planeta Terra), que pode comportar um crescimento econômico infinito. Essa concepção deixa de considerar as ligações entre a Economia e a Ecologia e os impactos recíprocos, considerando equivocadamente o planeta como uma fonte inesgotável de recursos e uma fossa infinita de dejetos. Trata-se de uma visão fragmentada e estanque, que ignora a complexidade subjacente às relações. Essa crítica é feita por meio da conjugação da Economia Ecológica com a Teoria da Complexidade.

Constata-se, assim, que a abordagem econômica tradicional erigiu a chamada sociedade de risco (Ulrich Beck). Analisam-se, ainda no primeiro capítulo, as características das ameaças e danos ambientais que perpassam a sociedade de risco, bem como os mecanismos de proteção simbólica, ocultamento e negação do risco que objetivam permitir a continuidade do desenvolvimento tecnoindustrial e exploração indiscriminada dos recursos naturais.

Buscam-se, finalmente, as bases do pensamento complexo para a compreensão da realidade ambiental, como forma de transpor a racionalidade dominada pelo pensamento cartesiano, pautado em uma visão mecanicista, reducionista, interindividual, insuficiente ao enfrentamento da crise ambiental contemporânea.

Constata-se que a crise decorre de uma visão alheia à complexidade e que a uma saída possível seria a retomada da complexidade perdida. Portanto, a teoria da complexidade é apresentada no primeiro capítulo, mas permeia integralmente os demais.

Como o objetivo último do trabalho é propor uma alternativa jurídica para minimizar a crise ambiental, é indispensável contextualizar a crise, mostrando suas origens ligadas à teoria econômica tradicional e à teoria kelseniana da norma, que têm em comum o déficit de complexidade. A retomada da complexidade é o que se propõe nesta pesquisa, dentro da concepção de norma jurídica proposta por Friedrich Müller.

Assim, o segundo capítulo cuida precisamente da complexidade dentro da Teoria do Direito. Para tanto, realiza-se a problematização por meio de uma comparação entre o conceito de norma jurídica em Kelsen e em Müller. As ideias de Kelsen são relacionadas ao pensamento cartesiano, enquanto as ideias de Müller mostram-se ligadas ao pensamento complexo. Busca-se distinguir o processo de subsunção lógico-dedutivo, que pauta a tradicional interpretação dos textos normativos com o processo indutivo e criativo de construção da norma jurídica em Müller.

Traçadas tais distinções, apresentam-se, ainda no segundo capítulo, sugestões de concretização da norma jurídica ambiental, como resposta aos problemas apresentados, sugerindo o uso de uma argumentação que ultrapasse a simples abordagem lógica, dogmática e racional como meio de conduzir os operadores do Direito a uma nova racionalidade ambiental.

Essa nova abordagem passa pela readequação da linguagem, pela sensibilização ecológica, pelo uso de metáforas, analogias, exemplos imagens, reportagens e uma série de argumentos metajurídicos (de ordem econômica, sociológica, ecossistêmica, holística etc.), cujo objetivo é dar concretude ao conteúdo ambiental da norma. O rol de sugestões apresentado é exemplificativo e comporta tantas opções quanto a criatividade do operador do Direito o permitirem.

Como forma de exemplificar a abordagem proposta, anexou-se a este trabalho uma peça processual elaborada pela Autora, em conformidade com os moldes sugeridos no segundo capítulo. Trata-se de peça já utilizada em juízo, referente a processo judicial integralmente analisado neste trabalho (Item 3.2, Caso Cornélia, Anexo B).

O terceiro capítulo, como teste da hipótese, apresenta uma abordagem prático-teórica. Busca demonstrar, no âmbito do processo, as premissas anteriormente abordadas. Cuida, assim, da análise de casos concretos, julgados pela Justiça Federal da 4ª Região.

De forma a garantir fidedignidade às análises, são apresentados os principais argumentos arrolados pelo autor da demanda e pelo réu, assim como os fundamentos jurídicos de cada decisão. Há, portanto, uma preocupação descritiva/narrativa, com a finalidade de permitir a compreensão global da lide, e não apenas de alguns argumentos invocados. Pelas mesmas razões, as decisões principais decisões judiciais mencionadas foram anexadas à dissertação, para permitir que o leitor confira o exato teor das mesmas, sepultando dúvidas acerca de uma eventual distorção interpretativa da Autora.

Optou-se pela análise qualitativa em lugar da apresentação de dados estatísticos, por se entender que essa é a melhor forma de elucidar a falta de compreensão do conteúdo ambiental da norma veiculada por determinados setores do Poder Judiciário. Assim, viu-se por bem aprofundar a análise dos fundamentos utilizados pelos Magistrados, como forma de ilustrar a incompreensão que ainda existe nos meios jurídicos.

A pesquisa em fontes primárias limita-se à análise de decisões de primeiro e segundo graus da Justiça Federal da 4ª Região, cuja escolha pautou-se em duas razões: a primeira, de ordem prática, por se tratar do Tribunal no qual a Autora atua, o que lhe facultou o acesso direto às decisões e processos judiciais; a segunda razão, não menos importante, por ser um Tribunal com alta qualidade técnica.

O Judiciário Federal costuma primar por rigorosos critérios de recrutamento de Juízes Federais. Possui, teoricamente, operadores do Direito capacitados para a compreensão e aplicação da norma jurídica ambiental. Realizou-se, portanto, o corte a partir da análise da jurisprudência das decisões de um tribunal que figura, tecnicamente falando, dentre os melhores tribunais brasileiros.

Foram selecionados quatro casos recentes, julgados no ano de 2012, de modo a demonstrar a contemporaneidade dos posicionamentos. O recorte efetuado refere-se ao cativeiro de animais silvestres e exóticos. Essa escolha deve-se ao fato de que, nesses processos, se pode aferir com precisão a (in) compreensão acerca da matéria ambiental, sem que outras ponderações sejam contrapostas (desenvolvimento, geração de empregos etc.). Busca-se demonstrar que mesmo os processos ambientais aparentemente simples não são facilmente compreendidos e demandam uma leitura à luz do pensamento complexo.

Os processos analisados seguem uma ordem crescente de complexidade (aqui tomada em sentido vulgar), apresentando alguns dos principais fundamentos que redundam no esvaziamento dos institutos ambientais: desconsideração do texto normativo, dos laudos técnicos, justificação das infrações ambientais no costume, na ausência de maus tratos, na insignificância, na pobreza, na *ignorantia legis*, bem como na distorção interpretativa do conteúdo ambiental da norma.

A seguir, demonstram-se os esforços em busca de concretização da norma, assim como os resultados obtidos. A análise de cada caso concreto é feita tanto à luz da teoria da complexidade, quanto em relação à teoria da norma proposta por Müller, conectando teoria e prática.

Além das referências bibliográficas, consta deste trabalho bibliografia recomendada que permite o aprofundamento em diversos temas aqui mencionados e que podem ser utilizadas em desenvolvimentos posteriores acerca da matéria.

Espera-se, finalmente, que este trabalho possa contribuir para suscitar novas reflexões sobre a forma de trabalhar o Direito Ambiental e sobre a necessidade de se atentar às suas peculiaridades, para as quais os mecanismos tradicionais de interpretação, argumentação e aplicação do Direito se mostram insuficientes.

1. Ecologia, Economia e Complexidade: da Interdependência Conceitual ao Enfrentamento da Crise

Eu tive um sonho que eu estava certo dia
Num congresso mundial discutindo Economia
Argumentava em favor de mais trabalho
Mais emprego, mais esforço, mais controle, mais-valia
Falei de polos industriais, de energia
Demonstrei de mil maneiras como que um país crescia
E me bati pela pujança econômica baseada na tônica da tecnologia
Apresentei estatísticas e gráficos
Demonstrando os maléficos efeitos da teoria
Principalmente a do lazer, do descanso
Da ampliação do espaço cultural da poesia
Disse por fim para todos os presentes
Que um país só vai pra frente se trabalhar todo dia
Estava certo de que tudo o que eu dizia
Representava a verdade pra todo mundo que ouvia
Foi quando um velho levantou-se da cadeira
E saiu assoviando uma triste melodia
Que parecia um prelúdio bachiano
Um frevo pernambucano, um choro do Pixinguinha
E no salão todas as bocas sorriram
Todos os olhos me olharam, todos os homens saíram
Um por um
Fiquei ali naquele salão vazio
De repente senti frio, reparei: estava nu
Despertei assustado e ainda tonto
Me levantei e fui de pronto pra calçada ver o céu azul
Os estudantes e operários que passavam
Davam risada e gritavam: "Viva o índio do Xingu"!

Gilberto Gil, *Um sonho*

1.1. Considerações Preliminares

O óbvio nem sempre é visto e compreendido, embora seja, muitas vezes, evidente. Assim, é preciso demonstrá-lo. Ecologia e Economia interimplicam-se, como realidades indissociáveis. O desenvolvimento econômico irrefreado e irresponsável impacta o meio ambiente, causando desequilíbrio. O desequilíbrio conduz às catástrofes ambientais, que impactam fortemente a Economia. O processo é circular e recursivo. No entanto, em termos práticos, essa correlação básica não foi efetivamente incorporada pelo pensamento econômico.

O impacto do furacão Sandy, que deixou Nova York em um cenário pósapocalíptico, serve para ilustrar essa estreita conexão entre Ecologia e Economia. Cerca de 50 milhões de pessoas foram diretamente afetadas. Mais de 8 milhões de endereços ficaram sem energia elétrica. As Bolsas deixaram de movimentar 117,4 bilhões de dólares ao dia nos EUA. Mais de 15 mil voos de companhias nacionais e internacionais foram cancelados. Uma usina elétrica explodiu na ilha de Manhattan. Cinquenta casas foram consumidas por um incêndio no Queens. Inundações ameaçaram a central nuclear de Oyster Creek. Em Nova Jersey, Sandy custou pelo menos 29,4 bilhões de dólares em destruição. O montante de 138 bilhões de dólares foi apontado como o custo estimado das catástrofes naturais no ano de 2012. Metade desse valor corresponde aos danos provocados pelo Furação Sandy e pela seca que afetou os Estados Unidos. (SANDY..., 2012a; 50 MILHÕES..., 2012; BOLSAS..., 2012; NÚMERO..., 2012; SANDY..., 2012b; FURACÃO..., 2012; FURACÃO..., 2012a; 2012b; 2012c; RELATÓRIO..., 2013).

Relatório da Organização das Nações Unidas[2], divulgado no dia 14 de março de 2013, apresenta previsões alarmantes: o mundo pode viver um colapso ambiental em 2050. Os desastres naturais deversão ocorrer com maior frequência e intensidade, gerando grandes danos econômicos e perdas humanas. São estimadas cerca de 2,7 bilhões de pessoas vivendo em extrema pobreza em 2050, como consequência da degradação do planeta. A estimativa é de que mais de 3 (três) bilhões de pessoas vivam na miséria nos próximos 37 anos (RELATÓRIO..., 2013).

[2] Relatório de Desenvolvimento Humano 2013, elaborado pelo Programa das Nações Unidas para o Desenvolvimento (PNUD).

Economia e meio ambiente coexistem de forma interdependente: a economia depende do meio ambiente. Paradoxalmente, o destroi. Da mesma forma, é por ele impactada, num círculo vicioso. Nenhuma análise ecológica pode, portanto, dispensar uma abordagem econômica. O inverso também é verdadeiro. Há que se perscrutar a raiz do problema. A crítica comporta diversas vertentes. Neste trabalho, a compreensão da crise ambiental parte da elucidação prévia de algumas categorias da Economia tradicional e da Economia Ecológica. A partir daí, constata-se o déficit de complexidade da abordagem tradicional e seu corolário, a sociedade de risco.

Parte-se de duas premissas insofismáveis: a primeira é que "não há essencialmente uma separação material entre Economia e Ecologia." (DERANI, 2009, p. 173). A segunda, que se vive uma crise ambiental sem precedentes. A partir daí, recorre-se o aparato jurídico estatal como forma de equilibrar a tensão existente:

> A sociedade, por consumir elevadas quantidades de energia e provocar profundas alterações nos ecossistemas, necessita de subsistemas jurídicos destinados à normatização das técnicas de produção e consumo, que lhe sirvam de moldura apta a alcançar um grau ótimo de aproveitamento energético com o mínimo de degradação dos recursos naturais. Estas normas integram o conteúdo do Direito Ambiental. (FIGUEIREDO, 2010, p. 32)

Assim, por meio do contraste entre Ecologia e Economia à luz da teoria da complexidade, pode-se traçar uma linha do tempo que demonstra que a Economia Tradicional, baseada na ideia de um moto-contínuo e na consequente ilusão da possibilidade de crescimento infinito, levou a sociedade moderna a um desenvolvimento tecnocientífico avassalador. Esse desenvolvimento, porém, desconsiderou a variável ambiental, conduzindo à sociedade de risco, na qual se constata a existência macroperigos, cuja previsão e controle escapam aos mecanismos tradicionais de gestão, quer políticos, quer científicos, quer jurídicos.

Portanto, em uma relação de causa-efeito, tem-se que a abordagem econômica tradicional é a **causa** e a sociedade de risco, a **consequência** da abstração da **variável ambiental,** que gerou a crise.

A desconsideração da variável ambiental é, por sua vez, decorrência do paradigma cartesiano, mecanicista e fragmentador, que isola o homem de suas relações. O paradigma complexo, por outro lado, reconecta homem e natureza, Economia e Ecologia, Direito e realidade, apontando uma saída para a crise.

François Ost (1995, p.390) resume essa ligação:

> A sorte do planeta e a sorte da humanidade são indissociáveis. Antroposfera e biosfera são solidárias, de forma que a injustiça das relações sociais gera a injustiça das relações com a natureza. Todo combate ecológico consequente, conduz, necessariamente a um requestionar da ordem econômica.

A tentativa de enfrentamento da crise proposta nesse trabalho parte de uma breve, porém indispensável, análise econômica, sob o viés da complexidade, aqui apresentada como porta de entrada e de saída dos problemas ambientais.

A abordagem econômica clássica não leva em conta a complexidade ecológica. O enfrentamento dos macroperigos decorrentes da sociedade de risco, por sua vez, somente pode se dar fazendo-se o caminho inverso, ou seja, por meio de uma visão que tome em conta essa complexidade. **O caminho de volta para casa é o caminho da retomada da complexidade perdida.**

A partir dessa abordagem, que perscruta as causas da crise, buscando na teoria econômica clássica a origem provável, propõe-se, como solução, uma abordagem jurídica[3]. Segundo Derani (2009, p. 183):

> [...] quando se trata da posição que assume o Direito atualmente diante das relações econômicas, discute-se precisamente sobre um papel inédito que ele assume como organização da sociedade perante a situação sem precedentes causada pelo desenvolvimento industrial.

Ainda acerca do papel fundamental do Direito como instrumento de transformação/conformação social, a mesma autora afirma que:

> Pelo Direito ambiental e econômico são tratados os meios da atividade industrial – neste caso, o domínio da natureza pelo homem – e a finalidade desta atividade – para a produção de mercadorias. Reflete o Direito, portanto,

[3] A abordagem jurídico-teórica é feita no segundo capítulo, enquanto o terceiro é dedicado à prática.

> diretamente as consequências dessa 'revolução', que, por seus aspectos imprevisíveis, implanta no ordenamento jurídico um caráter dinâmico capaz de conduzir e ser conduzido pelas mudanças vertiginosas que se operam na sociedade do homem industrial. (DERANI, 2009, p. 182)

A incorporação da variável ambiental ao pensamento econômico, assim como ao pensamento jurídico, depende da compreensão das bases da Ecologia e do pensamento complexo. Esses conceitos, que se interpenetram, devem ser estendidos à seara da argumentação jurídica, como forma de transpor a abordagem tradicional, dando tratamento efetivo à crise ambiental por meio do esclarecimento do conteúdo ambiental da norma.

José Lutzemberger (1977, p. 12) define a Ecologia como "a ciência da sobrevivência" e assinala que "a sobrevivência de cada uma das partes depende do funcionamento harmônico da Ecosfera como um todo". A Ecosfera é comparada a uma sinfonia, em que os instrumentos musicais devem coexistir de forma perfeitamente entrosada: cada instrumento individual promove a grandiosidade do todo e existe em função do todo. Assim como numa orquestra, nenhuma espécie tem sentido isoladamente, pois todas são peças de "uma grande unidade funcional, em que cada peça tem uma função específica, complementar às demais." (LUTZEMBERGER, 1977, p.12)

A ideia de complexidade surge, portanto, nas primeiras linhas do Manifesto Ecológico Brasileiro: "A Natureza não é um aglomerado arbitrário de fatos isolados, arbitrariamente alteráveis ou dispensáveis. Tudo está relacionado com tudo." Ali já consta, também, a crítica essencial à Economia tradicional: "a Nave Espacial Terra é finita. Seus recursos são limitados." (LUTZEMBERGER, 1977, p. 11). Essa constatação, embora elementar, foi desprezada pela sociedade industrial. É o que será visto no ponto a seguir.

1.2. Da Economia Tradicional à Economia Ecológica: os Fundamentos da Crise Ambiental e a Saída do Labirinto

Ainda hoje, a sociedade contemporânea pauta-se na visão econômica tradicional, que começou a ser cunhada na segunda metade do século XVIII e que constitui fator determinante da crise ambiental. Essa visão concebe, teoricamente, a possibilidade de crescimento infinito, na qual o planeta Terra estaria apto a fornecer recursos ilimitadamente e suportar, sem restrições, todos os resíduos gerados pelo processo produtivo. Nesse sentido, a Terra seria uma fonte infinita de recursos e uma fossa infinita de dejetos.

No contexto pós-Revolução Industrial, o mundo se via encantado com as máquinas e com a visão mecanicista que caracterizou aquele momento histórico. Assim, a Economia também foi concebida como uma máquina: uma máquina perfeita, que poderia, teoricamente, funcionar de maneira incessante, sem necessitar de combustível, nem gerar resíduos que fossem dignos de nota no âmbito da teoria econômica.

Esse modelo ideal, por óbvio, não condiz com a realidade física do planeta e apresenta, é certo, efeitos indesejados que não foram originalmente previstos. O crescimento infinito, promessa da Economia tradicional, não se sustenta do ponto de vista ambiental.

Assim, este capítulo apresenta uma crítica aos fundamentos teoria econômica à luz da Economia Ecológica, a partir de quatro pilares essenciais: a teoria dos sistemas, o fluxo metabólico, a escala da Economia e o cenário em que as trocas econômicas devem acontecer.

O primeiro aspecto analisado é a relação entre Economia e Ecologia dentro da teoria dos sistemas: a posição ocupada pela Economia em cotejo com a posição ocupada pela Ecologia, em uma relação continente-conteúdo. O segundo ponto introduz a ideia de um fluxo metabólico real em contraposição ao fluxo monetário circular da Economia tradicional. O terceiro aspecto analisado é o tamanho da Economia (preocupação da Economia Ecológica) em contraposição à alocação de recursos e mera substituição dos fatores de produção, que pautam a Economia tradicional.

Por fim, analisa-se o cenário em que essas transformações econômicas são (ou podem ser) geradas: em um mundo globalizado, baseado no livre comércio (Economia Tradicional) ou no âmbito das comunidades nacionais (Economia Ecológica).

Todos os pontos a serem abordados interligam-se e sua análise depende da compreensão do conceito que lhe antecede, razão pela qual se optou por uma análise integrada dos quatro aspectos descritos. A divisão feita a seguir, a rigor, não existe, na prática, e objetiva, tão somente, facilitar a exposição das ideias.

1.2.1. O Diagrama do Fluxo Circular versus a Teoria da Entropia: Economia e Ecologia na Teoria dos Sistemas

O ponto de partida da teoria econômica convencional é o "diagrama do fluxo circular", que não contempla a ideia de entropia que fundamenta a Economia Ecológica. Segundo o diagrama do fluxo circular, as riquezas circulam entre as empresas e as famílias, em um sistema fechado, conforme a ilustração a seguir:

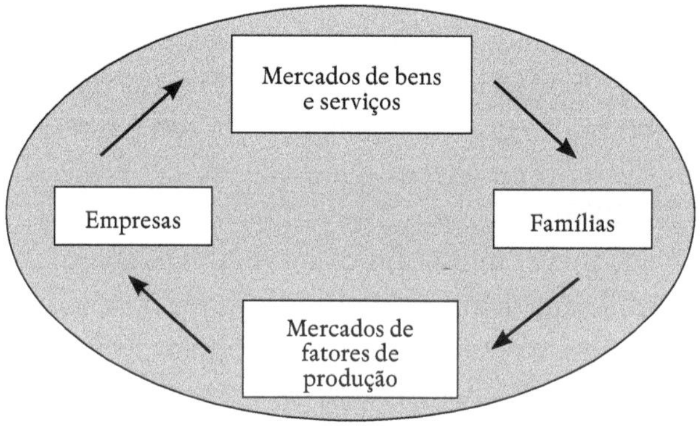

Fonte: http://blogdoenriquez.blogspot.com.br/2010/01/para-e-as-possibilidades-de-um.html

A Economia tradicional pauta-se na Primeira Lei da Termodinâmica, segundo a qual, nada se perde (em um sistema fechado, a energia dos sistemas se conserva).

Já a Economia Ecológica baseia-se na Segunda Lei, que prevê a existência de perdas: aceita a irreversibilidade de determinados processos, o que torna as perdas inevitáveis.

A compreensão dessas teorias depende, contudo, de noções oriundas da Teoria dos Sistemas, que teve como precursor, no âmbito da Economia Ecológica, o matemático Kenneth Boulding (1967). Cabe, desde logo, definir sistemas isolados, abertos e fechados:

Sistemas isolados são os que não envolvem trocas de energia nem matéria com seu exterior. O único exemplo razoável é o do próprio universo. No extremo oposto estão os **sistemas abertos,** que regularmente trocam

> matéria e energia com seu meio ambiente, como é o caso da Economia. E os **sistemas fechados** só importam e exportam energia, mas não matéria. A matéria circula no sistema, mas não há entrada nem saída de matéria do mesmo. Na prática é o caso do planeta Terra, pois são irrisórios os casos de meteoros que entram ou de foguetes que não voltam. [grifos no original] (CECHIN; VEIGA, 2010, p. 35)

Para a teoria econômica tradicional, a Economia seria sistema fechado (diagrama do fluxo circular), um todo do qual o meio ambiente é apenas uma das partes. Assim, sob uma ótica utilitarista, a Economia considera alguns elementos do meio ambiente como setores da macroeconomia: pesca, mineração, agropecuária, ecoturismo etc. O meio ambiente, portanto, é parte da Economia. Logo, a Economia é vista como um sistema fechado e a Terra como um sistema aberto, que pode crescer ilimitadamente (CECHIN; VEIGA, 2010).

O diagrama do fluxo circular funciona apenas teoricamente, dentro de uma visão estanque, que não computa aquilo que entra e aquilo que sai, ou seja, os recursos naturais que alimentam o sistema e os resíduos gerados.

Do ponto de vista físico, não é isso que acontece. O meio ambiente fornece recursos para a economia e recebe os resíduos não utilizados e inutilizáveis: "É assim que o sistema econômico mantém sua organização material e cresce em escala: ele é aberto para a entrada de energia e materiais de qualidade, mas também para a saída de resíduos." (CECHIN; VEIGA, 2010, p. 4). "Toda a vida econômica se alimenta de energia e matéria de baixas entropias e gera como subprodutos resíduos de alta entropia." (CECHIN; VEIGA, 2010, p. 5).

Essa ideia é descrita por Lutzemberger (1977, p. 13) como um "fluxo unidirecional que se move entre dois infinitos: num extremo, matéria prima e energia inesgotáveis; no outro, capacidade ilimitada de absorção de detritos", que é "indefinidamente ampliável em volume e velocidade."

A economia tradicional, portanto, ao fechar os olhos para a realidade, não precisa se preocupar com a finitude dos recursos ou com o destino dos dejetos gerados. Construiu um mundo "ideal", em que se tem a possibilidade de crescimento sem limites, um verdadeiro moto-contínuo. Essa ideia é insustentável, mas extremamente conveniente à sociedade de consumo. Basta produzir mais e mais. Assim, os países "se desenvolvem", riquezas são criadas, erradica-se a pobreza. O meio ambiente fica fora da equação.

A cômoda ideia de crescimento infinito dispensa maiores reflexões: não há que se pensar em racionalização do uso dos recursos naturais, em redução do consumo, em frugalização da vida. Basta crescer indefinidamente. Sob esse raciocínio, pensa-se na erradicação da pobreza (através do crescimento econômico contínuo, constante e generalizado) como solução da crise ecológica quando, talvez, seja a **erradicação da riqueza** [4] o caminho mais viável para a almejada sustentabilidade.

A teoria econômica tradicional, por desconsiderar a fonte e a destinação dos recursos naturais, leva à cegueira ambiental: "É porque a natureza não entra em nossas cogitações econômicas que não nos damos conta da gravidade de nossas agressões, não vemos que nos encontramos em pleno processo de desmantelamento da Ecosfera, cujo fim significará o fim também da economia humana." (LUTZEMBERGER, 1977, p. 14).

Já a concepção de mundo da Economia Ecológica parte de um raciocínio diametralmente oposto: nele, a Economia é um sistema aberto que está dentro de um ecossistema fechado, a Terra; a Economia é apenas uma parte desse ecossistema. Assim, o crescimento econômico tem limites, pois a Terra não pode se expandir.

Em síntese: para a Economia tradicional, o meio ambiente é uma parte da Economia. A Economia Ecológica inverte essa lógica: o meio ambiente é o todo, do qual a Economia é parte. Inverte-se a relação continente-conteúdo.

Além disso, para os cálculos da Economia Tradicional, a Economia não se comunica com o meio, é um sistema fechado. Para a Economia Ecológica, a Economia comunica-se com o meio: é um sistema aberto. Já o Planeta Terra, para a Economia tradicional, não tem limites, é um sistema aberto, que comporta o crescimento infinito. Na Economia Ecológica, o planeta tem limites, é um sistema fechado. Os recursos são finitos e devem ser usados parcimoniosamente.

Cechin e Veiga (2010, p. 2) consideram que "a macroeconomia é parte de um todo bem mais amplo que a envolve e sustenta", e que "a Economia

[4] A ideia de "erradicação da riqueza" como substituição à clássica tese de "erradicação da pobreza" foi desenvolvida pela Autora deste trabalho durante o curso de Mestrado, a partir da reflexão acerca da diferença entre a pegada ecológica dos pobres e dos ricos. Essa ideia foi apresentada oralmente em sala de aula e em alguns eventos científicos. Será objeto de estudos futuros.

é um subsistema aberto de um sistema bem maior, que é finito e não aumenta. É materialmente fechado, ainda que aberto para a energia solar".

Nesse sentido, Lutzemberger (1977, p. 13) afirma que "as ciências econômicas deveriam ser encaradas como aquilo que realmente são – um capítulo apenas da Ecologia." No entanto, o que se constata é que a Economia se acredita existente num plano transcendente à natureza, cujo único contato se dá na exploração de matéria prima gratuita.

Assim, partindo-se dessas constatações, tem-se claro que "qualquer expansão da macroeconomia terá um custo", uma "contrapartida natural". (CECHIN;VEIGA, 2010, p. 3). E esse custo é a gênese de toda a crise ambiental. É a dívida não paga do progresso para com a vida, suas gerações presentes e futuras.

As ideias de sistema fechado/aberto e a relação continente e conteúdo ora abordadas relacionam-se diretamente com o item a seguir, que trata do fluxo metabólico, inserindo o conceito de entropia na análise econômica, que migra, assim, de uma visão mecanicista e fragmentada para uma concepção orgânica e conectada com a realidade física do Planeta.

1.2.2. O Fluxo Metabólico[5]

O segundo ponto a ser considerado, após uma breve análise da posição da Economia e do meio ambiente dentro da teoria dos sistemas, é a ideia de metabolismo. A Economia tradicional inicia seus estudos no chamado diagrama de fluxo circular, que é mecânico e dispensa por completo o conceito de metabolismo, de cunho biológico. Em sua concepção, a economia poderia ser equiparada a uma máquina; já a Economia ecológica, ela seria o equivalente a um ser vivo.

O chamado diagrama de fluxo circular da Economia tradicional está ligado à ideia de sistema fechado e explica a relação entre produção e consumo por meio da circulação dos produtos, insumos e dinheiro entre empresas e famílias – as primeiras produzem, as segundas consomem. Segundo essa concepção, a Economia é um sistema fechado "no qual nada entra e nada sai, fora do qual, nada há. É uma representação da circulação

[5] Chamado por Herman Daly (1989) de "one-way entropic throughput of matter-energy", conceito ausente da Economia atual, sem o qual é impossível relacionar Economia e meio ambiente.

interna do dinheiro e dos bens, sem absorção de materiais ou liberação de resíduos."

Trata-se, contudo, de uma ficção: "Se a Economia não gerasse resíduos, nem exigisse novas entradas de matéria e energia, seria o moto-contínuo. Seria um reciclador perfeito." (CECHIN; VEIGA, 2010, p. 4-5). Se essas premissas fossem verdadeiras, não haveria problemas ecológicos. Essa teoria significa, em termos ambientais, uma espécie de "elixir da longa vida".

Cabe aqui a metáfora apresentada por Daly (1989): o diagrama do fluxo circular utilizado pela ECONOMIA TRADICIONAL seria equivalente, do ponto de vista biológico, a entender os animais apenas pelo seu sistema circulatório, sem reconhecer o fato de que eles têm também o sistema digestivo.

O fluxo metabólico não é circular. E o trato digestivo também não é circular: ele conecta o animal com o meio ambiente nas duas pontas. Sem o trato digestivo, o animal seria um moto perpétuo, funcionaria sem cessar. E assim também a Economia: além do fluxo circular, a Economia tem entradas e saídas que se originam na natureza e a ela se destinam.

"Concentrados num fluxo circular monetário, os economistas tradicionais esqueceram-se de um fluxo metabólico real." (CECHIN; VEIGA, 2010, p.7). Isso ocorre porque os economistas lidam com a escassez e, durante os anos formativos da teoria econômica, o meio ambiente era considerado, como já afirmado, uma fonte infinita de recursos e uma fossa infinita de dejetos. Como o meio ambiente não parecia escasso, ele era naturalmente abstraído da equação. Apenas os itens escassos entravam no diagrama de fluxo circular, que tem sido a fórmula até hoje utilizada para entender a Economia (DALY, 1989).

Com a escassez dos recursos naturais, o diagrama de fluxo circular mostrou-se econômica e fisicamente inadequado. Esse diagrama não tem começo nem fim, nem pontos de contato com nada que esteja fora dele. Assim, estando o meio ambiente fora da equação, é impossível registrar (internalizar) os custos da degradação e da poluição, assim como seus efeitos históricos irreversíveis (DALY, 1989).

Logo, a concepção clássica do diagrama circular não serve para explicar a Economia atual, nem para resolver o problema ambiental. É preciso recorrer à teoria da entropia (fluxo metabólico). A Economia tradicional se descreve como um diagrama circular, composto de blocos indestrutíveis de matéria e energia que podem simplesmente circular mais e mais rápido em torno da produção e do consumo. Nada se perde (DALY, 1989).

Já para a Segunda Lei, há algo que se perde. Não matéria e energia propriamente, mas sua capacidade de rearranjar-se. A energia se conserva, mas não pode mais ser utilizada: são os resíduos. A dissipação da energia tende ao máximo em um sistema isolado, como o universo. E energia dissipada não pode ser mais utilizada (DALY, 1989). Nesse sentido:

> A segunda Lei da Termodinâmica é a chamada Lei da entropia segundo a qual a degradação energética tende a atingir um máximo em um sistema isolado como o universo. E não é possível reverter esse processo. Isso significa que o calor tende a se distribuir de maneira uniforme por todo o sistema, e calor uniformemente distribuído não pode ser aproveitado para gerar trabalho.
>
> [...] a energia e matéria aproveitáveis são de baixa entropia e quando utilizadas na manutenção e organização do próprio sistema, são dissipadas, tornando-se, portanto, de alta entropia. Os organismos vivos existem, crescem e se organizam importando energia e matéria de qualidade de fora de seus corpos e exportando a entropia. (CECHIN; VEIGA, 2010, p. 6)

Assim sendo, a entropia do universo aumenta continuamente. E a qualidade da energia no universo tende a se degradar, tornando-se inutilizável. "A relação entre essa energia desperdiçada ou perdida – que não pode mais ser usada para realizar trabalho – e a energia total do sistema é chamada entropia produzida." A 2ª Lei da Termodinâmica é "a única lei da Física que define a flecha do tempo, explicando a direção de todos os processos, física ou quimicamente espontâneos. Sob essa ótica, como a dissipação do calor é inerente a toda e qualquer transformação energética, qualquer que seja o sistema só pode ter uma direção no tempo." (CECHIN; VEIGA, 2010, p. 10)

Ou seja, pela Segunda Lei da Termodinâmica, há processos irreversíveis. E isso vale não apenas em um nível microscópico, mas também para processos industriais, como no caso da produção de resíduos inutilizáveis. Já a Mecânica clássica, com base no princípio da conservação da energia (Primeira Lei da Termodinâmica) considera que todos os movimentos são reversíveis, tal como a lógica de funcionamento de um relógio. No entanto, a Ecologia não funciona apenas segundo as leis da mecânica: "Ao mundo-relógio, [...] sucede agora um cosmos incerto repleto de desordem e sempre ameaçado de entropia." (OST, 1995, p. 278)

O aspecto problemático da Economia tradicional, com sua lógica mecanicista, é que "a mecânica abstrai o tempo histórico e a dissipação irreversível de energia – preocupando-se apenas com os aspectos reversíveis da locomoção. [...] No entanto, os processos irreversíveis constituem a regra na natureza." (CECHIN; VEIGA, 2010, p. 10). Nessa visão de tempo constata-se um *déficit* de complexidade na Economia Tradicional:

> É também à visão cartesiana do tempo que é necessário renunciar. Para Descartes, o tempo era reversível; precisamente como o relógio, ele deixase atrasar, uma vez que o Universo é guiado pelo princípio da inércia, é homogêneo e estável: as mesmas leis produzem eternamente os mesmos efeitos, sem perdas nem ganhos. Ora, o segundo princípio da termodinâmica demonstrou, pelo contrário, que a matéria cósmica está em extensão constante e que, atacado de entropia, o Universo tende a dissipar a sua energia. É impossível, desde logo, voltar atrás: a matéria é histórica, a ordem é irreversível. Todo acontecimento representa um alteração que determina as condições de superveniência da alteração seguinte. Os efeitos reflectem-se nas causas, segundo o princípio da recursividade, e a evolução é, assim, parcialmente imprevisível. (OST, 1995, p. 281-2).

> A Economia Tradicional continua, contudo, presa à física do século XIX. Nem de longe incorporou os avanços ocorridos no século passado. Assim, a proximidade com a mecânica impediu que o estudo do processo econômico fosse permeado pela atenção às relações biofísicas com seu entorno. Afinal, a metáfora mecânica na Economia implica não reconhecer os fluxos de matéria e energia que entram e saem do processo, assim como a diferença qualitativa entre o que entra e o que sai. (CECHIN; VEIGA, 2010, p. 11).

Ost (1995, p. 281) aponta a oposição entre a complexidade e o método cartesiano, classificando este último como "método do simples", que isola objetos, destacando-os de seu ambiente, "como se fosse possível pensar o elemento fora do sistema que o constitui." Além disso, as relações são pensadas "segundo um esquema mecanicista: movimentos lineares, causalidades únicas" [...] sem que tenham lugar "as ideias de recursividade, de causalidades múltiplas e circulares, de interacções e probabilidades. Tudo é determinado como o movimento do relógio".

Sintetizando, contrariamente à primeira Lei da Termodinâmica, "as transformações qualitativas promovidas pelo processo econômico têm direção no tempo e são irreversíveis. O sistema produtivo transforma matéria-prima em produtos que a sociedade valoriza, e gera algum tipo de resíduo, que não entra de novo na cadeia." (CECHIN; VEIGA, 2010, p. 11).

Mesmo que um produto seja reciclado, a energia que se perdeu na reciclagem não pode ser recuperada. Não é possível juntar o monóxido de carbono que sai do escapamento do caminhão e da chaminé da fábrica, transformá-lo quimicamente, comprimi-lo e criar carvão mineral para alimentar novamente a indústria – sem perdas de energia.

Fica, assim, demonstrada a insuficiência/inaptidão da Física newtoniana da para a compreensão dos processos econômicos: "Se a Economia capta recursos de qualidade de uma fonte natural, e depois devolve resíduos sem qualidade à natureza, então não é possível tratá-la como um sistema isolado. Por isso, a transformação econômica jamais poderá ser explicada pela Física da primeira metade do século XIX." (CECHIN; VEIGA, 2010, p. 11).

Essa falta de complexidade permeia toda a Economia Tradicional, que prevê o tempo de forma mecânica, linear, sem recursividade; não toma em conta as causalidades múltiplas ao extrair os recursos da natureza, nem ao devolvê-los a ela; usa de simplificação (o chamado "método do simples") ao visualizar a Economia do ponto de vista do "diagrama do fluxo circular" e desconsiderar a entropia; isola a Economia como objeto de estudo, quando a prevê como um sistema fechado (ou isolado, dependendo da abordagem) e desconsidera as trocas com o meio. E aqui cabe lembrar Ost (1995, p. 286), quando afirma que

> Ao contrário da ideia tenaz de uma natureza, dada *a priori* e dotada de um equilíbrio ideal e intangível, apercebemo-nos agora, simultaneamente, do 'milagre' altamente improvável que representou a emergência da vida, e da precariedade dos equilíbrios dinâmicos, pelos quais ela assegura sua manutenção e reprodução.

O *déficit* de complexidade redundou, é certo, em uma abordagem que explicou a relações econômicas durante certo tempo, em que a natureza ainda era pouco explorada e que a finitude dos recursos não era um problema efetivo: ainda havia muito espaço para o crescimento e a quantidade resíduos produzidos era menor, não havendo qualquer preocupação com a sua destinação. Todavia, na atualidade, diante do aumento populacional, do acelerado e contínuo desenvolvimento tecno-industrial, da exacerbação do consumo, da capacidade de destruição ampliada, esse modelo cartesiano mostrou suas falhas. As consequências desse sistema, abstraídas da teoria econômica tradicional, são hoje um problema do qual a sociedade já não pode se furtar.

A entropia é conhecida há tempo suficiente para poder ter sido levada em conta pela teoria econômica. Parece, contudo, que os industriais e os teóricos da economia centraram-se, apenas, em parte do processo, porque olhar para o todo evidenciaria as limitações do progresso econômico: poluição, mais-valia e desigualdade. Essa cegueira conceitual autoimposta pode ser entendida em seu caráter ideológico.

Herman Daly, no seu discurso de despedida do Banco Mundial, onde exerceu o cargo de economista-chefe do Departamento de Meio Ambiente até 1994, afirmou: "Creio que o crescimento realmente não satisfaz mais as verdadeiras necessidades humanas de comunidade, bons relacionamentos e paz. Uma Economia calcada no crescimento leva à guerra por recursos e território." (HERMAN..., 2012, doc. eletrônico, página não indicada).

No âmbito da ECONOMIA TRADICIONAL, parece não haver saída para crise. As tentativas feitas dentro desse sistema parecem fadadas ao insucesso, eis que o caminho é, de antemão, equivocado do ponto de vista ecológico. É necessário mudar o rumo. Nesse sentido, Serres e Latouche (*apud* TAIBO, 2010) explicitam algumas metáforas, que facilitam a compreensão:

> [...] estamos num barco que, a 25 nós por hora, se encaminha cara a uma costa acidentada. É uma resposta adequada a que preconiza reduzir a velocidade numa décima parte sem modificar em modo nenhum o rumo? Servirá de algo, sem assumir mudanças nesse rumo, bater um pouco mais tarde com a costa? (Michel Serres). O mesmo razoamento expressa-o Latouche quando assinala que, se apanhamos um trem, um comboio, equivocado, não basta com rogar ao condutor que reduza a velocidade; será preciso descer do trem e apanhar outro diferente. Ou, por dizê-lo duma última maneira: se estivermos fechados num quarto onde por força o ar acabará por faltar, salvar-nos-emos reduzindo o ritmo da nossa respiração, em vez de procurar diretamente uma saída?

Para fazer frente à crise e tomar um "outro trem", Nicholas GeorgescuRoegen, um dos precursores da Economia ecológica, formulou um programa mínimo com oito pontos:

> **Primeiro:** proibir totalmente a guerra e todos os instrumentos de guerra.
> **Segundo:** ajudar os países desenvolvidos a atingir o mais rápido possível uma existência digna de ser vivida, mesmo que sem luxos.
>
> **Terceiro:** diminuir progressivamente a população até um nível no qual uma agricultura orgânica bastasse à sua conveniente nutrição.
>
> **Quarto:** evitar todo e qualquer desperdício de energia enquanto se aguarda que a utilização da energia solar se torne viável ou que se consiga controlar os riscos da energia nuclear.
>
> **Quinto:** parar com o desejo de ter objetos completamente supérfluos e desnecessários, como os *gadgets*, fazendo assim com que cesse sua produção.
>
> **Sexto:** acabar com a moda – uma doença do espírito humano, segundo ele – fazendo os produtores só fabricarem bens duráveis.
>
> **Sétimo:** estimular o conserto das mercadorias duráveis, que seriam concebidas justamente para durar e não para serem descartadas tão rapidamente como acontece.
>
> **Oitavo:** reduzir o tempo de trabalho e redescobrir a importância do lazer para uma existência digna. (VEIGA; ZATZ, 2008).

Herman Daly, por sua vez, ao deixar o Banco Mundial, fez uma dura crítica àquilo que chamou de visão não-realista do desenvolvimento, como se esse fosse uma generalização do superconsumo dos países do Norte para as massas do Sul, que se multiplicam rapidamente" visão esta que, segundo ele, tem levado a muitos fracassos externos, econômicos e ecológicos." (HERMAN..., 2012).

Nessa ocasião, afirmou que cairia na "tentação de fazer uma pregação e receitar alguns remédios para as 'infirmezas' de meia idade que afligem o Banco". Assim, para que o Banco Mundial servisse "melhor ao objetivo de um desenvolvimento sustentável através de suas políticas e ações", apresentou quatro sugestões[6], aplicáveis não apenas ao Banco Mundial, mas à Economia de forma geral:

1. Suspender a contabilização do consumo do capital natural como receita – Subentende-se que devemos manter nossa capacidade produtiva intacta com o passar do tempo. Mas esta capacidade produtiva tem sido tradicionalmente vista como capital humano apenas, excluindo o capital natural. Habitualmente temos contado o capital natural como um bem gratuito.

[6] Apresentamos aqui apenas as três primeiras sugestões. A quarta sugestão refere-se à ideia de que a alocação ótima somente pode ser conseguida por meio das comunidades nacionais, e não do mercado globalizado. Esse aspecto será mencionado no item 2.4.

> Isto pode ter feito algum sentido no mundo vazio de antigamente, mas no planeta "cheio" de hoje isto é claramente antieconômico.
>
> 2. Taxar menos o trabalho e mais o fluxo de recursos. O sistema atual incentiva as empresas a dimunuírem o número de empregados. Seria melhor economizar no fluxo de recursos, pelo alto custo externo do seu próprio esgotamento e da poluição gerada, e ao mesmo tempo, utilizar mais mão de obra pelos benefícios sociais decorrentes da redução do desemprego. Ao mudar a base de impostos em direção ao fluxo de recursos, está se induzindo uma maior eficiência neste fluxo, e também internalizando, ainda que grosseiramente, as externalidades da exaustão destes recursos e da poluição. Esta mudança deveria ser uma peça chave nos ajustes estruturais [que vem sendo propostos e realizados em países em desenvolvimento pelo FMI e Banco Mundial], mas deveria, antes de mais nada, ser iniciado nos países do Norte. De fato, o próprio desenvolvimento sustentável deveria ser estabelecido nestes países em primeiro lugar. É um absurdo esperar qualquer sacrifício em direção à sustentabilidade no Sul se medidas similares não tiverem sido tomadas no Norte. A maior fraqueza do Banco, em propalar o desenvolvimento sustentável é que ele só tem influência no Sul, não no Norte. Deve-se achar alguma forma de empurrar o Norte também. Os países nórdicos e a Holanda já começaram a fazer isto.
> 3. Maximizar a produtividade do capital natural no curto prazo e investir no aumento de seu suprimento no longo prazo – Para recursos renováveis e não-renováveis, é necessário investimento para fortalecer a produtividade do fluxo de recursos. Também aumentar a produtividade dos recursos é certamente um bom substituto para novas descobertas de depósitos destes. Acredito que a incapacidade do Banco em cobrar dos usuários os custos do capital natural certamente desestimula investimentos em projetos de recuperação. (HERMAN..., 2012).

Tanto ideias de Georgescu-Roegen, quanto as de Herman Daly, mostram-se, é fato, como uma utopia, no seu melhor sentido, aquele mencionado por Eduardo Galeano, que equipara a utopia ao horizonte: "A utopia está lá no horizonte. Me aproximo dois passos, ela se afasta dois passos. Caminho dez passos e o horizonte corre dez passos. Por mais que eu caminhe, jamais alcançarei. Para que serve a utopia? Serve para isso: para que eu não deixe de caminhar." (*apud* ANDRIOLI, 2006).

Mostram-se, ainda, como um ideal de difícil implementação dentro dos valores da modernidade, que não se mostra nem um pouco disposta a "mudar de trem".

Prosseguimos, contudo, na nossa análise confrontando o tamanho da Economia (que aspira ao crescimento infinito) com a principal preocupação existente, no âmbito da Economia Tradicional, que é a alocação de recurso.

1.2.3. Tamanho da Economia versus Alocação de Recursos

Como nada se perde e a Terra é considerada um sistema aberto que pode crescer indefinidamente, a macroeconomia não se ocupa das dimensões da Economia, ou seja, o quanto ela pode crescer: o tamanho ótimo ou escala ótima – que são tomados em conta quando se fala em microeconomia – não figuram dentre as preocupações macroeconômicas. As empresas são aconselhadas a crescer até certo ponto, a partir do qual tornam-se antieconômicas[7]. O mesmo ocorre com a Economia tomada de forma global, mas essa preocupação está adstrita aos estudos da Economia ecológica e, nem de longe, figura dentre as inquietações da abordagem convencional.

Os economistas tradicionais, conforme já mencionado, levam em consideração apenas a primeira Lei da Termodinâmica (conservação da energia). Dentro da Economia, a energia permanece constante. Assim, o único problema seria a alocação de recursos (DALY, 1989). Já a Economia ecológica preocupa-se com a escala:

> O fundamento central da Economia ecológica não se refere, portanto, à "alocação de recursos", ou à "repartição da renda", as duas grandes problemáticas que praticamente absorveram todo o pensamento econômico ao longo de seus parcos séculos de existência. Esse fundamento se refere à terceira, que, ao contrário, foi inteiramente desprezada por todas as abordagens que hoje fazem parte da ECONOMIA TRADICIONAL: a questão da escala. Isto é, do tamanho físico da Economia em relação ao ecossistema em que está inserida. Para a Economia ecológica existe uma escala ótima além da qual o aumento físico do subsistema econômico passa a custar mais do que o benefício que pode trazer ao bem estar da humanidade. (CECHIN; VEIGA, 2010, p. 31).

[7] Aí se aplica o conceito de custo marginal, que é o custo decorrente da produção de uma unidade a mais, em termos de capacidade de geração de lucro. É precisamente quando se chega ao custo marginal que a empresa tem o sinal para aumentar o preço do bem que será oferecido no mercado. Claro que isto é mais teórico que prático: nenhuma empresa espera chegar lá para aumentar o preço e para se expandir (SAMUELSON, 1997). Contudo, as questões afetas à microeconomia não são objeto deste estudo, cuja abordagem econômica é feita para explicar a crise ambiental.

A ECONOMIA TRADICIONAL busca, assim, a alocação ótima dos recursos (trabalho, capital e recursos naturais). O que importa é a forma como os recursos são distribuídos. Mas esses mesmos recursos naturais não são vistos como componentes de um fluxo metabólico entrópico, que entra e sai do meio ambiente, mas como tijolos, elementos indestrutíveis de um fluxo circular) (DALY, 1989).

Segundo a lógica mecanicista, , nada se perde, portanto a alocação dos recursos é o único problema a ser resolvido. E essa alocação ótima dos recursos pode ser atingida em qualquer lugar, com qualquer tamanho de população, indistintamente:

> A ECONOMIA TRADICIONAL provém de analogias e metáforas sobre outro importante ramo da física: a mecânica clássica. Ela parte do princípio de que é possível entender os fenômenos, independente de onde, quando e por que ocorrem. Um pêndulo simples é um sistema mecânico ideal, portanto seu funcionamento é um bom exemplo. Será igual aqui ou no Japão, hoje ou daqui a mil anos. Tampouco importa quem deu início ao movimento do pêndulo. É possível prever a posição exata do pêndulo com base em poucas informações. (CECHIN; VEIGA, 2010, p. 10).

Para o economista tradicional, basta substituir os fatores, quando eles se tornam escassos. E aqui cabe, para exemplificar e esclarecer, a metáfora do confeiteiro: faz-se bolo com uma batedeira (capital), farinha, ovos e açúcar (fluxos de entrada). Não é possível dobrar a quantidade de bolos produzidos apenas dobrandose a quantidade de confeiteiros e batedeiras. É preciso aumentar a quantidade de farinha, ovos e açúcar. No entanto, a questão da alocação dos recursos baseia-se numa substituição sem limites, na qual o fluxo de recursos naturais pode ser sempre substituído pelo capital: ou seja, acredita-se que com mais batedeiras haverá mais bolos – sem alterar a quantidade de ovos, farinha e açúcar (CECHIN; VEIGA, 2010). Isso resulta da fé incondicional no poder redentor da tecnologia: acredita-se que sempre haverá uma tecnologia nova para equacionar a escassez. Dessa maneira, o dogma do crescimento ilimitado permanece incólume. Retomando os pontos já abordados, tem-se que os dois maiores problemas da abordagem tradicional são ignorar o "fluxo inevitável de resíduos e apostar na substituição sem limites dos fatores." (CECHIN; VEIGA, 2010, p. 14).

O conceito de eficiência econômica é indiferente ao tamanho da Economia e à distribuição da renda[8]. Equidade na distribuição da renda e sustentabilidade de escala estão fora do conceito de eficiência do mercado. Alocar otimamente os recursos numa escala não-ótima significa fazer o melhor em uma situação ruim. Assim, se a Economia continuar a crescer, isso significa continuar fazendo o melhor em uma situação cada vez pior. Esse é o problema do diagrama circular: se a Economia é um sistema isolado, sem dependência do meio ambiente, então ela nunca excederá a capacidade do meio ambiente (DALY, 1989).

1.2.4. Crescimento versus Desenvolvimento

O tamanho da Economia em relação ao meio ambiente é assunto completamente indiferente à Economia Tradicional. Para Daly (1989), o tamanho da Economia é tão importante quanto a alocação dos valores. Os economistas tradicionais pensam tudo em termos de alocação dos recursos e transformam problemas que são de escala em problemas de alocação de recursos. No entanto, um barco que tenta carregar peso demais irá naufragar, mesmo se o peso estiver otimamente alocado.

O crescimento econômico aumenta a riqueza em termos líquidos? Além de um determinado ponto – o tamanho ótimo – o crescimento deixa de ser econômico e passa a ser antieconômico. O tamanho ótimo não é um conceito estranho aos economistas, mas é visto apenas na microeconomia. Na microeconomia, há uma regra que determina o tamanho ótimo da empresa. As empresas têm um tamanho certo, a partir do qual não valem a pena. Os custos passam a ser maiores que os benefícios (DALY, 1989).

[8] Essa é a crítica feita por Herman Daly e pela Economia Ecológica. No entanto, há quem entenda que, num mercado "sem falhas", a distribuição de renda é efeito da eficiência, no sentido de que ela seria uma espécie de recompensa a quem mais se esforçou em contribuir para o bom funcionamento do mercado. A visão do Vilfredo Pareto e da Análise Econômica do Direito, de Posner, que se reporta ao economista de Lausanne, que foi também um dos primeiros entusiastas de Mussolini, é bem esta Não há indiferença em relação à distribuição de renda: ela é tida como a manfestação da atribuição a cada um do que merece, efetivamente. (PARETO, 1984; POSNER, 2009; 2010a; 2010b) Para uma crítica a essa posição, ligada à visão que tinha Pareto acerca dos efeitos da "seleção natural", cf. CAMARGO, Ricardo Antonio Lucas. *Economia política para o curso de Direito.* Porto Alegre: Sergio Antonio Fabris, 2012, p. 129; idem. *Custos dos direitos e reforma do Estado.* Porto Alegre, RS: Sergio Antonio Fabris, 2008, p 59-61.

A necessidade de se pensar em um "tamanho ótimo" para a Economia decorre da constatação, já exaustivamente demonstrada, de que a expansão tem limites, haja vista que a Economia é um subsistema aberto (que faz trocas com o meio) dentro de um sistema fechado, a Terra. Esse problema não existiria se a premissa da qual parte a Economia Tradicional fosse verdadeira, ou seja, se a Economia não funcionasse de maneira a gerar entropia e não necessitasse de trocas com o meio. Também não seria necessário pensar em um tamanho ótimo se os recursos naturais pudessem ser facilmente substituídos por capital e tecnologia. No entanto, o máximo que se pode conseguir é o aumento da eficiência; nunca a substituição indefinida desses fatores entre si.

Cechin e Veiga (2010, p. 4) advertem que "o crescimento econômico não ocorre no vazio e não é gratuito. Ele tem um custo que pode se tornar mais alto que o benefício, gerando um crescimento antieconômico". A Economia ecológica não se coaduna com a ideologia do crescimento contínuo, que é uma teoria sedutora, porque politicamente oferece uma solução para a pobreza sem a disciplina moral do 'compartilhar'.

A implicação óbvia dessa constatação é que o crescimento deve parar quando atingir uma escala ótima." Essa é a ideia básica de Daly (1989) ao se referir à "Economia do Estado Estacionário[9]". Diferentemente de Georgescu-Roegen, ele não fala em decrescimento, mas na ideia de limitação do crescimento da Economia até que esta atinja um tamanho ótimo, a partir do qual o crescimento se torna antieconômico.

A teoria do fluxo circular, por sua vez, não traz esses problemas, pois apresenta uma visão simplificadora, reducionista e cartesiana, que isola a Economia como objeto de estudo. Sem contato com a realidade, a Economia desconhece limites, como num conto de fadas.

No entanto, a ideia de limitação do crescimento – ou mesmo de decrescimento – não implica a limitação do desenvolvimento, o qual é salutar e desejável, atendendo aos anseios humanos de busca por uma vida melhor. Independentemente da teoria que se adote [10], há que fazer a distinção entre crescimento e desenvolvimento.

[9] Originalmente, Steady-State Economy.

[10] Em se tratando dos pioneiros da Economia Ecológica, pode-se citar Kenneth Boulding, Herman E. Daly e Georgescu-Roegen que, a partir das mesmas premissas propõem soluções diferentes

Crescimento implica uma escala quantitativa, de incremento das dimensões físicas da Economia, enquanto a ideia de desenvolvimento pressupõe uma melhora qualitativa. Um exemplo disso é a substituição da matriz energética termoelétrica pela matriz hidrelétrica: a Economia não aumenta de tamanho, mas melhora em termos de qualidade. Crescimento seria, numa metáfora biológica, ter mandíbulas maiores e um sistema digestivo maior, enquanto desenvolvimento equivaleria a uma digestão mais completa (DALY, 1989).

Assim, Daly (1989) propõe desenvolvimento sem crescimento, ideia que pauta o estado estacionário, em que a Economia, assim como o Planeta Terra, do qual é apenas um subsistema, deveria se desenvolver sem crescer em termos quantitativos. O desenvolvimento não é limitado, tal qual o crescimento, pois pressupõe condições de vida cada vez melhores. A avidez por "mais coisas" é substituída pela busca por "melhores coisas". E aqui cabe uma nova metáfora, a metáfora da biblioteca: a Terra seria como uma biblioteca cheia, na qual não cabe mais um único livro: para comprar um livro novo, melhor, seria necessário desfazerse de um livro velho, de pior qualidade.

Conclui-se, assim, que a preocupação com a alocação de recursos não resolve os problemas ecológicos gerados pela ECONOMIA TRADICIONAL, sendo necessário um novo paradigma tendente a resolver as questões relacionadas com o tamanho/escala ótimas.

1.2.5. Comunidade Nacional versus Livre Comércio

Por fim, e novamente fazendo a conexão com o raciocínio anteriormente exposto, tem-se que a ECONOMIA TRADICIONAL pauta-se na alocação ótima dos recursos, enquanto a Economia ecológica preocupa-se com o tamanho da Economia, não apenas com a alocação dos recursos.

Não pode haver comunidade sem indivíduos, nem identidade individual sem o contexto da comunidade que fornece uma rede de relações pelas quais a identidade é definida. O conceito de pessoa em comunidade captura a dualidade que é denegada tanto pelo individualismo, quanto pelo coletivismo. Algumas coisas devem ser feitas individualmente, outras coletivamente. (DALY, 1989, p. 81, tradução da Autora).

Os indivíduos, isoladamente falando, podem conseguir uma ótima alocação dos recursos via sistema de preços. Já as comunidades (coletividades) podem atingir a "escala ótima" (DALY, 1989).

Contudo, tem-se que o nacionalismo foi erodido pela luta contra a proteção do mercado. O mundo tem uma Economia global altamente interdependente e é nessa Economia global que se faz a alocação ótima dos recursos, dentro de uma filosofia individualista cosmopolita (DALY, 1989).

Quando o individualismo cosmopolita ficou forte por conta da reação contra o protecionismo econômico das nações, as pessoas começaram a pensar apenas em termos de alocação de recursos, ou seja, em termos de preços (pautadas na ideia circular). Por outro lado, cabe lembrar que a visão entrópica está ligada à escala ótima (tamanho ótimo). A escala ótima não pode surgir da busca por benefício individual. O benefício individual somente funciona para a alocação de recursos, e não para a definição de escala ótima (DALY, 1989).

A escala ótima, por sua vez, somente pode ser conseguida através da comunidade. A comunidade vai da família ao bairro, do bairro à cidade, da cidade ao estado, estado ao pais etc. A escala ótima só pode ser conseguida através de pequenos centros de poder, ou seja, comunidade, limitando-se às comunidades nacionais. Isso porque a escala ótima não é uma conquista individual, mas somente pode vir da política, a única chance de se conseguir a escala ótima será por meio do nível de comunidade que tiver a estrutura política mais forte e organizada, com os maiores recursos – no caso, as nações. No mundo atual, a unidade política mais forte seriam as comunidades nacionais. São as nações que podem fixar políticas públicas para a fixação de uma escala ótima (DALY, 1989).

Concluindo, a escala ótima (ou tamanho ótimo) somente pode ser conseguida através da comunidade, que não é global. A ideia de alocação está ligada a um mundo sem fronteiras, globalizado, enquanto a ideia de escala está ligada às comunidades nacionais.

Herman Daly, no já citado discurso de despedida no Banco Mundial apresentou, sob a ótica econômica, medidas tendentes a solucionar (ou mitigar) a crise ambiental. Merecem destaque alguns trechos diretamente relacionados aos efeitos da globalização na obtenção de uma Economia de "tamanho ótimo":

> Abandonar a ideologia de integração econômica global pelo livre comércio, livre mobilidade de capital e crescimento baseado na exportação – em favor de uma orientação mais nacionalista, que procure desenvolver produção doméstica para mercados internos como primeira opção, recorrendo ao comércio internacional quando claramente muito mais eficiente.

No momento atual, a interdependência global é celebrada como um evidente bem. A estrada real para o desenvolvimento, a paz e a harmonia é tida como aquela que passa através da incessante conquista do mercado de cada nação por todas as outras. A palavra "nacionalista" adquiriu conotações pejorativas. Tanto é assim que se torna necessário lembrarmos que Banco Mundial existe para servir os interesses de seus membros, que são nações-Estados, comunidades nacionais – não a indivíduos, corporações ou mesmo ONGs.

O Banco não tem o mandato para servir a esta visão cosmopolita de integração global, de mundo sem-fronteiras – de conversão de Economias nacionais ainda relativamente independentes, vagamente dependentes do comércio internacional para uma rede firmemente integrada, uma Economia global da qual as nações enfraquecidas dependem para sua sobrevivência mais básica.

O globalismo cosmopolita enfraquece as fronteiras nacionais e o poder das comunidades nacionais e subnacionais, ao passo que reforça o poder relativo das empresas transnacionais. Como não há nenhum governo planetário capaz de regulamentar e fiscalizar o capital "globalizado" em nome do interesse global, será necessário tornar o capital menos global e mais nacional. Sei que isso é impensável no momento – tomem isso como uma profecia. Daqui a dez anos o bordão será "renacionalização do capital" e o "enraizamento do capital nas comunidades para o desenvolvimento nacional e das Economias locais". (HERMAN..., 2012)

A Economia ecológica pode ser sintetizada por três premissas básicas: a) o desenvolvimento econômico e o meio ambiente devem ser pensados em termos de entropia (*one-way throughput*), tomando-a como conceito central, e não pelo tradicional diagrama do fluxo circular; b) Deve-se distinguir claramente o problema da alocação ótima e do tamanho ótimo. Deve-se limitar essa escala pra um nível ótimo ou pelo menos sustentável; c) a escala ótima somente pode ser conseguida em níveis nacionais – e não no mercado globalizado; contudo, a coesão comunitária para essa ação coletiva foi erodida pelo livre comércio e pela mobilidade do capital (DALY, 1989).

Feita esta breve incursão nos fundamentos da Economia Tradicional por meio da crítica a ela direcionada pela Economia ecológica, constata-se, de plano, que as mazelas da sociedade contemporânea têm sua gênese em na distorcida análise econômica até hoje prevalente, como frisou Daly

(HERMAN..., 2002), tanto nos meios acadêmicos quanto entre os chamados "economistas praticantes".

A tomada "do bonde errado" deu-se, a nosso ver, pela abordagem mecanicista, já demonstrada, que serviu de alicerce para o desenvolvimento da teoria econômica tradicional. Essa abordagem permitiu, a um só tempo, um valioso desenvolvimento tecnocientífico e um crescimento econômico descomprometido com a variável ambiental. E o corolário dessa abordagem tradicional, que não tomou em conta a complexidade subjacente às trocas e à Ecologia, foi justamente a sociedade de risco, que será abordada a seguir.

1.3. A Sociedade de Risco: Corolário da Economia Tradicional

Embora, em termos históricos, a crise ambiental seja um assunto relativamente recente[11], fato é que as catástrofes ambientais sempre existiram. Contudo, suas causas (reais ou presumidas) foram vistas de diferentes maneiras ao longo da história. Essa visão determinou a forma de gerenciamento dos desastres ambientais: aceitação passiva, controle absoluto ou negação das ameaças.

Foi o sociólogo alemão Ulrich Beck, trazido ao cenário jurídico ambiental brasileiro por Leite e Ayala (2002), quem melhor sistematizou as fases históricas da justificação mítica e da justificação racional, bem como o retorno à era da incerteza.

Em tempos remotos, eram atribuídas aos desígnios divinos, causas naturais, contingências, elementos imponderáveis, aos quais os seres humanos não podiam fazer frente. O padrão de pensamento vigente era teocêntrico

[11] Uma breve cronologia mostra o quanto é recente o debate acerca da matéria: Data dos anos 60 o início da tomada de consciência acerca dos problemas ambientais, embora haja, é certo, precursores como Aldo Leopold e Lewis Mumford no início do séc. XX. Os debates institucionais da comunidade internacional tiveram início mais tarde. Primavera Silenciosa, de Rachel Carson data de 1962. 1968 marca o lançamento da obra de Paul Ehrlich (A Bomba da Superpopulação). Em 1970 é criado o Clube de Roma. Em 1972, lança o Relatório Meadows. A Conferência das Nações Unidas sobre o Meio Ambiente Humano ocorre em 1972 em Estocolmo. Nesse ano, é criado o Programa das Nações Unidas para o Meio Ambiente, cujo centro operativo se estabelece em Nairobi, Kenia. Em 1987, publica-se o Relatório Brundtland. Em 1988, é criado o painel intergovernamental para o Câmbio Climático. Em 1992, a Declaração do Rio. Mais tarde, em 1997, o Protocolo de Kyoto, seguido da Conferência de Joanesburgo, de 2002 (LOLO, 2008) .

e pautado na metafísica. Vivia- se a chamada era da justificação mítica. As ameaças eram imprevisíveis e pouco podia ser feito. As catástrofes eram aceitas passivamente, como resultado de desígnios misteriosos ou insondáveis, num contexto de completa imprevisibilidade (BECK, 2010; LEITE;AYALA, 2004).

Com a evolução da ciência, os riscos deixaram de ser insondáveis e passaram a ser avaliados pelos cientistas, que se acreditavam capacitados para fazer as previsões: à insegurança e incerteza dos desígnios divinos sucedeu a fé na ciência; o arquétipo divino todo-poderoso transferiu-se para uma realidade mais próxima: a onisciência e onipotência concentrava-se nos cientistas.

A sociedade estava, então, diante de padrões baseados na certeza e na segurança da nova racionalidade científica industrial, marcada pelos padrões cartesianos, mecanicistas dessa época. A ideia era submeter o futuro a controle. Passou-se da imprevisibilidade para uma era de previsibilidade: os riscos começaram a ser previstos e controlados pela ciência. Estava-se diante da justificação racional (BECK, 2010; LEITE;AYALA, 2004).

Nesse contexto, a vertiginosa evolução tecnológica que caracteriza a modernidade foi responsável por produzir novas ameaças e novos riscos, com características diferenciadas e complexas. A evolução da ciência não se deu no mesmo ritmo em que se avolumaram – qualitativa e quantitativamente – os riscos.

Com as conquistas espaciais do final dos anos 50 e inicio dos anos 60, ao mesmo tempo em que desponta "o triunfo da tecnologia humana sobre os elementos", o homem começa a se dar conta da "comovente vulnerabilidade deste universo terrestre". Nesse momento, a Terra surge como "uma frágil pérola na imensidão negra do espaço." (OST, 1995, p. 277-8)

Conforme Derani (2009, p. 182), "O desenvolvimento industrial é responsável por uma série de fenômenos que não se pode levar a termo de comparação com qualquer outra situação da história do homem. Nunca o homem mobilizou e colocou a seu serviço tanta energia e material. A sociedade nunca dependeu de uma quantidade de recursos tão grande quanto hoje."

Arruda e Gonçalves (2002) definem a modernidade como a designação genérica adotada para caracterizar um período histórico marcado pelo colapso das fundamentações tradicionais, definidas como aquelas em que os valores sociais e as normas instituídas justificam privilégios, prerrogativas e diferenças ofensivos à igualdade primária. Do ponto de vista ambiental, essa desigualdade fica clara na hipossuficiência do meio ambiente em relação à concepção desenvolvimentista irresponsável adotada pelos Estados e corporações. O homem agora sujeita o mundo a seus propósitos, na medida em que se apossa dele pelo cálculo, pela previsibilidade, pela produção e pela organização cognitiva. O otimismo cientificista generalizou a ideia de progresso.

O ideal de bem- estar civilizacional como produto da modernidade foi a promessa não cumprida da sociedade industrial. Os elementos centrais do progresso mostraram-se ambivalentes. Aliaram-se ao grande potencial de criação e inovação, as mudanças climáticas, a escassez de recursos, a contaminação das águas, a manipulação genética, entre outros (FERREIRA, 2010).

Conforme Derani (2009, p. 182), "O domínio da energia da natureza alavancou a industrialização de três séculos, modificando radicalmente os milhares de anos de relação do homem com seu meio. O homem da sociedade industrial, submetendo as forças da natureza em toda sua potência a seu serviço, vive o drama de Prometeu."

Nesse contexto, a ciência deixou de ser infalível. Nascia aí um novo perfil do capitalismo, o capitalismo industrial e, com ele, a crescente proliferação de ameaças vindas de diversas fontes. A conquista do espaço, conforme afirma Ost já

> não vem acompanhada de uma confiança absoluta num futuro indefectivelmente associado ao progresso. Como se a humanidade, chegada a um ponto culminante de sua história, sentisse subitamente alguma vertigem. É que a própria ciência, que tanto havia contribuído no passado, para acreditar a ideologia do progresso, cultiva, a partir de agora, a incerteza. Aos primeiros alertas sérios, relativos ao esgotamento dos recursos e à degradação dos processos de reprodução da vida na terra, respondia a difusão de teorias científicas novas, voltando a pôr em causa as bases epistemológicas das representações do mundo garantidas durante séculos. Às incertezas sobre a origem e o fim do Universo faziam eco as questões, sem resposta, sobre a proveniência e o destino da espécie humana. Já sabíamos, desde Valéry, que as civilizações eram mortais; aprendíamos, agora, que a espécie humana, a vida, e talvez o Universo, também o eram. (OST, 1995, p. 278).

Essas novas ameaças são de difícil identificação e apresentam uma relação causal difusa. Apenas são identificadas quando seus efeitos já produziram prejuízos. (BECK,2010; LEITE;AYALA, 2004). Haverkate afirma que "a modernidade é marcada por uma perda de certeza." (apud DERANI, 2009, p. 195).

O padrão de justificação científica mostrou-se inservível, insuficiente. Surgiram novos riscos a que a ciência não mais podia fazer frente com seus instrumentos institucionais de cálculo, controle e previdência. Esses novos riscos escapavam à percepção sensorial humana: eram, agora, riscos perceptíveis, muitas vezes, em momentos temporalmente distantes daqueles em que foram gerados (BECK, 2010; LEITE; AYALA, 2004).

A sociedade vê-se, assim, diante de um novo perfil dos riscos, que abrangem ameaças globais, supranacionais. São os chamados macroperigos, que não encontram limitações espaciais ou temporais e não se submetem às regras de causalidade e aos sistemas de responsabilidade. Tais perigos não são passíveis de compensação face à potencial irreversibilidade de seus efeitos (BECK, 2010; LEITE;AYALA, 2004).

Ost (1995, p. 278) afirma que o "momento histórico do maior domínio é também o da maior vulnerabilidade. A conquista do espaço já não se acompanha [...] de uma confiança absoluta num futuro indefectivelmente associado ao progresso".

Kern e Morin (2005) referem-se ao presente de forma contundente, como uma época de agonia planetária, na qual todos os seres humanos estão ameaçados pela morte nuclear e a morte ecológica. Todos os humanos sofrem a situação agônica da transição do milênio razão pela qual não se pode conceber um tratamento estanque e fracionado da proteção ambiental.

Tal assertiva decorre da constatação de que os riscos ambientais da atualidade perpassam os limites dos Estados e não respeitam qualquer sorte de hierarquia ou tentativa de normatização.

São incertas, imprevisíveis e incalculáveis as consequências do uso de transgênicos na alimentação, na saúde e na biossegurança de forma geral. Os efeitos protraem-se no tempo: não se mostram presentes no instante imediato à sua ingestão, mas podem gerar perniciosas consequências futuras à saúde e à biodiversidade. Raciocínio idêntico aplica-se à poluição dos mananciais hídricos oriundos da suinocultura ou do uso indiscriminado de agrotóxicos. Também incertos e imprevisíveis são os possíveis danos à saúde e ao meio ambiente decorrentes da poluição eletromagnética, dos aparelhos celulares, das antenas de telefonia celular, da engenharia genética, da nanotecnologia etc.

Os exemplos ilustram a tese central da sociedade de risco, cujas características podem se desdobrar em a) aumento da proporção qualitativa e quantitativa dos acidentes; b) a existência de macroperigos/megaperigos e c) a impossibilidade de previsão antecipada de sua origem (BECK, 2010; LEITE; AYALA, 2004). E se pode concluir com Ost (1995, p. 278):

> É que a própria ciência, que tanto havia contribuído no passado, para acreditar a ideologia do progresso, cultiva, a partir de agora, a incerteza. Aos primeiros alertas sérios, relativos ao esgotamento dos recursos e à degradação dos processos de reprodução da vida na terra, respondia a difusão de teorias científicas novas, voltando a por em causa as bases epistemológicas das representações do mundo garantidas durante séculos. Às incertezas sobre a origem e o fim do Universo faziam eco as questões, sem resposta, sobre a proveniência e o destino da espécie humana."

Para Kern e Morin (2005, p. 179), "O mundo alucinado é arrastado numa desordem jamais vista. [...] Desastres sucedem-se a desastres." Ferreira (2010, p.36) alerta: "Enquanto os critérios do racional e seguro são discutidos institucionalmente, as geleiras derretem, os furacões intensificam-se, as áreas desertificadas alastram-se, espécies são extintas e doenças infecciosas, propagadas."

Assim, "os novos e problemáticos perigos ecológicos e catástrofes emergentes caracterizam a sociedade de risco, em que se verifica a *falência do Estado* como modelo de regulação, bem como a quebra de legitimidade das suas instituições e de suas promessas de manutenção da segurança dos cidadãos" (BECK, 2010; LEITE; AYALA, 2002, p. 12), sendo necessária a construção de relações diferenciadas com o Estado, que escapem às formas clássicas, agora insuficientes.

Anteriormente, a confiança nos especialistas tornava alguns riscos toleráveis; agora, os novos riscos escapam à ciência, que não mais pode afiançálos. A sociedade já não pode mais controlar e evitar o risco, eis que ela própria produz perigos que escapam ao controle, com possível irreversibilidade. É a chamada "Era de Retorno da Incerteza", incerteza esta que se acreditava superada pelos arranjos institucionais e pelas políticas de segurança das sociedades industriais (BECK, 2010; LEITE; AYALA, 2004).

"Nestas circunstâncias, tornava-se urgente repensar a nossa relação com a natureza. Uma vez que a natureza se tornava de novo misteriosa, enigmática e complexa, já não nos podíamos satisfazer com modelos simples e seguros, sobre os quais nos tínhamos apoiado até aqui." (OST, 1995, p. 279).

Os novos conflitos são agora caracterizados por sua invisibilidade, incerteza e irreversibilidade das consequências. As decisões já não podem ser afiançadas cientificamente. O mundo converte-se em laboratório. É a inversão da lógica pesquisa/aplicação. Antes, os testes precediam a implementação. Hoje, as consequências ocorrem primeiramente para, só então, ser estudadas. Essa é considerada a face mais perversa da sociedade de risco.

Segundo Leite e Ayala (2002; 2010), no âmbito da sociedade de risco, as causas dos riscos e do perigo possuem as mais diversas origens, o que lhe dá contornos de uma *multidimensionalidade*, circunstância que acentua as dificuldades de equacionamento do problema. Ademais, a degradação ambiental exercida no âmbito das jurisdições nacionais apresenta caráter transfronteiriço.

Além disso, outra agravante é que os estados de perigo e as situações de risco são difusos quanto ao tempo, espaço e aos sujeitos causadores. Assim, "multiplicam-se anonimamente, danos invisíveis, furtivos e anônimos, atingindo interesses e Direitos intergeracionais, que demandam uma tutela diferenciada, com fundamentos também específicos." (LEITE; AYALA, 2002, p. 104-5).

Contudo, em lugar de uma tutela diferenciada, o que se tem é a chamada irresponsabilidade organizada. Segundo Ferreira (2010, p. 34), trata-se de "fenômeno que se propõe a dissimular a realidade do risco, estabelecer um falso estado de normalidade e dar prosseguimento ao progresso de forma incondicional."

As instituições organizam os mecanismos de explicação e justificação dos riscos nas sociedades contemporâneas. Diante da falência dos padrões institucionais de regulação dos macroperigos, impede-se a exposição social das relações de imputação. Não se permite que causas e responsáveis venham a público. Os sistemas de segurança são anulados. Os riscos são legitimados pela negação, ocultamento ou dissimulação da sua existência.

Para garantir o desenvolvimento econômico e tecnológico, a sociedade passa a dissimular, mascarar, ocultar, negar e desvirtuar as ameaças. Ferreira (2010, p. 34) afirma que "considerando que as instituições sociais devem repousar sobre o consentimento público, a dissimulação e o desvirtuamento das situações de risco convertem-se em interesse institucional de primeira importância", evitando, assim uma crise de legitimação.

Assim, objetivando simular um estado de normalidade, em que se encobre ou disfarça as ameaças, evitando que a sociedade tenha conhecimento, as elites econômicas e políticas lançam mão de mecanismos como o uso simbólico da política, da ciência e do Direito, os quais são usados para criar a aparência de que algo está sendo feito para solucionar a crise. Esses mecanismos estão fadados inevitavelmente ao fracasso, haja vista ser exatamente esse o objetivo (FERREIRA, 2010). É preciso apenas tranquilizar a sociedade para que tudo continue como está, assegurando a manutenção da exploração econômica e irrefreada e irresponsável dos recursos naturais.

Como assinala Ferreira (2010), a ciência ainda desempenha papel fundamental na sociedade de risco, haja vista a necessidade de conhecimento especializado para a compreensão das novas ameaças. O problema reside no fato de que de que a ciência se encontra vinculada a valores materialistas e, muitas vezes, não é produzida de forma isenta e imparcial: trata-se do exercício simbólico da ciência, ou seja, uma ciência "sob medida", concebida para atender a finalidades específicas preconcebidas ou para dissimular a periculosidade do risco (desintoxicação simbólica, tratamento cosmético do risco).

A política também é usada de forma a ocultar o risco e transmitir uma falsa sensação de segurança, por meio de políticas públicas predestinadas à não- concretização. Essas políticas são lançadas para promover um falso estado de normalidade e controle. O uso simbólico da política pode se desenvolver de duas maneiras, segundo Ferreira (2010, p. 40), "na primeira delas, as metas ou medidas anunciadas não alcançam seu objetivo final em razão de uma falha política tacitamente consentida ou mesmo calculada; na segunda hipótese, as metas e medidas anunciam determinadas intenções que o governo não deseja ou mesmo não é capaz de concretizar."

O mesmo raciocínio se aplica à função simbólica do Direito, por meio de documentos legislativos fadados à ineficácia jurídica, que se corporificam em leis lacunosas ou vazias. Essa proteção simbólica tem por escopo refrear a mobilização da sociedade diante de um problema ou, até mesmo, atingir fim diverso do declaradamente pretendido. Cria-se, assim, "a falsa impressão de que existe um cuidado genuíno por parte do Estado." (FERREIRA, 2010, p. 43)

Além disso, os Estados, no dizer de Guattari (2012, p. 10), "veem seu papel de mediação reduzir-se cada vez mais e se colocam, na maioria das vezes, a serviço conjugado das instâncias do mercado mundial e dos complexos militarindustrial."

Atitudes flagrantemente irresponsáveis podem ser vistas em toda a parte, nos âmbitos dos Poderes Executivo, Legislativo e Judiciário. O legislativo estadual e federal vem chancelando evidentes retrocessos ambientais, a exemplo do Código Ambiental Catarinense (aprovado pelo legislativo catarinense promulgado pelo então Governador do Estado, defensor ferrenho daquele diploma legislativo) e do Novo Código Florestal, aprovado na Câmara dos Deputados por retumbante maioria de votos. No caso do Código Ambiental Catarinense, a ação direta de inconstitucionalidade encontra-se há anos no Supremo Tribunal Federal sem haver sequer análise liminar.

Os poderes constituídos mostram-se indiferentes às questões ambientais. Agentes públicos vendem licenças ambientais, como se constatou nas Operações Moeda Verde e Dríade, da Polícia Federal em Santa Catarina, em que foram presos temporariamente diversos políticos e empresários, mas nada foi feito, ainda, quanto à instauração de processo criminal.

Sucessivas safras de soja transgênica são liberadas por medida provisória (FERREIRA, 2010). A Justiça Federal Catarinense impede o IBAMA de ingressar com ações civis públicas para a reparação de dano ambiental[12] (MARTINS, 2011) .Esses são alguns exemplos dentre os inúmeros que poderiam ser citados. O fato é que as instituições não parecem sensíveis à causa ambiental. Afastadas as hipóteses de má-fé, busca de lucro, status ou interesses pessoais, exsurgem como possíveis causas a miopia, ignorância ou desinteresse, hipóteses que não são objeto deste estudo, que implicaria necessária incursão na sociologia e na psicologia.

Guattari (2012, p. 9) afirma que "Não haverá verdadeira resposta à crise ecológica a não ser em escala planetária e com a condição de que se opere uma autêntica revolução política, social e cultural, reorientando os objetivos da produção de bens materiais e imateriais."

[12] Por meio da abordagem qualitativa, serão estudados, no segundo capítulo desta dissertação, casos concretos em que o tratamento jurídico das questões ambientais não atingiu o escopo da norma, esvaziando-a de conteúdo.

Diante da crise ambiental e do tratamento simbólico que ela recebe por parte da ciência, da política e do Direito, é preciso buscar novos horizontes para a proteção ambiental. E é para promover o enfrentamento desses problemas que se vislumbra a sensibilização ecológica dos operadores do Direito (mais precisamente, dos julgadores, que interpretam e aplicam a lei ambiental) como possível solução[13].

Nesse sentido, a busca por uma nova forma argumentar conducente à efetividade do Direito Ambiental, encontra-se imbuída da ideia de responsabilidade, no sentido definido por Ost (1995, p. 275), segundo o qual, responsabilidade é a "atribuição a uma colectividade de uma missão para o futuro", missão esta de "legar às gerações futuras um planeta viável; um mundo que não seja apenas condição de sobrevivência mas também garantia de uma vida sensata.[14]"

A base da consciência ecológica contemporânea é, segundo Ost (1995, p. 286), "a descoberta da fragilidade da vida [...] que se desenvolveu sobre, e muito ligeiramente, sob, a superfície de um planeta minúsculo do Universo." E, em relação à crise, faz um alerta: "sobreviver noutro planeta, em condições puramente artificiais não nos parece uma sorte mais invejável que vegetar numa unidade de cuidados intensivos de um hospital moderno." (OST, 1995, p. 333).

Citando Reeves, Ost afirma que "O homem é a consciência da natureza" e que "A humanidade é hoje constrangida a tomar, a partir de agora, a seu cargo, o futuro da complexidade". Por fim, aduz que "Depois de muito ter destruído, o homem pode também reconstruir." (OST, 1995, p. 274).

Guattari (2012, p. 54) afirma que"corremos o risco de não mais haver história humana se a humanidade não reassumir a si mesma radicalmente". Para Kern e Morin (2005, p. 178), "A tomada de consciência da comunidade de destino terrestre deve ser o acontecimento chave do novo milênio: somos solidários desse planeta, a nossa vida está ligada à sua vida. Devemos arrumá-lo ou morrer." Para Gadotti (2009, p. 171), "os paradigmas

[13] A concretização da norma jurídica ambiental é objeto do segundo capítulo deste estudo, como resposta jurídica à crise ambiental. Trata-se de trazer a realidade à norma, preenchendo-a de conteúdo, a fim de que deixe de ser mera abstração e ganhe corpo, no sentido de efetivar os mecanismos legais já consagrados de tutela ambiental.

[14] O original da obra, em francês, fala em "vie sage", o que seria melhor traduzida como uma vida sábia, uma vida com sabedoria. A ideia de vida sensata parece não fazer muito sentido em português.

clássicos estão se esgotando. Não conseguem explicar a travessia, muito menos passar por ela."

A descrição que aqui se fez da crise ambiental à luz da sociedade de risco, com seus macroperigos, causalidade difusa e consequências danosas diferidas no tempo e no espaço, muitas vezes invisíveis e imprevisíveis, tem por escopo demonstrar a necessidade de uma abordagem não simplificadora, nem reducionista, diversa do paradigma mecanicista e cartesiano que domina, até hoje, o pensamento ocidental.

A sociedade de risco foi gerada por essa racionalidade e somente pode ser suplantada ultrapassando-a: foi a ausência de pensamento complexo no bojo da teoria econômica convencional que permitiu o surgimento da sociedade de risco. Assim, o caminho para uma nova abordagem passa, a nosso ver, pela adoção, como referencial teórico das construções atuais, do pensamento complexo, cujas bases serão a seguir expostas.

1.4. A Teoria da Complexidade: o Elo Perdido Entre a Economia Tradicional e a Sociedade de Risco

A existência de um tópico específico e de uma análise fragmentada e isolada acerca da complexidade pode soar até mesmo contraditória ao pensamento complexo. Optou-se, contudo, por esse breve recorte com o objetivo de dar ênfase ao tema.

É importante, contudo, salientar que as ideias de complexidade estão presentes nos três capítulos deste trabalho, em conexão direta com cada um dos temas abordados: no primeiro capítulo, vinculadas à Economia; no segundo, ao Direito, mais especificamente, à teoria da norma e no terceiro, em relação à jurisprudência ambiental. Nenhum dos temas propostos pode ser visto senão à luz da complexidade – ou da falta dela. Essa abordagem é feita de forma direta, pontuando precisamente onde reside o *déficit* de complexidade e em que sentido ele pode ser reincorporado, tanto à abordagem econômica, quanto jurídica, abrangendo teoria e prática.

Do ponto de vista filosófico, a relação entre complexidade e sustentabilidade ensejaria, por si, uma tese. Contudo, o que se pretende com esta pesquisa, é a aplicação concreta da teoria da complexidade às demandas judiciais ambientais como forma de fazer frente à crise no âmbito do Direito.

A complexidade é o que une as ideias anteriormente esboçadas: sua ausência na abordagem econômica convencional conduziu ao que se pode hoje chamar de sociedade de risco, ou seja, a uma crise ambiental sem precedentes, que necessita buscar soluções na complexidade perdida. A compreensão e aplicação do pensamento complexo é substrato da proposta que será desenvolvida neste trabalho.

A crise ambiental tem nascedouro na ideia de que natureza e homem são seres distintos, separados, ideia originária no paradigma cartesiano da fragmentação, que isola o objeto de estudo. Para a matriz cartesiana, o homem não integra a natureza, nem faz parte dela. Figura na posição de observador privilegiado, incólume. Assim, assumindo uma posição dualista, ao destruir a natureza, não vislumbra a sua autodestruição. O pensamento cartesiano serve de fundamento e justificativa e fundamento do antropocentrismo.

Nessa concepção, o homem influencia a natureza, mas não é por ela influenciado. É uma via de mão única. Não existe uma teia de relações, nem se vislumbra qualquer recursividade. Lolo (2008, p.1) afirma que a degradação ambiental, como consequência dos processos de explotação dos recursos naturais, chegou ao ponto crucial em que se evidencia que esses modelos pautam-se na ideia de que "natureza e sociedade são entidades separadas, até mesmo antagônicas, e que a primeira está subordinada à segunda."[15]

O homem, visto sob a ótica cartesiana, basta a si mesmo, como entidade autônoma, separada do universo e inconsciente das suas conexões. E ciência, como produto humano, reflete majoritariamente essa cosmovisão. Nas mais diversas áreas, a produção intelectual foi pautada por esse paradigma de separação e autossuficiência. Tal foi demonstrado no primeiro capítulo, em relação à teoria econômica, que isola a economia do meio ambiente, desconsidera as interações ecológicas e vale-se da natureza em uma relação

[15] Tradução livre da autora: *El Problema del deterioro y degradación del medio ambiente como consecuencia de los procesos de explotación de los recursos naturales y de la producción y el consumo asociados a los actuales modelos de desarrollo socio- económico ha llegado a un punto crucial en el que se evidencia que estos modelos, basados en la noción de que la Naturaleza y la Sociedad son entidades separadas e incluso antagónicas y de que la primera está subordinada a la segunda, es decir, a las necesidades y deseos de la especie humana, como sostenedora material y proveedora inagotable de recursos, no pueden continuar ni mantenerse por más tiempo de la forma actual y deben ser modificados, pues conducirían a una catástrofe medioambiental planetaria con gravísimas consecuencias para la biosfera en todos sus elementos, incluida, por supuesto, la propia humanidad* (LOLO, 2008, p.1)

unidirecional. O mesmo também se aplica ao Direito e à visão de norma erigida por Kelsen, majoritariamente aceita e aplicada nos meios jurídicos, conforme será abordado no segundo e terceiro capítulos. No entanto, cabe aqui ilustrar brevemente o pensamento complexo.

Uma árvore pode servir como metáfora para se começar a entender a complexidade. O que uma árvore significa? Para um pássaro, a árvore é casa, lugar de nidificação; para um peregrino cansado, a árvore é sombra e lugar de descanso; no frio, a árvore, com sua madeira, pode ser sinônimo de salvação e sobrevivência; para o cupim, a árvore fornece alimento; para um escultor, um tronco pode ser visto como um objeto de arte, uma escultura, a depender de como se observe; para um madeireiro, árvore é dinheiro; para um ambientalista, uma causa; para a bancada ruralista do Congresso Nacional, um entrave, um problema a ser eliminado; para um botânico, é objeto de estudo. E assim poderíamos prosseguir indefinidamente. A árvore não pode ser definida como algo estanque, com uma natureza inerente, eis que pode, simultaneamente ser diversas coisas e, ao mesmo tempo, nenhuma delas individualmente.

Para evitar confusões, já que este trabalho cuida de matéria ambiental e a metáfora da árvore pode vir a ser mal compreendida, pode-se tomar por exemplo uma pessoa. Qualquer pessoa. A pergunta que se faz é "quem é você?". A resposta: – Eu sou o João da Silva. Não, você não é, intrinsecamente, o João da Silva, João da Silva é apenas um nome que lhe foi dado. Então, "quem é você?" Eu sou jornalista. Não, jornalista é apenas a sua profissão, não é a sua natureza inerente. E essa pergunta pode ser feita indefinidamente: divorciada das suas relações com o meio ou dos referenciais externos, é difícil definir algo, ou alguém, pois a existência isolada do objeto de estudos pouco diz. Para seus filhos, João da Silva é um pai. Para sua mãe, é um filho. Para seu empregador, um subordinado. Para sua empregada doméstica, o empregador. Para, a universidade em que estudou, é um egresso. Para a seguridade social, um segurado. Para seu banco, um investidor (ou um devedor). Para seus amigos, uma pessoa bacana; para seus inimigos, alguém a ser evitado. Quem é, afinal, João da Silva? Qual dessas visões é a correta? Como definir João da Silva em meio a tantas definições e contradições?

João da Silva é todas essas coisas e nenhuma delas. Tanto a árvore do primeiro exemplo, quanto João da Silva não podem ser compreendidos senão à luz da complexidade.

Outra metáfora bastante ilustrativa é a dos cegos que tentam descrever um elefante, com o qual travam um primeiro contato. Um dos cegos, toma a cauda do elefante: descreve o elefante como sendo algo pequeno. O outro, que toca a barriga, vê o elefante é algo imenso. Um terceiro toma a pata e descreve o elefante com as características de uma pata, pois é assim que o percebe. Cada um deles descreverá um elefante diferente, pois apreendeu apenas parcela da realidade. Assim é o pensamento reducionista e fragmentado: percebe a parte e a toma como o todo. O elefante, tal qual ocorreu nos exemplos anteriores, é tudo aquilo que foi descrito, mas não é somente aquilo: não é cauda, não é orelha, não é tromba. Mas também é cauda, orelha e tromba. As conclusões a que chegaram os cegos não estão erradas. Ao mesmo tempo, não estão certas. Simultaneamente, estão certas e erradas, em uma percepção que desafia o dualismo clássico, dominante no pensamento ocidental. Portanto, é preciso ir além, percebendo que o elefante é tudo aquilo, mas não é somente aquilo.

Qualquer ente ou objeto, por mais simples que possa parecer, não comporta uma visão departamentalizada e estanque. Merece um olhar complexo, que contemple os mais diversos matizes, de forma a ampliar a percepção das relações que lhe são afetas. Se não for possível a concepção integral do fenômeno percebido, necessário é que se tenha em conta a falibilidade de uma percepção mecanicista, cartesiana e redutora. É perceber que aquilo que se vê não é o todo e que há muito a ser conquistado, em termos de compreensão, percepção e entendimento.

Com muito mais razão e sentido, essa complexidade precisa ser aplicada às relações ecológicas, em que um fato é causa e consequência de outro, em uma cadeia infinita de relações, caracterizadas por sua multidimensionalidade.

1.4.1. Origens do Pensamento Complexo

O pensamento complexo foi difundido no meio acadêmico, sobretudo nas ciências humanas e sociais[16], pelo filósofo e sociólogo francês Edgar Morin. No entanto, a ideia de complexidade possui raízes no pensamento

[16] A complexidade foi mais facilmente compreendida e assimilada pelas chamadas "ciências duras". As ciências humanas têm um contato mais recente com tais ideias. Quanto ao Direito, as incursões são rarefeitas, sobretudo quanto ao aspecto prático.

místico oriental: é possível aferir com clareza a complexidade nas escrituras budistas (principalmente na escola Mahayana, o chamado "Grande Veículo") e em escritos zen budistas[17], mais especificamente na obra de Eihei Dogen, monge budista que levou o Zen ao Japão no século XII, após longa peregrinação e prática monástica na China (TANAHASHI, 1993).

No pensamento Zen, os chamados *koans*, raciocínios aparentemente contraditórios e sem resposta, são demonstrativos da complexidade, que rejeita as certezas, o dualismo e insta o praticante a ultrapassar o pensamento tradicional. Na prática monástica, o pensamento complexo se mostra quando o Mestre procura "quebrar" o espírito do discípulo, mudando as regras, quando este se crê sabedor das mesmas (HERRIGEL, 1993).

Além disso, do ponto de vista Zen, as coisas podem simultaneamente "ser" e "não ser", sem que isso seja necessariamente uma contradição. Partindo-se da ideia básica de impermanência, que constitui o cerne do Budismo, tem-se que as coisas não possuem uma natureza essencial e imutável, por isso, não podem ser classificadas ou rotuladas de maneira categórica: estando em constante mutação, não há uma realidade intrínseca que permita uma decisão binária, de certo, errado, bom ou mau (DAÏSHI, 2000). Essa mesma ideia pode ser traduzida na concepção ocidental de complexidade:

> Essa complexidade, que se anuncia no que Merleau-Ponty designava como 'o enigma da natureza', e que está contida, por exemplo, na seguinte observação: 'A natureza não é apenas um objeto' – o que permite afirmar, simultaneamente, contra Descartes, que a natureza é algo mais do que um simples objeto (é, acrescenta Merleau-Ponty, um 'objecto do qual surgimos') e, contra aqueles que pretendiam igualar a natureza ao sujeito, que esta é *também* um objecto. (OST, 1995, P. 280).

[17] A autora deste trabalho travou intenso contato com o pensamento complexo de matriz zen budista por intermédio do Mestre Zen japonês Ryotan Tokuda-Igarashi (Igarashi Roshi), de quem é discípula direta. Recebeu a ordenação leiga no ano de 2003 e a ordenação monsástica no ano de 2008. Participou intensamente das atividades (retiros) no Mosteiro Zen Eisho-Ji, em Pirenópolis, Goiás, durante os últimos dez anos. Teve oportunidade de acompanhar o mestre em longas viagens pelo Brasil. Nessas viagens, permaneceu em templos e mosteiros em que se realizam teishôs (palestras) sesshins (retiros) e zazen (meditação), práticas zen budistas tradicionais, que incluem o estudo das escrituras e a celebração de cerimônias. A prática zen budista tem por fim último a compreensão profunda e a internalização da complexidade em todos os atos da vida. O estudo da complexidade, no Zen, vincula-se fortemente à prática.

A depender do observador e do momento observado, o objeto apresentará feições diversas. Existe, pois, no pensamento oriental, especialmente no Zen, um liame entre observador e observado, que seriam, assim, uma só coisa, realidades que se unem e interpenetram, afetando-se mutuamente. Todos os seres estão conectados e cada ato gera consequências infinitas no universo (KAPLEAU, 1978). Da mesma forma, esse raciocínio consta das ideias de complexidade propaladas no Ocidente: "Nós somos aquilo em que nos tornamos. E tornamo-nos no que somos, um com o outro, um pelo outro." (OST, 1995, p. 274). Essas ideias incidem do micro ao macrocosmos e são facilmente transpostas e aplicáveis à realidade biofísica, em que a unidade e interdependência são fatores determinantes do equilíbrio ecológico.

Não se pode dizer que a visão oriental original de complexidade rejeite o pensamento cartesiano, pois é anterior a ele. Pode-se dizer, ao revés, que o pensamento cartesiano não contempla a complexidade, que já era estudada (e praticada) por filósofos e religiosos budistas aproximadamente dois mil anos antes da concepção do Discurso do Método, por Descartes: Sidarta Gautama, o Buda Histórico, nasceu aproximadamente no ano 500 a.C. (HANH, 2001); Descartes (2009) nasceu em 1596 e escreveu o Discurso do Método por volta de 1628.

Nesse sentido, recorrendo-se às raízes histórico-filosóficas que fundamentam o pensamento complexo e a interdependência, fincadas há aproximadamente 2.500 anos, chega-se aos ensinamentos de Sidarta Gautama, o Buda Histórico, via Thich Nhất Hạnh (2011), pacifista e monge zen vietnamita, indicado para o Prêmio Nobel da Paz por Martin Luther King, cujas palavras, ainda que bastante poéticas, conduzem à tomada de consciência pretendida por Morin e Kern (2005):

> Se você for um poeta, verá claramente que há uma nuvem flutuando nesta folha de papel. Sem uma nuvem, não haverá chuva; sem chuva, as árvores não podem crescer e, sem árvores, não podemos fazer papel. A nuvem é essencial para que o papel exista. Se ela não estiver aqui, a folha de papel. Sem uma nuvem, não podemos ter papel, assim podemos afirmar que a nuvem e a folha de papel inter-são [18]. Se olharmos ainda mais profundamente para dentro desta

[18] Neologismo criado por Thich Nhat Hanh,referente à ideia de interdependência e interconexão: a existência está toda conectada, nada "é" intrinsecamente, mas o é em suas relações, ou seja, inter-é (daí o verbo "interser").

> folha de papel, nós poderemos ver os raios do sol nela. Se os raios do sol não estiverem lá, a floresta não pode crescer. De fato, nada pode crescer. Nem mesmo nó podemos crescer sem os raios do sol. E assim nós sabemos que os raios do sol também estão nesta folha de papel. O papel e os raios do sol. intersão. E, se continuarmos a olhar, poderemos ver o lenhador que cortou a árvore e a trouxe para ser transformada em papel na fábrica. E vemos o trigo. Nós sabemos que o lenhador não pode existir sem o seu pão diário e, consequentemente, o trigo que se tornou seu pão também está nesta folha de papel. E o pai e a mãe do lenhador estão nela também. Quando olhamos desta maneira, vemos que, sem todas estas coisas, esta folha de papel não pode existir. Olhando ainda mais profundamente, nós podemos ver que nós estamos nesta folha também. Isto não é difícil de ver, porque quando olhamos para uma folha de papel, a folha de papel é parte de nossa percepção. A sua mente está aqui dentro e a minha também. Então podemos dizer que todas as coisas estão aqui dentro desta folha de papel. Você não pode apontar uma única coisa que não esteja aqui- tempo, espaço, a terra, a chuva, os minerais do solo, os raios do sol, a nuvem, o rio, o calor. Tudo coexiste com esta folha de papel. É por isto que eu penso que a palavra interser deveria estar no dicionário. "Ser" é interser. Você simplesmente não pode "ser" por você mesmo, sozinho. Você tem que interser com cada uma das outras coisas. Esta folha de papel é porque tudo o mais é. Suponha que tentemos retornar um dos elementos à sua fonte. Suponha que nós retornemos ao sol os seus raios. Você acha que esta folha de papel seria possível? Não, sem os raios do sol nada pode existir. E se retornarmos o lenhador à sua mãe, então também não teríamos mais a folha de papel. O fato é que esta folha de papel é constituída de "elementos não-papel". E se retornarmos estes elementos não papel às suas fontes, então absolutamente não pode haver papel. Sem os "elementos não-papel", como a mente, o lenhador, os raios do sol e assim por diante, não existirá papel algum. Tão fina quanto possa ser esta folha de papel, ela contém todas as coisas do universo dentro dela.

Assim sendo, embora tenha começado a ganhar eco nos meios acadêmicos há cerca de duas décadas, é fato que o pensamento complexo não é algo novo em termos filosóficos: perspectivas não dualistas da realidade têm origens remotas, as quais foram obscurecidas pelo reinado das máquinas e pela facilidade de entender o mundo em termos binários.

As ideias de caos e complexidade voltaram à pauta dos cientistas e, agora, voltam também a ser discutidas no bojo das ciências humanas e sociais. No bojo do Direito, o conceito ainda causa estranheza e merece, assim, ser melhor compreendido – e aplicado.

1.4.2. Complexidade no Pensamento Ocidental

As sólidas bases cartesianas, o dualismo/distinção entre sujeito e objeto, sobre os quais foi edificada a modernidade não se mostram suficientes para entender e tratar da realidade interativa dos processos ecológicos. Morin (2008, p. 7) alerta, contudo, que ainda hoje o pensamento científico tem "por missão dissipar a aparente complexidade dos fenômenos", a despeito das "insuficiências e carências do pensamento simplificador." Nesse mesmo sentido, Ost (1995, p. 351) menciona os "limites inerentes aos modos de abordagem jurídicas tradicionais, quer estes se exprimam em termos de apropriação, de contratualização ou de regulamentação, quer, de modo inverso, se pretenda personificar a natureza e reconhecer-lhe Direitos."

Morin (2008, p. 10) afirma a relutância do pensamento complexo de "reduzir à força a incerteza e a ambiguidade". Rejeita o saber parcelado, que "isola o objeto de estudos do seu contexto, dos seus antecedentes, da sua evolução", aspirando, ao mesmo tempo a um "pensamento multidimensional", que não elimina a contradição interior, no sentido de que "verdades profundas, antagónicas umas às outras" podem ser complementares sem deixar de ser antagônicas.

Em lugar das certezas que pautavam as ciências naturais e suas inexoráveis leis mecanicistas, o que se tem, agora, é a "lógica do aleatório e do incerto", da qual surge a necessidade de "pensar sistemas abertos e complexos". As chamadas "leis universais da natureza" apenas se verificam em "sistemas simples de informação reduzida, como, por exemplo, a determinação da trajectória de uma bala de canhão." (OST, 1995, p. 281).

Sobre a complexidade que subjaz à proteção ambiental, elucidativas são as palavras de Ost (1995, p. 395), segundo o qual, "se nos engloba totalmente, ele [o meio ambiente] é também aquilo que passa no âmago de cada um de nós.

Totalmente dependentes dele, somos também por ele responsáveis." A partir daí, importante desenvolver o "sentimento de pertencimento", ideia cara à educação ambiental.

Ost (1995, p. 285) afirma que [...] a organização os sistemas representa, simultaneamente, mais e menos do que a simples adição dos seus componentes. Com a organização surgem as propriedades emergentes, germes de progresso e de vida, mas também virtualidades de morte, geradoras de entropia."

Ost (1995, p. 281) aponta a oposição entre a complexidade e o método cartesiano, classificando este último como "método do simples", que isola objetos, destacando-os de seu ambiente, "como se fosse possível pensar o elemento fora do sistema que o constitui." Além disso, as relações são pensadas "segundo um esquema mecanicista: movimentos lineares, causalidades únicas" [...] sem que tenham lugar "as ideias de recursividade, de causalidades múltiplas e circulares, de interacções e probabilidades. Tudo é determinado como o movimento do relógio." Sobre a recursividade e as causalidades múltiplas, cabe citar uma metáfora anônima:

> Conta-se que há muito tempo, um homem ganhou um cavalo. Na época isto era um símbolo de riqueza. Seus vizinhos disseram: – Mas que homem de sorte... E ele, imperturbável, respondeu: – Talvez, depende...
>
> Um dia, o cavalo fugiu. Os vizinhos disseram: – Mas que homem de azar, teve a alegria para depois perdê-la. E o homem, mais uma vez respondeu:- Talvez, depende...
>
> Algum tempo se passou e um dia o cavalo retornou, agora acompanhado de vinte e cinco outros cavalos selvagens... Os vizinhos, todos admirados, então disseram: – Mas não é que o homem é mesmo um homem de sorte...
>
> O homem, sempre tranquilo e imparcial, respondeu: – Talvez, depende... Certa manhã, seu filho foi domar um dos cavalos selvagens e este o derrubou, quebrando-lhe a perna. Então os vizinhos responderam num só coro: – Mas que homem de azar...
>
> E como sempre, o homem respondeu: – Talvez, depende...
>
> Aconteceu que algumas semanas depois estourou a guerra e todos os jovens foram convocados, morrendo todos. Seu filho, no entanto, estava de perna enfaixada e não precisou ir... Todos os vizinhos, mais uma vez, disseram: – Quem homem de sorte... [...] (METÁFORAS, 2012).

Segundo Morin (2008, p. 9) "o conhecimento completo é impossível: um dos axiomas da complexidade é a impossibilidade, mesmo em teoria, de uma omnisciência". Essa metáfora ilustra a assertiva de que não se conhece, de antemão, os desdobramentos de uma conduta, impedindo certezas e valorações categóricas.

A ideia de complexidade fica clara quando Ost (1995, p. 274) fala na natureza como projeto, como relação, como elo que une sujeito e objeto, como campo de possibilidades: projeto do homem para a natureza e da natureza para o homem. Assim, a ideia de projeto ganha sentido, significação, a qual não é dada pelo homem, mas também pela natureza, como "matriz inesgotável de vida e sentido." A ideia de projeto em Ost (1995) tem origem na dialética hegeliana: o autor parte das ideias de sujeito e objeto para encontrar a solução no projeto.

A natureza-objeto está relacionada ao antropocentrismo, de raízes judaicocristãs, no qual homem e natureza estão separados: o primeiro reina absoluto sobre a segunda, subjugando-a e submetendo-a aos seus desígnios; a natureza, nessa concepção, é mero insumo, vista, assim sob uma perspectiva meramente utilitarista. A relação homem-natureza é hierarquizada e reduzida aos interesses da espécie humana, pois o homem, como centro e senhor do universo, é superior a todos os outros seres e nada deve à natureza. Essa hierarquia moral está legitimada na tradição judaico-cristã, na filosofia grega (Aristóteles) e na filosofia mecanicista e racionalista de Descartes. O antropocentrismo, com sua natureza-objeto exclui o homem da natureza, à qual confere, apenas proteção vinculada a interesses econômicos/individualistas. Da mesma forma, essa visão legitima a exploração desmedida e é causa da crise ambiental (OST, 1995). Retomando as ideias ligadas à teoria econômica, tem-se clara identificação entre a natureza-objeto e as bases da Economia Tradicional.

Já a ideia de sujeito está fincada no ecocentrismo, Ecologia profunda ou *Deep Ecology*, que desconstrói as hierarquias existentes entre os elementos que compõem a natureza, substituindo a relação piramidal por uma lógica circular. Não há mais a supremacia do homem sobre a natureza. A Deep Ecology vem em oposição ao antropocentrismo clássico, promovendo uma transferência de foco do homem para a natureza: é a "natureza-sujeito", da qual o homem é parte, mas não senhor. Essa visão retoma as ideias de complexidade, mas peca em termos de operacionalização: como a natureza reivindicará seus Direitos? Como abstrair o gênero humano da equação, se é ele o único capaz de promover as ações necessárias para corrigir os erros? A diferenciação entre homem e meio não pode ser desconsiderada, pois àquele que destruiu incumbe a reconstrução (OST, 1995).

A ideia de natureza-projeto fixa, portanto, nas relações entre homem e natureza, sem abstrair os aspectos relativos à responsabilidade do homem, classificada esta como uma missão para com as gerações futuras – e não como dominação. Nesse sentido, o homem está inscrito em uma cadeia de transmissão que o faz credor daqueles que o antecederam e, ao mesmo tempo, devedor daqueles que lhe sucederão. A ideia de natureza como projeto não nega, assim, nem antropocentrismo, nem ecocentrismo, mas conjuga-os: pugna pela valorização das capacidades éticas da espécie humana sem adotar a ideia de supremacia, nem defender um pretenso igualitarismo entre as espécies Segundo OST (1995, p. 284)

> Embora o homem se situe "num metanível em relação aos outros seres vivos, não se pode deduzir, no entanto, que tenha rompido toda a ligação com estes, e que possa, a partir de agora, distanciar-se deles e subjuga-los. Muito pelo contrário, sendo mais complexo que o mundo do ser vivo e o mundo da matéria, o homem não pode sobreviver sem eles, enquanto o recíproco não se verifica. [...] Autônomo, o homem está ao mesmo tempo integralmente dependente do seu ambiente – o meio natural – para se garantir, nomeadamente, a energia de que necessita.

A natureza-projeto é a síntese, dialeticamente falando, entre sujeito e objeto. O corolário desse pensamento é que não importa a identidade do objeto ou do sujeito, mas a relação que os constitui. E o projeto nasce, já foi dito, como responsabilidade como missão para o futuro: a missão de legar às gerações futuras a possibilidade de uma existência digna.

Na consecução desse projeto, "Falta, pois, imaginar um estatuto jurídico do meio, que esteja à altura do paradigma ecológico marcado pelas ideias de globalidade ("tudo constitui sistema na natureza") e de complexidade; um regime jurídico pertinente face ao caráter dialético da relação homem-natureza, que não reduza, portanto, o movimento ao domínio unilateral de um sobre o outro." (OST, 1995, p. 351).

Dois pontos interessantes destacados por Ost (1995) ao propor um estatuto jurídico do meio: a sua adequação ao conceito econômico de desenvolvimento sustentável e sua preocupação com as gerações futuras.

Ao tratar dos aspectos econômicos, defende um estatuto jurídico do meio que "confira uma forma jurídica ao conceito econômico de desenvolvimento sustentável, isto é, que canalize os modos de produção e de consumo para vias que preservem as capacidades de regeneração dos recursos naturais, e, de forma mais geral, os ciclos, processos e equilíbrios, locais e globais, que assegurem a reprodução do ser vivo." (OST, 1995, p. 352).

Em relação às gerações futuras, defende, do ponto de vista material, um regime jurídico que traduza a preocupação ética com o porvir, impondo "uma moderação, tanto nas subtrações, como nas rejeições, a fim de garantir a igualdade das gerações no acesso a recursos naturais de qualidade equiparável." (OST, 1995, p. 352).

A importância de destacar tais conteúdos consiste no fato de que, ao aplicar a norma, o julgador deve ter presente a tal "ética do porvir", deixando de lado uma perspectiva imediatista, de curto prazo, para embutir no conteúdo decisório as questões materiais subjacentes à proteção ambiental.

A ideia de interdependência avança em diversas searas, como na teoria das relações internacionais, na educação ambiental (sentimento de pertencimento) e no próprio Direito ambiental, por meio das tentativas de abordagem multi, inter e transdisciplinar. Conforme afirma Derani (2009, p. 15), "Não é possível, numa sociedade em constante modificação social, cultural, moral, tecnológica, que se conceba o ordenamento jurídico e os fatos, um com o outro, estáticos, perenes e confrontados como possuidores de um ser independente."

A necessária readequação do discurso, com vistas à sensibilização ecológica do julgador decorre daquilo que Ost (1995, p. 347) traduz como "a dificuldade de mobilizar a opinião pública e obter seu assentimento, a propósito de medidas de conservação, certamente menos populares que medidas antipoluição."

As medidas de conservação, dentre as quais pode-se citar a aplicação do Princípio da Precaução, corolário lógico e direto da Sociedade de Risco, têm efeito a longo prazo e seus beneficiários são desconhecidos – contrariamente às medidas antipoluição, das quais a população sabe ser beneficiária imediata (OST, 1995).

Nesse sentido, "a ameaça que a poluição representa é tangível e visível, enquanto que o desaparecimento de uma espécie ou a rarefacção de um recurso não deixa, por definição, qualquer traço." (OST, 1995, p. 346).

O raciocínio pode ser aplicado em relação a medidas de crescimento econômico divorciadas da questão ambiental que apresentam vantagens diretas e imediatas para a população local, em contraposição a medidas de salvaguarda ambiental, cujos benefícios são difusos e diferidos no tempo.

Enquanto Ost pugna por um regime jurídico do meio que entenda a complexidade, este trabalho tem pretensões mais modestas: a partir do mesmo diagnóstico, pugna por uma readequação da linguagem e da argumentação jurídica, que culmine na aplicação efetiva das normas já existentes, por meio da concretização do seu conteúdo ambiental.

A concretização da norma, fundamentada no pensamento complexo, subsume-se também àquilo que Guattari (2012, p. 54) chamou de ecosofia, ao mesmo tempo prática e especulativa, com viés ético-político, renovando antigas fórmulas: "tratar-se-á antes de movimento de múltiplas faces dando lugar a instâncias e dispositivos ao mesmo tempo analíticos e produtores de subjetividade."

Ost (1995, p. 353) afirma ser necessário "um intenso esforço de imaginação jurídica" para responder a esses desafios. Segundo o autor, "a ciência do Direito não dispõe de soluções miraculosas, de regimes ou de estatutos de que bastasse destacar as regras e aplica-las mecanicamente às questões ecológicas." É justamente dentro desse "intenso esforço de imaginação jurídica" mencionado por Ost, que se situa este trabalho.

A ideia de concretização do conteúdo ambiental da norma, que será adiante desenvolvida, pauta-se em um saber interdisciplinar acerca das questões ecológicas, sujeitas "tanto à jurisdição das ciências naturais como das ciências sociais", que pode ser alcançado se "adotarmos a ideia de complexidade, que dita o cruzamento dos níveis e as interações de causalidades." (OST, 1995, p. 275).

Essa reaproximação entre os diferente saberes humanos [19] propicia a compreensão do sentido das ações e relações sociais como algo complexo, multiangular, impossível de ser reduzido a unicausalismos simplistas ou naturalizantes.

Segundo Guattari (2012, p. 52), "O princípio particular à Ecologia ambiental é o de que tudo é possível, tanto as piores catástrofes quanto as evoluções flexíveis.

Cada vez mais os equilíbrios naturais dependerão das intervenções humanas." Portanto, é chegada a hora de ressignificar as intervenções humanas na seara jurídica, adaptando-a a uma nova forma de pensar que contemple a complexidade.

Esse é o objeto do próximo capítulo.

[19] Nesse sentido, mas em recorte específico, relacionado à interlocução do Direito com as outras ciências sociais, cite-se Müller (2009, p. 197): "A cooperação prática da ciência do Direito com as outras ciências sociais exige, de todas as partes, um preparo maior do que ultimamente tão frequentes convocações para sua 'integração' permitem supor. Diante da história alemã da pesquisa e da práxis, os dois grupos de ciências precisam tornar-se primeiramente capazes de 'integração' num processo gradual."

2. O Direito e a Complexidade: a Norma Jurídica e a Realidade

No capítulo anterior, buscou-se contextualizar a crise ambiental à luz da teoria da complexidade, demonstrando que a ausência de uma abordagem complexa na teoria econômica tradicional levou à crença na possibilidade de crescimento econômico infinito, dentro de um sistema estanque, fechado, sem portas de entrada e saída, incomunicável com o exterior e, por isso, divorciado da variável ambiental.

A visão complexa, por outro lado, conectaria a Economia com a Ecologia e as interações a esta subjacentes, permitindo que a **realidade** fosse tomada em conta na equação. A teoria econômica tradicional, ao isolar o seu objeto de estudos, vinculou-se ao paradigma cartesiano, pautado na Física mecanicista, insuficiente, portanto, ao enfrentamento das questões ecológicas marcadas pela interdependência. Assim, apontou-se como solução para a crise a retomada da complexidade perdida. Essa retomada não se refere apenas à Economia, mas à forma de pensar o mundo transdisciplinarmente, superando velhos paradigmas que permeiam todo o pensamento ocidental.

Aplicando esse raciocínio especificamente à seara jurídica, verifica-se que a retomada da complexidade passa, necessariamente, pela crítica e reformulação da teoria da norma. O paradigma cartesiano encontra eco na Teoria Pura do Direito, de Hans Kelsen, enquanto a abordagem complexa é respaldada pela Teoria Estruturante do Direito[20], de Friedrich Müller. Assim como na Economia Tradicional, a norma em Kelsen é um sistema fechado, que encerra todas as possibilidades, sem porta de entrada ou saída:

[20] "A teoria estruturante do direito não é apenas uma nova concepção, é uma concepção inovadora na teoria do direito. Resulta, pela primeira vez, de um conceito pós-positivista de norma jurídica." (MÜLLER, 2009, p. 164)

ou seja, o texto normativo equivale à norma e a norma não se conecta à realidade. Aí reside o déficit de complexidade do Direito, tomado em sua acepção tradicional positivista.

Tal qual ocorreu com a teoria econômica tradicional, a Teoria Pura do Direito desconsiderou a **realidade** como elemento constitutivo da norma, concentrando-se apenas no "dever ser" e reduzindo o espectro da norma aos limites do texto normativo, sem qualquer possibilidade de conexão estrutural com elementos exteriores ele. Por um lado, a teoria kelseniana da norma mostrou-se reducionista (reduzindo a norma ao texto normativo); por outro lado, dualista, separando Direito e realidade. Essas duas facetas (reducionismo e dualismo) da visão tradicional se completam e se equivalem: separar a norma da realidade corresponde a reduzir a norma ao texto normativo (MÜLLER, 2012). Reducionismo e dualismo, características do pensamento cartesiano, são categorias a serem ultrapassadas pela complexidade e encontram respaldo a concepção de norma em Müller.

O processo de interpretação, à luz da concepção positivista dominante, é meramente dedutivo/subsuntivo e busca classificar a realidade dentro das possibilidades prescritas pela norma. A abordagem feita por Kelsen é notadamente cartesiana, isola o objeto de estudo e vincula-se à lógica formal, buscando conferir ao Direito a cientificidade que se almejava à época, típica das ciências naturais.

Assim como ocorre com o pensamento econômico tradicional, ainda vigente e hegemônico, a visão kelseniana influencia até hoje a produção do Direito no mundo jurídico de tradição romano-germânica, a despeito de toda a produção acadêmica anti ou pós-positivista.

A visão complexa, em contraponto à abordagem cartesiana de Kelsen, pode ser encontrada em Friedrich Müller, que traz uma nova teoria da norma que não separa as ideias de ser e dever ser, **conecta o Direito com a realidade** e amplia o espectro da norma, estendendo-a além do mero texto normativo. Essa conexão entre Direito e realidade se verifica, inclusive, no nascedouro da Teoria Estruturante do Direito. Segundo Müller (2009, p. 161), seus conceitos "se originam da análise da prática jurídica, e, a partir de seus resultados, eles retornam à prática". Nessa assertiva, podem ser verificadas as portas de entrada e saída da norma, numa relação direta com a complexidade. A norma em Müller deixa de ser uma abstração estanque e passa a ser um mecanismo dinâmico de concretização do Direito.

Para Müller, o Direito influencia a realidade e é influenciado por ela, numa interlocução constante e a norma só existe após concretizada, prenhe de realidade. Müller não isola seu objeto de estudo – no caso, a norma – mas faz com que este funcione como um sistema aberto, permeável, diáfano. Por meio dessa abertura, a norma deixa de ser uma moldura que limita e encarcera o operador do Direito para constituir elemento com aptidão para efetiva transformação social.

Por essa razão, busca-se em Müller a fundamentação jurídico-dogmática necessária para o trato das questões ambientais, que são pautadas materialmente pela complexidade (no que tange às infinitas e sucessivas interações ecológicas) e devem ser tratadas normativamente à luz dessa mesma complexidade.

2.1. A Racionalidade Jurídica Tradicional: Descartes e Kelsen

A racionalidade jurídica tradicional pauta-se na abordagem cartesiana, que influenciou a formação da ciência e de todo o pensamento moderno, a partir da ideia de se isolar o objeto de estudos, fragmentando sua análise. Do ponto de vista jurídico, o paradigma cartesiano pode ser bem exemplificado em Kelsen e sua Teoria Pura, que apresenta uma concepção estática do Direito, analisando a estrutura da norma sem contato algum com a realidade que lhe é subjacente ou com a sua dinâmica, afastando qualquer possibilidade de inter ou transdisciplinariedade. Kelsen limita-se a promover uma teoria do Direito positivo, "tão somente do Direito positivo e não de uma determinada ordem jurídica". (KELSEN, 2012, p.67)

A pureza pretendida por Kelsen em sua teoria do Direito positivo buscou uma resposta descritiva àquilo que o Direito é, bem como à sua forma – e não ao que deveria ser. (KELSEN, 2012). Afastou, portanto, considerações valorativas oriundas do observador, o que coincide com a busca cartesiana de uma abordagem científica. Isso fica claro quando Kelsen afirma: "como teoria, ela reconhecerá única e exclusivamente o seu objeto". (2012, p. 67)

A preocupação de Kelsen, no que tange à interpretação da norma, mostrava-se adstrita à moldura normativa: qualquer interpretação que estivesse dentro da moldura normativa estaria perfeitamente justificada, haja vista que admitia a possibilidade de múltiplas soluções para o mesmo conflito. No entanto, o aspecto valorativo não era alvo de estudo ou preocupação, haja vista a necessidade de dar um caráter científico ao Direito, o que se supunha poder existir apenas isolando o seu objeto de estudo, no caso, a norma, de interferências externas indesejadas.

Kelsen (2012, p. 67) alerta que a Teoria Pura assim se intitula porque "se orienta apenas para o conhecimento do Direito e porque deseja excluir deste conhecimento tudo aquilo que não pertence a esse exato objeto jurídico. Isto quer dizer: ela expurgará a ciência do Direito de todos os elementos estranhos. Este é o principio fundamental do método e parece ser claro". Essa abordagem estanque e departamentalizada foi justamente o objetivo de Descartes (2009) no Discurso do Método, como base de construção do pensamento científico. A ideia de pureza, objetividade e cientificidade liga Kelsen a Descartes, aplicando ao Direito uma abordagem filosófica estritamente cartesiana.

O valor da contribuição de Descartes, tanto quanto o da de Kelsen, é inegável e não merece ser subdimensionado, mas visto como ponto de partida de uma análise à luz da complexidade, que não desconsidera o pensamento cartesiano (ou, no caso do Direito, a dogmática jurídica), mas o integra [21]. A contribuição cartesiana/kelseniana permite conclusões possivelmente impossíveis ou impensáveis à luz de um sincretismo metódico desordenado ou arrogante. Nesse sentido, a crítica de Kelsen mostra-se atual quando se analisam decisões judiciais em que o aplicador da norma se crê detentor de saberes que não domina: "Hoje em dia não existe quase nenhuma ciência especial, em cujos limites o cultor do Direito se ache incompetente." (Kelsen, 2012, p. 68)

Se a fragmentação foi (e ainda é) importante em determinados momentos (históricos, processuais, procedimentais ou metodológicos), em outros mostra-se francamente insuficiente, conforme resta demonstrado

[21] Nesse sentido, "O ideal de tecnicidade (isto é, a busca da neutralidade e da objetividade que se exige do titular da decisão jurídica) do positivismo não deve ser abandonado na direção de um retorno a padrões decisórios pré-modernos. Uma superação do positivismo não deve renunciar à busca pela *objetividade* na aplicação do direito, mas apenas promover a adequação desta busca às consequências da natureza estruturante da norma jurídica e às condicionantes específicas que o Estado Democrático de Direito impõe ao trabalho jurídico em todos os níveis." (FONTOURA, 2009, p. 73). Além disso, é de se ressaltar que a "Teoria Estruturante do Direito [...] é única que compreendeu suas aporias fundamentais do positivismo e as transcendeu, sem em nenhum momento deixar de situar a proposta dentro dos limites que são próprios do Estado Democrático de Direito, vale dizer, sem regressos para a juridicidade mais difusa e menos racional das tradições clássica e medieval." (FONTOURA, 2009, p. 84)

transversalmente neste trabalho. No primeiro capítulo, demonstrou-se a falta de complexidade como justificação da crise ambiental, sobretudo sob a ótica econômica e macroestrutural; neste capítulo, busca-se demonstrar a ausência da complexidade na interpretação e aplicação do Direito, sob um viés teórico; no terceiro capítulo propõe-se a retomada da complexidade na aplicação da norma jurídica, por meio da análise de casos práticos.

Portanto, sem desconsiderar a norma em Kelsen (ou seja, o texto normativo), um primeiro filtro que se aplica neste trabalho, ao analisar as decisões judiciais ambientais é a aferição da aplicação objetiva do Direito, a aplicação da norma dentro da moldura prevista pelo texto normativo. No entanto, o que se verifica em algumas decisões, é uma fundamentação meramente retórica que ignora o teor de textos normativos cuja interpretação sequer oferece maiores dificuldades. No entanto, o magistrado [22] opta por não aplicar a lei e rejeita, até mesmo, uma interpretação gramatical, literal, lógico-sistemática. Não se chega, nesses casos, nem mesmo, aos objetivos pretendidos por Kelsen. Ao mesmo tempo, busca-se demonstrar que o pensamento complexo pode contribuir de forma eficaz à compreensão do conteúdo ambiental da norma, ampliando, assim, a proteção ambiental no âmbito das demandas judiciais.

No entanto, para que se possa verificar a necessidade do pensamento complexo, faz-se necessário exemplificar hipóteses em que o pensamento cartesiano conduz a equivocadas interpretações, esvaziando o conteúdo da norma, conforme bem alerta Müller ao criticar Kelsen. Essa demonstração se dará, mais adiante, por meio da análise de casos concretos. Por ora, cumpre incursionar no pensamento de Friedrich Müller, pontuando as diferenças em relação a Kelsen.

2.2. Friedrich Müller: a Teoria Estruturante do Direito, o Pós-positivismo e o Pensamento Complexo

Antes de iniciar o contraste da norma em Müller com a norma em Kelsen, que fundamentará todas as digressões que se seguem, cabem algumas

[22] Faz-se menção ao "magistrado" porque são analisadas decisões judiciais. No entanto, quando se fala na concepção de norma em Müller, a tarefa de concretização é dada a todos aqueles que podem cumprir ou fazer cumprir a norma.

considerações sobre aquilo que moveu o jurista alemão rumo à sua teoria estruturante: foram justamente problemas de ordem prática quanto à aplicação da norma, esvaziada de seu conteúdo pelo tratamento formal conferido. Sua teoria não nasceu na academia para ser, posteriormente, implementada nos tribunais. Ao revés, foi sistematizada a partir de constatações empíricas.

Embora Friedrich Müller tenha tido Martin Heidegger, Carl Schmitt, Ernst Bloch, Hannah Arendt, Niklas Luhmann, Hans-George Gadamer e Jacques Derrida como interlocutores diretos, por meio de contato pessoal ou correspondência, o jurista de Heidelberg é categórico em afirmar que suas posições científicas, relacionadas à Teoria Estruturante do Direito, não provêm de nenhum mestre ou modelo.

Sobre as fontes de seu pensamento, afirma Müller (2009, p. 271) que "não foram a tradição acadêmica e o discurso dos eruditos e dos pensadores do Direito. Minha fonte foi a prática cotidiana do Direito". Após concluir seu doutorado, fez estágios práticos "em todos os domínios do Direito" (2009, p. 270): foi juiz, procurador do Estado, funcionário público e advogado[23]. Nessa qualidade, analisou "centenas de decisões jurídicas – decisões administrativas também, mas sobretudo julgados dos Tribunais e das Cortes Supremas". E afirma que, ainda hoje, para as novas edições da Metódica Jurídica, segue analisando "sentenças reais, alemãs e europeias, bem mais que os discursos acadêmicos." (2009, p. 271)

Essa foi a mesma motivação que deu origem a este trabalho: problemas de ordem prática em relação à concretização do Direito Ambiental, percebidos ao longo de uma década de trabalho na área e a busca por uma nova abordagem. Essa saída, formatada e construída empiricamente, está aqui fundamentada na conjugação das ideias de Edgar Morin (quanto às questões de fundo) e Friedrich Müller (quanto à abordagem jurídica dessas mesmas questões).

Contudo, a utilização, nesta pesquisa, das categorias propostas por Müller não pode ser feita diretamente a partir da concepção de hermenêutica, aplicação ou interpretação da norma, mas deve perscrutar um passo anterior, ou seja, a própria concepção de norma, que moldará todos os desdobramentos subsequentes.

[23] Além de assistente de Konrad Hesse a partir de 1964. Hoje Müller se define como pesquisador, palestrante livre, poeta e escritor. (MÜLLER, 2009, p. 270)

E aqui cabe um esclarecimento quanto à abrangência da Teoria Estruturante do Direito: ela reúne a dogmática, a metodologia, a teoria do Direito (da norma jurídica) e a teoria da constituição, como "terrenos materiais em operação em relação uns com os outros" (MÜLLER, 2009, p.275). Contudo, a teoria da norma jurídica como uma entidade estruturada pode ser classificada como o coração[24] da teoria estruturante, haja vista, inclusive, a afirmação do autor de que, ao constatar que não havia mais solução plausível no âmbito do método, verificou que isso se devia a "uma noção 'irrealista da norma" (MÜLLER, 2009, p. 276). Portanto, um novo paradigma do Direito depende, é certo, de uma nova concepção de norma jurídica. E é justamente esse aspecto, ou seja, a teoria da norma de Friedrich Müller, que agora será abordado[25].

Guardadas as proporções e as especificidades, a inquietação de Müller em relação às bases do Direito parece ter sido muito semelhante à de Bertrand Russell quanto à matemática e sua aparente solidez. Russell, após muita reflexão, deu-se conta de que a matemática se erguia sobre bases instáveis, frágeis fundamentos sobre as quais já não havia muito o que se estudar. Assim como Russell, Müller se encontrou em um impasse diante das bases do Direito e da urgência por uma solução, uma reformulação da teoria da norma. Era preciso dar um salto, rever as categorias, romper com velhos dogmas, buscar uma nova linguagem, ir além dos silogismos, introduzir variáveis[26]. (RUSSELL, 1967)

[24] Segundo Müller (2009, p. 275), "chamar a estruturação da norma de 'o coração' do dispositivo teórico inteiro, em outros termos, do novo paradigma do direito, não é um enunciado ontológico no sentido da metafísica tradicional. É somente uma constatação sistemática e genética. Sistemática, porque a ordem jurídica em sua totalidade é dominada por normas; assim, todas as normas em todos os domínios do direito revelam-se estruturadas. Pode-se trabalhar com a teoria estruturante do direito em todos os campos jurídicos. E genética, porque como já se disse, eu não sou parte dos conceitos dos pensadores de ontem e de hoje, mas da prática de todos os dias."

[25] Santos (2006, p. 13) afirma que [...] "a teoria da norma de Friedrich Müller exerce três funções centrais no conjunto de sua obra: (a) é o *locus* privilegiado onde são conciliadas *norma* e *realidade*; (b) confunde-se com o *processo de concretização normativa*, sendo até mesmo seu sinônimo; e (c) é a própria teoria da aplicação do direito que o autor desenvolve". Afirma também (2006, p. 12) que [...] "é a *teoria da norma* o eixo pelo qual pode o intérprete percorrer toda a teoria, e mais: o eixo por onde pode compreendê-la".

[26] No caso de Müller, a variável a ser introduzida seria a realidade, o âmbito da norma, composto por elementos jurídicos e extrajurídicos.

É interessante salientar que, segundo Müller (2009, p.11), toda a crítica feita a Kelsen e ao positivismo jurídico manteve-se aferrada à tradicional concepção kelseniana de norma[27], sem apresentar uma real mudança de paradigma, mas apenas um "deslocamento degenerativo do problema." A superação do paradigma positivista[28] demanda uma mudança radical na concepção de norma. Müller (2009, p. 9) insiste no sentido de que "os enfoques fundamentais da ciência jurídica distinguem-se quanto ao posicionamento de suas concepções diante da norma jurídica."

Müller afirma que sua Teoria Estruturante do Direito é uma despedida paradigmática e radical de Kelsen [29] e a classifica, em contraposição, como "intencionalmente impura" e pós-positivista, o que significaria "*depois de* Kelsen", jurista que teria marcado o ponto mais alto do Positivismo. Sintetiza os erros dos quais considera Kelsen prisioneiro:

> "primeiramente, não ver as fronteiras, os limites da língua jurídica – ele queria mesmo reduzir o Direito ao raciocínio lógico, traduzi-lo para uma lógica abstrata, uma lógica formal. E, em segundo lugar, excluir a realidade e querer considerar a jurisprudência como 'pura'. Com isso, retira-se do Direito o seu próprio conteúdo." (MÜLLER, 2011a, p. 107)

Enquanto para Kelsen a norma é estática, dada, pronta e acabada, como um modelo definido (e definitivo), para Müller a norma é dinâmica e fluida,

[27] Segundo Müller (2009, p. 10), "os discursos antipositivistas do século – a escola do livre direito até o sociologismo e a análise econômica do direito, da hermenêutica até a teoria do discurso neofrankfurtiana – caem na armadilha do paradigma positivista, nesse sentido não superado. Eles corrigem em cima de fenômenos de superfície, não transcendem o paradigma positivista a partir da concepção de norma."

[28] Nesse sentido, "Não se trata simplesmente de superar o positivismo jurídico no plano da teoria da justiça. Igualmente, não há razão para pensar que a insuficiência do positivismo jurídico seja meramente decorrente da falta de consideração de fatores morais e políticos na decisão. Cuida- se, na verdade, de uma compreensão da estrutura dinâmica da norma jurídica, em que os elementos da realidade (em geral) são participantes da formação do direito. [...] A concepção pós-positivista, calcada na Teoria Estruturante do Direito, deverá reconhecer os nexos materiais que unem direito e realidade, ao mesmo tempo em que deverá fornecer uma reflexão sobre a práxis que possa torná-los fundamentáveis e discutíveis. (FONTOURA, 2009, p. 71-2)

[29] Müller (2011a, p. 108) afirma que lançou a primeira edição da Teoria Estruturante do Direito no ano de 1984, quando a primeira edição da Teoria Pura do Direito fazia cinquenta anos. E o fez não por coincidência, mas como forma de render homenagens a Kelsen.

dependente da realidade e nela interveniente. Para Kelsen, a norma reduz-se ao texto da norma, enquanto para Müller, a norma é o texto da norma somado ao seu conteúdo, a ser preenchido pela realidade pungente da vida. Para Kelsen, a norma é a premissa maior de um processo dedutivo, lógico-formal. Já Müller pauta toda a sua teoria em um processo indutivo, do qual o texto normativo é mero ponto de partida, do qual derivará o processo de concretização. A norma, em Kelsen, preexiste; a norma em Müller será construída no caso concreto. Para Kelsen, a norma é abstração; para Müller, o resultado do processo de concretização. Kelsen reduz a realidade para que ela se encaixe na norma, enquanto Müller amplia a norma para que ela consiga abarcar a realidade.

Para Kelsen, a norma é a moldura de um quadro que não existe, e que poderá ser preenchida com uma obra de Picasso ou por rabiscos de giz de cera de uma criança do jardim de infância. Ambas as possibilidades se equivalem: basta que a tela sirva na moldura. A subsunção é mero encaixe. Já para Müller, não basta que a tela se encaixe na moldura, sendo relevante o seu conteúdo. Müller se preocupa com a obra de arte. A moldura, para Müller, não é um fim em si mesmo. Enquanto a lógica formal serve a Kelsen, Müller demanda uma lógica material.

Kelsen dissocia as ideias de ser e dever ser, afirmando que a norma deve se preocupar apenas com o dever ser, enquanto para Müller essa fronteira não existe de forma peremptória, eis que ser e dever ser se implicam e se influenciam mutuamente. E isso reflete diretamente naquilo que ambos entendem por norma. Como para Kelsen a norma é dever ser, ela se exterioriza por meio de um texto normativo. Então, texto normativo é norma e norma é texto normativo: nada mais que isso. "Lei é para o positivismo ainda dominante algo de inquestionavelmente dado: os caracteres sobre o papel dos textos legais." (MULLER, 2009, p. 10)

Traçando mais um paralelo com pensamento filosófico[30], poderíamos comparar a visão kelseniana à primeira fase de Wittgenstein[31] (1968), no Tratado Lógico-Filosófico, segundo o qual o mundo é representado pela linguagem. Assim, uma linguagem representativa seria suficiente para

[30] Além da dicotomia entre o pensamento cartesiano e o pensamento complexo, com especial alusão a Edgar Morin.

[31] Kelsen e Wittgenstein foram contemporâneos: Kelsen nasceu em 1881 e morreu em 1973; Wittgenstein nasceu em 1889 e morreu em 1951. Kelsen publicou sua Teoria Pura do Direito em 1934, treze anos após a publicação do Tratado Lógico-Filosófico de Wittgenstein (1921).

descrever a realidade e no bojo da linguagem já estaria embutida a lógica; cada palavra apresentaria um significado unívoco: para cada palavra haveria um significado e para cada significado, uma palavra. Transpondo esse raciocínio para o Direito, teríamos que a norma estaria representada pelo texto normativo, tal qual se vê em Kelsen.

Posteriormente, em suas Investigações Filosóficas[32], Wittgenstein (1999) reviu seu posicionamento, considerando insuficientes as conclusões do *Tractatus*. Rechaçou, assim, a ideia de que a natureza da linguagem podia ser descoberta mediante uma análise lógica que expressaria fielmente a realidade. Nesse sentido, não haveria uma essência ou natureza da linguagem, mas muitas linguagens e o significado de um termo estaria ligado ao seu uso[33].

Aqui seria possível conectar o pensamento de Müller ao "Segundo Wittgenstein", o qual poderia ser tido por pós-positivista[34]. O texto normativo, nesse caso, seria o ponto de partida e a norma adviria de sua concretização a qual, parafraseando Wittgenstein, seria o uso feito do texto normativo, ou seja, o resultado da conjugação entre texto normativo e realidade.

Prosseguindo, para Müller a norma contém o ser e o dever ser e, portanto, é texto normativo (o dever ser, o programa da norma, o aspecto formal) e conteúdo da norma (âmbito normativo, conteúdo material), a ser construído conforme as circunstâncias do caso concreto, haja vista inexistir um dever ser pronto e acabado, estático e imutável. A norma, na forma concebida por Müller, equivaleria à "reconquista de um grau de autonomia criativa" (GUATTARI, 2012, p. 55)

[32] A obra Investigações Filosóficas foi publicada postumamente, em 1953. Wittgenstein faleceu em 1951, deixando-a incompleta.

[33] Pode-se dizer, fazendo uma analogia, que Wittgenstein passou do "realismo" dominicano ao "nominalismo" franciscano, porque a mudança de concepções corresponde a estas duas tendências do pensamento medieval. O "realismo" dominicano (os dominicanos de Paris é que defendiam esta posição gnosiológica) supõe os "universais" como existentes em si mesmos e, desta forma, as palavras teriam a capacidade de exprimir a própria essência das coisas. Já para o "nominalismo" franciscano (porque tal posição era defendida pelos franciscanos de Oxford) os nomes não teriam a capacidade de exprimir a essência das coisas, apenas dariam uma ideia vaga, e os universais mais não seriam do que o reconhecimento da existência de características comuns a mais de um indivíduo (CAMARGO, 2012, p. 237).

[34] Müller (2009, p. 147) dedica uma nota de rodapé às Investigações Filosóficas de Wittgenstein (o chamado Segundo Wittgenstein), em que o conecta às suas três décadas de investigação póspositivista, no sentido de que "o significado de uma palavra é o seu uso na linguagem".

Aqui torna-se oportuno fazer um alerta importante: ao centrar seus esforços na dinâmica da normatividade (construída a partir da realidade), Müller não exclui a positividade, (elemento estático, exteriorizado nos textos legais), sob pena, se assim o fizesse, de chancelar retrocessos democráticos, haja vista que a lei foi construída sob cânones constitucionais legítimos, fruto do Estado Democrático de Direito. Por isso não se trata de uma visão anti-positivista, mas pós-positivista. Não se reduz a importância da lei, mas se busca entender melhor o que ela significa, ampliando significativamente o espectro daquilo que se entende por norma jurídica, a qual não se limita, é certo, ao texto normativo. A Teoria Estruturante do Direito tem, portanto, sua incidência no Estado Democrático de Direito e circunscreve-se a leis revestidas de constitucionalidade, promulgadas dentro de um processo legislativo previamente estatuído pelo poder constituinte, e que devem, portanto, devem ser aplicadas (MÜLLER, 2012).

Para Müller (2009, p. 161), "o caso jurídico concreto é tão importante, é tão co-fundador da norma jurídica como a prática é da teoria." A teoria não é, para Müller, senhora da qual a prática é escrava: teoria e prática do Direito se equivalem, sendo a prática a irmã mais velha da teoria, aquela detentora de mais experiência.

Müller é, portanto, referência indispensável para a análise crítica da jurisprudência, haja vista que sua Teoria Estruturante do Direito foi construída exatamente dessa maneira, ou seja, por meio de uma profunda imersão nos fundamentos das decisões judiciais (MÜLLER, 2009). Portanto, é por meio da obra de Müller que serão demonstradas, do ponto de vista normativo, as hipóteses deste trabalho, quais sejam, a insuficiência da abordagem tradicional e a necessidade de uma nova visão do que seja a norma jurídica, conjugando-a com a realidade, numa relação circular de causa e efeito. E essa demonstração necessariamente percorrerá os caminhos trilhados por Müller, atentando às filigranas da jurisprudência ambiental brasileira.

2.3. Interpretação e Concretização da Norma

Feita a diferenciação do conceito de norma em Kelsen e Müller, cumpre agora fazer menção à operacionalização desses conceitos, distinguindo-se o processo meramente subsuntivo de interpretação operado pelos juristas, à luz do positivismo kelseniano dominante, do processo de concretização proposto por Müller, denominado metódica[35] estruturante.

A metódica estruturante, como todo o pensamento de Müller, está vinculada ao seu conceito de norma, mais precisamente ao processo dinâmico de construção da norma, processo este que não deve ser confundido com os mecanismos tradicionais de interpretação e aplicação do texto legal. Já que a norma não é formada apenas de elementos linguísticos, a ela não basta a interpretação. Vai-se além, busca-se a concretização. Assim, para Müller, o operador do Direito constroi o sentido da norma e não apenas o declara. Isso porque, para Müller, a norma não se encontra suficientemente descrita no texto normativo e não tem um significado imanente, a ser extraído pelos métodos tradicionais de interpretação, que levam à subsunção lógico-dedutiva. A compreensão e aplicação da norma, em Müller, dá-se por meio de um processo criativo, indutivo, cujo vetor parte do texto normativo e direciona-se para a realidade, retornando a ela sob a forma de norma concretizada.

Assim, Müller (2009) não se enquadra no que se costuma classificar como "nova hermenêutica constitucional" (ao lado de Peter Häberle e Konrad Hesse), ou naquilo que Bonavides (2010) considerou como uma hermenêutica de inspiração tópica: Müller rejeita tais classificações porque as entende vinculadas, ainda, ao conceito kelseniano de norma, sem a necessária ruptura paradigmática. Portanto, o processo proposto por Müller parte de novas premissas e inaugura um novo método. Essa ressalva é importante para evitar as tentativas de restringir o pensamento de Müller a categorias já conhecidas, buscando justificá-lo jurídica ou filosoficamente[36].

[35] Metódica é o termo que vem sendo usado pelos tradutores de Müller como correspondente do termo alemão Methodik, em lugar de metodologia. Métodica, como substantivo, consta do Dicionário Aurélio e tem por significado "sistema de procedimento metódico" (MÜLLER, 2009). João Fábio Silva da Fontoura (2009) dedicou o primeiro capítulo de sua dissertação de mestrado, orientada pelo Prof. Dr. Airton Cerqueira Leite Seelaender na Universidade Federal de Santa Catarina, a esclarecimentos terminológicos e metodológicos que contemplam digressões sobre o sentido da palavra "metódica" em Müller.

[36] Müller traz referências precisas à hermenêutica filosófica de Georg Gadamer, assim como ao pensamento de Wittgenstein (o chamado Segundo Wittgenstein, das Investigações Filosóficas), mas destes se distancia ao buscar uma abordagem especificamente jurídica. Quanto às suas origens jurídicas, conforme já foi dito, Müller considera haver inaugurado um novo método, sem predecessores.

Na ideação da metódica estruturante, Müller não mais indaga os porquês, não olha retrospectivamente para o ordenamento jurídico. Partindo da reformulação do conceito de norma jurídica, a pergunta agora é "*Como?*"[37] Müller faz um mergulho na realidade da jurisdição para (re) construir a realidade dos fatos a partir da norma.

Assim, o trabalho jurídico, a partir da Metódica Estruturante de Müller, é uma "tarefa de especialização, de alto nível profissional" que "sabe que pode interferir profundamente na vida dos cidadãos e da sociedade e se sente eticamente responsável a esse respeito." (MÜLLER, 2009, p. 161)

A visão kelseniana de norma conduz a um processo hermenêutico dedutivo, de subsunção do caso à norma pronta e acabada, num processo lógico-formal: ao intérprete, pouco resta, pois tudo o que precisava ser feito, já o foi, por ocasião da elaboração do texto normativo. Sob a ótica positivista, a norma encerra, no texto normativo, todo o seu conteúdo.

Já a abordagem de Müller conduz o operador do Direito a um processo de indução lógico-material, complexo e multifacetado, de construção da norma. Tratase de um processo criativo vinculado à realidade:

> 'Concretização' da norma não significa tornar 'mais concreta' uma norma jurídica geral, que já estaria no texto legal. A concretização é, realisticamente considerada, a construção da norma jurídica no caso concreto. A norma jurídica não existe, como vimos, *ante casum*, mas só se constroi *in casu*. A norma é a formulação geral da decisão jurídica; a formulação individual (isto é, o teor da decisão) chama-se *norma de decisão*. (MÜLLER, 2009, 164)

Em uma metáfora matemática, pode-se dizer, apelando a David Hilbert (REID, 1996), que assim como os axiomas de uma teoria constituem o ponto dc partida do processo lógico, o texto normativo seria o ponto de partida da interpretação. Enquanto o que se pode exigir de um axioma é que ele seja logicamente compatível; o que se demanda do texto normativo é que seja constitucionalmente compatível, ou seja, legítimo quanto à sua

[37] "Para evitar esses dois erros fundamentais, temos de continuar a perguntar *de forma ainda mais próxima da realidade: como* o Tribunal Constitucional chega, então, às suas afirmações? *Como* ele as fundamenta? Em termos de conteúdo, prossegue, por exemplo, com julgamentos anteriores? Ou ele modifica a sua própria prática? E *como* isso é sustentado argumentativamente? *Como* o Tribunal trata dos dados reais (elementos da realidde social) de seu caso (âmbito material > âmbito da norma)? (MÜLLER, 2009, p. 161)

produção e conteúdo: a partir daí se inicia o processo de concretização, que deve ter clareza, transparência e objetividade. E nesse sentido, a busca por objetividade da metódica de Müller se equipara aos anseios do matemático alemão David Hilbert: se uma questão pode ser rigorosamente proposta, pode ser logicamente respondida. Contudo, cabe uma ressalva: para entender Müller é necessário lembrar que sua postura não é fragmentada/ cartesiana, mas complexa, integrando diversos pontos de vista. Assim, esta metáfora matemática não esgota o sentido dos anseios de Müller, mas apresenta uma de suas facetas.

Nesse sentido, não poderíamos associar Müller ao formalismo estrito de David Hilbert, pois seria o mesmo que equipará-lo a Kelsen. Müller integra, em sua teoria, os benefícios da forma, sem contudo ater-se a ela. Assim, seguindo o caminho perfilhado pelos lógicos, poderíamos acrescentar a Müller, na busca pela realidade, as ideias de Henri Poincaré (1984; 2008) e de sua "fé na intuição". Contudo, a intuição não seria aqui tomada como oposição ao rigor formal, mas como um elemento adicional. A lógica de Müller não é binária. E aí se toma por empréstimo a Teoria do Caos em oposição à Física newtoniana mecanicista que pautou todo o pensamento de matriz cartesiana[38]. Poincaré afirmava que a lógica era estéril quando não fertilizada pela intuição. Parafraseando Poincaré (1984), dirse-ia que em Müller, o texto normativo seria estéril senão fecundado pela realidade.

Müller considera insuficiente o mero silogismo lógico, que pretende encontrar o Direito no texto normativo. Ao mesmo tempo, rejeita o decisionismo, para o qual a decisão, normativamente falando, "advém de um nada" (2009, p. 1601). Critica, assim, tanto a descrição meramente normativa (tomada em sentido tradicional), quanto a descrição realista (no sentido de que o Direito é o que o Judiciário diz ser)[39].

Assim, Müller (2009, p. 161) se afasta tanto do positivismo veiculado pela Teoria Pura de Kelsen, quanto da doutrina do Direito livre, do sociologismo, da doutrina do Direito dos juízes, segundo a qual "o texto da norma não é obrigatório do ponto de vista prático". Ambas as visões são considerada por Müller fragmentárias e não contemplam o todo. Não basta,

[38] Newton nasceu em 1642; Descartes faleceu em 1650. Contudo, as ideias da física newtoniana podem ser relacionadas ao pensamento de matriz cartesiana.

[39] Literalmente, Segundo Justice Charles E Huges, "A Constituição é o que a Suprema Corte diz ser" (MÜLLER, 2009, P. 161).

para concretizar o Direito, o texto da lei ou o voluntarismo retórico dos juízes. O processo decisório precisa ser claro, transparente, objetivamente demonstrável, auditável, portanto. A aplicação da lei, no sentido tradicionalmente aceito, não cumpre as funções concretizadoras pretendidas por Müller, de ruptura com o positivismo e apelo à realidade. Por outro lado, afastarse da lei é afastar-se da legitimidade conquistada pelo estado democrático e constitucional de Direito.

Essa visão conecta novamente Müller ao pensamento complexo: embora divirja dos posicionamentos acima mencionados, Müller não nega nem o positivismo, nem as práticas emancipatórias, mas as conjuga, fazendo com que dialoguem e construam uma abordagem pós-positivista interativa e transformadora da realidade. Por isso, Müller é um referencial teórico oportuno para trabalhar as questões ambientais[40]. Pode-se dizer que Müller é o pensamento complexo aplicado ao ordenamento jurídico, ainda que nunca tenha adotado esse rótulo. Já o pensamento complexo é a abordagem filosófica que permite entender, de fato, as interações ecológicas ou – na visão de Müller – a realidade, como fator constitutivo da norma. Tais teorias se interimplicam recursivamente, em uma perspectiva dialógica inter e transdisciplinar[41].

2.3.1. Metódica Estruturante: Breves Apontamentos

Embora este trabalho não tenha por escopo um aprofundamento [42] na metódica estruturante de Müller, é oportuno que se faça aqui uma breve introdução a ela. A teoria estruturante começou a ser escrita em 1966, quando Müller reformulou o conceito de norma, rompendo com o modelo positivista. Já a metódica, como forma de implementação dessa teoria,

[40] Müller (2009, p. 165) afirma que "os operadores do direito que devem decidir casos complexo já trabalham dessa maneira na prática, mas isso não foi dito pelas teorias tradicionais. A teoria estruturante do direito tem por tarefa elaborar essa reflexão. Ela é *uma teoria da prática.*"

[41] Para Müller (2009, p. 199), "Uma doutrina constitucional realista demandaria uma análise abrangente dos modos cotidianos de trabalho de todos os titulares das funções de uma sociedade constitucionalmente organizada. Tal metódica político-jurídica somente pode ser citada aqui como marcação de um projeto de uma pesquisa transdisciplinar."

[42] Estudo necessário e salutar, mas que extrapolaria os limites desta dissertação, que está centrada em uma conexão pragmática entre a Teoria da Norma em Müller, o Pensamento Complexo e a concretização do Direito Ambiental Brasileiro.

surgiu em 1971: nela Müller se ocupa da instrumentalizar e legitimar o processo de construção da norma[43].

A partir de um novo conceito de norma, Müller propôs uma metódica jurídica, que conjuga os momentos de compreensão e aplicação do Direito, naquilo que se pode classificar como uma teoria da argumentação (mais que um processo meramente hermenêutico ou silogístico). A ideia é estabelecer diretrizes para que a aplicação do Direito se dê de forma objetiva, transparente e auditável, permitindo que se conheça, de fato, a técnica decisória adotada pelo operador do Direito, escapando da retórica, do voluntarismo ou do decisionismo.

Portanto, a Metódica de Müller (2009) não é lógica formal, nem é mera técnica para solucionar demandas jurídicas. A metódica vai além da lógica formal, da técnica e da hermenêutica pura e simples: ela é resultado de um salto epistemológico e resulta em uma teoria eticamente comprometida com a concretização da norma e seu poder de transformação social. Não abandona a técnica, a lógica ou a hermenêutica, mas as ultrapassa, partindo, como já afirmado, da reformulação do que se entende por norma jurídica. A visão de Müller não é excludente, mas integrada, no sentido de que não abandona categorias que já se mostraram úteis ao deslinde de controvérsias jurídicas, tais como os cânones de Savigny (1979), mas as considera a partir de um novo (e prospectivo) olhar, que objetiva racionalizar a *práxis* jurídica.

Existe, ainda, a ressalva de que os métodos hermenêuticos tradicionais foram pensados à luz do Direito Civil e sob uma ótica privatista, insuficiente à concretização de regras de Direito Constitucional e de Direito Público em geral, com forte teor político e conceitos jurídicos indeterminados, a serem construídos, em constante interlocução com a realidade, diferentemente dos institutos civilistas clássicos, de há muito consolidados. (MÜLLER, 2012)

[43] Pode-se dizer que a primeira parte da obra de Müller, referente à teoria da norma, foi traduzida no Brasil com o título Teoria Estruturante do Direito – Vol. I, publicada pela Editora Revista dos Tribunais. O segundo volume, que se refere mais especificamente à metódica, ainda se encontra em processo de tradução, por Renata de Souza Dias Mundt. No entanto, um resumo dos fundamentos da metódica jurídica encontra-se na obra Metodologia do Direito Constitucional (Editora RT), mas também é abordado na Teoria Estruturante do Direito I e na obra "O Novo Paradigma do Direito", (ambos publicados pela Editora RT). Além do original alemão, existe a tradução francesa da Metódica Jurídica (Discours de Méthode Juridique), de Olivier Jouanjan, cuja última edição data de 1996 (Ed. Presses Universitaires)n.

Assim, Müller entende que os métodos de Savigny devem ser preservados, mas adaptados e fundamentados à luz do Direito Público e do Direito Constitucional, complementados pelos métodos adicionais exigidos por uma perspectiva publicista e pensados à luz da não-identidade entre norma e texto normativo (MÜLLER, 2012).

Para Müller (2012, p. 53), a fundamentação da decisão ("da norma jurídica, da portaria governamental ou administrativa, da sentença judicial") deve, ao mesmo tempo, convencer os atingidos e permitir que a decisão possa ser controlada pelas instâncias superiores, pelos destinatários da norma, pelos titulares de funções estatais e pela própria ciência jurídica. Existe, em sua metódica, uma busca por publicidade, racionalidade e objetividade[44].

O texto normativo – que não esgota o conceito de norma – serve como ponto de partida (eficácia de determinação do texto da norma) e limite (eficácia de limitação do texto da norma). Retomam-se as palavras de Müller acerca do texto normativo no processo de construção/concretização da norma:

> a norma jurídica não se encontra já pronta nos textos legais; nestes encontram-se apenas formas primárias, os textos normativos. A norma só será produzida em cada processo particular de solução jurídica de um caso, em cada decisão judicial. (2009, 164)

Serve, portanto, o texto normativo para impulsionar e cercear a atividade do jurista (FONTOURA, 2009, p. 97). O texto normativo faz parte daquilo que Müller chama de "programa da norma", ou seja, o conteúdo linguístico do texto, a lei positivada. A par do programa da norma, a concretização demanda um aprofundamento no "âmbito da norma", ou seja, sua conexão com a realidade, que pode estar prevista tanto no Direito, quanto fora dele. Nesse sentido:

> é parte constitutiva da norma o âmbito normativo, isto é, o conjunto parcial de todos os fatos relevantes (âmbito fático), como elemento que sustenta a decisão jurídica como Direito.
>
> [...]

[44] Nesse sentido, Müller diferencia-se da Teoria Crítica do Direito e das correntes anti-positivistas, que não propõem uma metódica, nem atentam ao conteúdo da lei posta.

> A 'norma jurídica' torna-se, dessa forma, um conceito complexo, composto do âmbito normativo e do programa normativo (isto é, do resultado da interpretação dos dados linguísticos). (MÜLLER, 2009, 164)

Há elementos do *âmbito da norma* previstos por outras normas, como, por exemplo, regras procedimentais, cujo conteúdo se esgota dentro do próprio Direito, sem necessidade de apreensão de conteúdos sociais, históricos, filosóficos, sociológicos etc.[45]. E há, é certo, elementos do âmbito da norma que não são aferíveis nos limites do ordenamento jurídico, necessitando ser preenchidos por conteúdos atinentes a outras realidades. Há, ainda, possibilidade de que parte do âmbito normativo seja aferido em conteúdos jurídicos e parte seja aferido em conteúdos extrajurídicos. Nesses termos, afirma Müller:

> Para a elaboração da norma jurídica, para sua construção com base no caso jurídico e nos textos normativos, o jurista necessita tanto de dados linguísticos como também de dados reais; essa é a realidade da atividade cotidiana de tomada de decisões jurídicas. Como dissemos, o resultado da interpretação de todos os dados linguísticos é um resultado intermediário e provisório denominado **programa normativo**.
>
> O jurista constitui o '**âmbito normativo**' ao submeter os fatos a um duplo exame com base no programa normativo: primeiro, esses fatos continuam sendo relevantes para o programa normativo elaborado? Segundo, são compatíveis com o conteúdo do programa normativo? Em seguida, podem ser *justificadamente* incorporados na decisão. Isso deve ser passível de controle no Estado Democrático de Direito, graças à apresentação clara dos argumentos."(MÜLLER, 2009, 164) [g.n.]

A concretização da norma, segundo a metódica de Müller (2009; 2011; 2012) utiliza-se de uma série de elementos que se podem classificar como:

a) elementos metodológicos *strictiori sensu* (interpretações gramatical, histórica, genética, sistemática e teleológica, bem como princípios isolados da interpretação da constituição);
b) elementos do âmbito da norma (jurídicos ou extrajurídicos);

[45] No caso do Direito Ambiental, o âmbito da norma está ligado às ciências naturais, à Biologia, Ecologia, Geografia, Geologia, Hidrologia, aos mais diversos ramos da Engenharia etc.

c) elementos dogmáticos (doutrina e jurisprudência);
d) elementos de teoria;
e) elementos de técnica de solução;
f) elementos de política do Direito e política constitucional.

A conjugação entre os elementos acima indicados seria o que Calanzani (2009, p. 16) refere, metaforicamente, como a harmonia das notas: "A música não é o conjunto das notas musicais, mas a harmonia das notas. A justiça, portanto, não é simplesmente a lei, aplicada de forma isolada, mas a interpretação harmoniosa de todos os seus comandos."

Müller (2012, p.106) deixa claro que os elementos constantes dos itens 'a', 'b' e parte do item 'c' são "diretamente referidos a normas, enquanto os restantes "não são diretamente referidos a normas e nessa medida estão restritos a funções auxiliares na concretização". Nesse sentido, havendo contradição entre os elementos no processo de concretização, os elementos diretamente referidos a normas terão precedência em relação aos demais, ou seja, os elementos metodológicos, os elementos do âmbito da norma e parcela dos elementos dogmáticos encontram-se em posição hierarquicamente superior aos elementos de teoria, elementos de técnica de solução e elementos de política do Direito e política constitucional. E aqui não se fala em preponderância do texto normativo, mas preponderância da norma, tal qual entendida em Müller (texto + realidade, programa normativo + âmbito normativo, ser + dever ser).

No entanto, nos casos de conflito, preponderam os elementos gramatical e sistemático, haja vista a função limitadora do texto legal (legitimamente produzido, em conformidade formal e material com a Constituição), próprio do Estado Democrático de Direito.

Um último aspecto importante do processo de concretização da norma proposto por Müller (2012), é que ele não se dá apenas em relação à aplicação da lei em uma demanda judicial, mas em qualquer hipótese em que se faça valer a norma. O processo de concretização dá-se, também, pela observância da norma, que deixa de fazer existir o conflito e é atribuição de todos os titulares de funções, não só do juiz que julga o caso concreto, mas de todos os poderes, que se encontram em igual nível hierárquico quanto à função concretizadora.

A partir das ideias de norma jurídica em Müller e de sua instrumentalização, por meio da metódica estruturante, busca-se, a seguir, apontar sugestões de concretização dentro do Direito Ambiental.

2.4. A Concretização da Norma Ambiental

A tarefa, agora, é aplicar a concepção mülleriana de norma jurídica ao contexto jurídico-ambiental, como contribuição ao enfrentamento da crise ambiental no âmbito do processo.

O combate à crise demanda, é certo, uma abordagem sistêmica, integrada, em escala planetária, que vai da tomada de consciência individual a uma reformulação na concepção econômica, do jardim de infância às grandes corporações: a crise é multifacetada e não comporta uma abordagem reducionista. É necessário passar a limpo a sociedade de consumo e esse processo chega a níveis tão profundos quanto o são as ideias de felicidade e realização pessoal.

No entanto, o que se pretende aqui é fazer um recorte jurídico e propor uma forma de enfrentamento da crise a partir da lei posta. Essa proposta consiste na busca de concretização da norma ambiental, conjugando o texto normativo e a realidade por meio de uma argumentação criativa que supere o dogmatismo e permita a compreensão da complexidade ambiental.

A seguir, analisar-se-á o esvaziamento dos institutos jurídicos ambientais pela racionalidade jurídica tradicional, bem como a lógica do "não vejo, logo não existe", referente à percepção do risco e do dano ambiental. Como resposta a isso, propõe-se uma nova abordagem, que inclui a readequação do discurso, o uso de metáforas, a sensibilização ecológica e o manejo de outros argumentos metajurídicos.

Os instrumentos de concretização da norma ambiental adiante propostos interimplicam-se e correlacionam-se. A divisão que se faz tem objetivos meramente didáticos, mas não deve ser vista de forma estanque. Pelo contrário, os elementos comportam utilização conjunta e integrada e sua aplicação deve ser pautada pela criatividade, conforme as circunstâncias específicas de cada processo e da norma a ser concretizada.

2.4.1. A Racionalidade Jurídica Tradicional e o Esvaziamento dos Institutos Jurídicos Ambientais

O enfrentamento da crise ambiental pelos mecanismos institucionais oficiais não têm se mostrado efetivo. O que se verifica, de fato, é o uso simbólico do Direito, da política e da ciência, veiculando objetivos espúrios e mascarando o risco, tratando-o de forma cosmética e ineficaz, de modo a permitir que o desenvolvimento econômico repouse sobre a paz social e que a sociedade permaneça alheia aos fatos, riscos e ameaças [46]. Esses fatos traduzem-se na irresponsabilidade organizada, que constitui a face mais perversa da sociedade de risco[47]. Vive-se um verdadeiro "faz-de-conta ambiental" em todos os níveis.

Enquanto as instituições jurídicas clássicas – sobretudo civilistas e ligadas à ideia de propriedade – possuem origens remotas, quase imemoriais, o Direito Ambiental tem seu marco histórico internacional na Conferência das Nações Unidas sobre o Meio Ambiente Humano, ocorrida em Estocolmo de 5 a 16 de junho de 1972. Trata-se, portanto, de um ramo muito novo do Direito, cujos alicerces ainda não se encontram efetivamente consolidados.

Institutos ambientais restam esvaziados por aqueles a quem incumbiria a função de erigi-los. Assim, fruto de incompreensão, desinteresse, preconceito ou refração ideológica, a norma jurídica ambiental deixa de ser concretizada. O enfrentamento da crise ambiental exige uma mudança radical de paradigma que supere a fragmentação e a abordagem cartesiana da racionalidade jurídica tradicional, incapaz de compreender minimamente o Direito Ambiental.

Nas lides ambientais, as tendências interpretativas redundam, incontáveis vezes, no amesquinhamento dos institutos, pois o pensamento jurídico tradicional não possui o instrumental necessário para equacionar demandas oriundas dessa nova danosidade ambiental, prendendo-se a velhos cânones, ainda válidos para o Direito privado, mas flagrantemente insuficientes para a compreensão da danosidade difusa.

Especialistas procedentes de outras áreas do Direito, especialmente centradas em questões interindividuais, com nexo causal direto, danos mensuráveis e relações estanques buscam, nas áreas que lhes são próprias e familiares, uma forma de dirimir os novos questionamentos ambientais propostos. Fundamentados em institutos clássicos, perfeitamente

[46] Esse tema foi abordado no primeiro, que tratou da crise ambiental, tendo como causa déficit de complexidade da Economia tradicional e como consequência a sociedade de risco, cujo enfrentamento dar-se-á pela retomada da complexidade perdida.

[47] As questões referentes à sociedade de risco e à irresponsabilidade organizada foram tratadas à luz da teoria esposada por Ulrich Beck, assim como dos doutrinadores brasileiros José Rubens Morato Leite, Patryck Ayala e Heline Ferreira, que abordaram tais questões dentro do contexto e das peculiaridades do direito ambiental brasileiro.

delineados e assimilados pela comunidade jurídica, acabam por reduzir o espectro ambiental da norma, a fim de que a solução jurídica encontrada se ajuste na moldura pronta, acabada e conhecida à exaustão.

O desconhecimento do conteúdo ambiental da norma por parte do intérprete, aliado à falta de sensibilidade ecológica, faz nascer dupla possibilidade: ou se esgota o assunto por meio de uma solução formal, que fulmina o problema sem resolvê-lo (garimpam-se inumeráveis razões para que o processo seja extinto sem resolução de mérito) ou se constroem teses acerca de insignificância, atipicidade etc.

O mérito propriamente dito, ou seja, a análise dos fundamentos ambientais da lide, é deixado em segundo plano, dando lugar a uma solução jurídica que se subsuma à moldura normativa, nos termos previstos por Kelsen. A solução é aceitável, do ponto de vista jurídico, tradicionalmente aceito. No entanto, não resolve o problema, mas o agrava, permitindo a continuidade de atividades lesivas ao meio ambiente. A norma ambiental é interpretada, mas não concretizada. O conteúdo ambiental passa ao largo.

Assim, com uma solução formal de esvaziamento ou um desfecho materialmente inócuo, o processo finda atendendo às exigências dos boletins estatísticos sem, contudo, promover qualquer medida concreta de proteção ambiental.

Não se pode olvidar, ainda, que a falta de concretização ambiental da norma decorre, também, do caráter notadamente ideológico das lides ambientais, cujas decisões demandam uma tomada de posição. E, quando se chega efetivamente ao mérito, caminho mais fácil parece ser a adesão a antigas fórmulas e a negativa da proteção ambiental, privilegiando o capital, a propriedade e os valores antropocêntricos de há muito introjetados na racionalidade tradicional.

Esse caminho desagrada a poucos. O *status quo* é mantido, o *desenvolvimento* segue seu rumo. Poucos se insurgem, pois essa é a solução esperada. É confortável aderir aos velhos padrões e quem o faz é bem visto, bem aceito e bem recebido em quase todos os meios, conforme já alertou Müller.

Independentemente, porém, das causas[48] da não-concretização da norma ambiental, que não são objeto desta pesquisa, acredita-se que, ao levar a realidade ao bojo do processo, seja possível alterar velhos padrões.

[48] Pesquisa nesse sentido estaria afeta à psicologia, à sociologia ou até mesmo à antropologia, mas não ao Direito.

Embora as afirmações precedentes, quanto à forma de julgamento das lides ambientais, constituam fato notório no universo jurídico, sobretudo entre os especialistas da área ambiental, elas serão ilustradas com vagar e riqueza de detalhes no terceiro capítulo deste trabalho, que trata da análise qualitativa de decisões judiciais que demonstram a insuficiente compreensão do conteúdo ambiental da norma por parte do julgador[49].

O fato é que, diante desse estado de coisas, é preciso *chamar a atenção* dos operadores do Direito para as peculiaridades do Direito Ambiental, que não são poucas, nem facilmente detectáveis em um passar de olhos.

Imagine-se, por hipótese, um juiz recém-empossado, em uma comarca do interior, com uma monstruosa sobrecarga de trabalho, realizando julgamentos que vão desde o Tribunal do Júri a divórcios, contratos privados, licitações, falências etc. Qual será sua atitude, ao deparar-se com uma ação civil pública ambiental, de milhares de páginas, repleta de laudos técnicos complicadíssimos? Ou mesmo com uma singela ação anulatória de auto de infração ambiental? Terá ele tempo, disposição ou mesmo capacidade para entender as filigranas ambientais da norma? Debruçar-se-á ele sobre a causa ambiental durante um, dois, três dias para compreendê-la de fato? Ou utilizará de institutos aos quais já está habituado, em termos processuais, cíveis, criminais e administrativos, para assim equacionar a demanda?

A menos que esteja efetivamente consciente e comprometido com a causa ambiental, há grande probabilidade de que lance mão da segunda alternativa, caminho rápido, seguro e menos penoso. Aplica-se aquilo que já se conhece.

O uso dos institutos clássicos não é uma variável encontrada apenas na jurisprudência. A doutrina ambiental é pródiga em exemplos nesse sentido.

Administrativistas escrevem sobre o Direito Ambiental com fundamento naquilo que já conhecem do Direito Administrativo, pouco atentando às peculiaridades ambientais da norma. O mesmo se dá entre criminalistas, civilistas etc. É o recurso àquilo que já está estudado, consolidado, pronto e acabado.

[49] A análise dessas decisões é diferida para o terceiro capítulo porque ali se demonstra, conjuntamente com o chamado déficit de compreensão, o funcionamento dos instrumentos de concretização da norma, ou seja, a promoção de uma nova forma de argumentar e fundamentar as lides ambientais.

O Direito Ambiental é reduzido para que se encaixe naquilo que já se conhece. Não se amplia o Direito para entender a Ecologia. Reduz-se a Ecologia para que ela caiba nas vestes estreitas do Direito.

Há incontáveis exemplos de decisões judiciais, tanto de primeiro grau, quanto dos tribunais estaduais, regionais e mesmo superiores que ignoram as bases do Direito Ambiental, mais precisamente falando, do conteúdo ambiental da norma. Nem mesmo os princípios ambientais parecem ter sido efetivamente incorporados pelos operadores do Direito.

Verifica-se que o julgador não lida com a norma ambiental em estado de desejável distanciamento ou de total perplexidade. Pelo contrário: o intérprete se aproxima de uma norma a partir da pré-compreensão de seu contexto problemático. Essa pré-compreensão traz consigo dogmas oriundos de outros ramos do Direito, inaptos para dirimir a nova conflituosidade ambiental, eminentemente difusa. A partir dessa chamada pré-compreensão, o julgador faz a subsunção do caso à norma. Trazer à tona a figura do julgador como fonte real dos valores que conformam o ordenamento (ARRUDA; GONÇALVES, 2002) faz parte de um diagnóstico inicial, que enseja a readequação do discurso que se pretende propor neste trabalho, como forma de conferir efetividade à proteção ambiental.

Em sua Teoria Pura do Direito, Kelsen afirmou que "Não há qualquer critério (método) com base no qual uma das possibilidades inscritas na moldura do Direito a aplicar possa ser preferida à outra. Não há absolutamente qualquer método capaz de ser classificado como de Direito positivo – segundo o qual das várias significações verbais de uma norma, apenas uma possa ser destacada como correta" (KELSEN, 2012, p. 151).

Mesmo Kelsen proclamou a interpretação com um ato cognitivo e de vontade sem, contudo, preocupar-se com o teor dessa interpretação, desde que ela formalmente estivesse de acordo com a moldura normativa. A opção por um dos sentidos que a norma possa ofertar, para Kelsen, é sempre uma opção política. Eventualmente, pode-se optar pelo melhor sentido. Mas isso não é relevante para Kelsen. Nesse sentido, afirma Derani (2009, p. 197):

> As situações objeto de análise constitucional são várias e de sentidos múltiplos, o que necessariamente conduz a uma grande quantidade de resultados interpretativos, afastando-lhe definitivamente a ideia de um processo lógico. Trata-se muito mais de fundamentar uma argumentação, isto é, uma

determinada decisão interpretativa dentro de várias possíveis, por um método que tenha por objetivo fazer da solução encontrada algo que possa ser sustentado de maneira persuasiva. [g.n]

É preciso reconhecer, assim, o papel central do intérprete como fundamento e justificativa para uma mudança de abordagem, porque é no quadro de précompreensões do intérprete que operarão as tentativas de sensibilização ecológica que conduzirão à concretização da norma, haja vista que qualquer norma já é interpretada e percebida a partir de diferentes pré-compreensões do mundo, dos valores, da vida, das ideologias, do Direito, dos interesses e até de si mesmo (ARRUDA;GONÇALVES, 2002).

No mesmo sentido, Derani (2009, p.15):

> A condição humana não é uma determinante indiscutível e o que Estado e casamento, comércio e dívida significam depende sempre de como o homem interpreta a si mesmo e o seu mundo. O momento da compreensão, sua atualidade e ligação com preconcepções são fundamentais para o acabamento da norma.

Por conta de preconcepções arraigadas, pouca energia vem sendo dedicada à efetiva compreensão dos institutos ambientais. E o resultado disso é o esvaziamento dos institutos ambientais por meio da racionalidade jurídica clássica, que veicula soluções perfeitamente lógicas, plausíveis à luz da visão kelseniana de norma, mas inaceitáveis segundo o ideal de concretização da norma, que conecta texto normativo e realidade. Aferrado a concepções formais e ao processo lógicodedutivo de interpretação, o operador do Direito deixa de lado o conteúdo ambiental da norma e não atenta às consequências dessa opção, em termos de agravamento da crise ambiental.

Portanto, o que se busca não é uma mudança objetiva da lei, do sistema ou do ordenamento. O que se busca é uma mudança de postura do próprio intérprete que, acredita-se, pode ser obtida por meio de uma nova abordagem, a partir da concepção de norma jurídica proposta por Müller, que preenche o texto normativo de realidade.

2.4.2. Eu Não Vejo, Logo Não Existe

O dano ambiental nem sempre é percebido de plano. Na verdade, quase nunca o é. Pelo menos, não em sua integralidade: o que se vê é apenas aponta do *iceberg*. Suas consequências são difusas e se protraem no tempo. São consequências invisíveis, imperceptíveis e que podem, inclusive, ser constatadas em local distante daquele em que a infração foi perpetrada. Tempo e espaço, no Direito Ambiental, adquirem feições diversas daquelas verificadas nas relações de causalidade direta.

Em novembro de 2011, as cinzas do vulcão chileno Puyhue chegaram ao Brasil: "cinzas pegaram carona em uma corrrente de ar polar e viajaram 2,6 mil quilômetros até atingir o RS e SC" (CINZAS..., 2011), carreando riscos à saúde. O mesmo acontece com a poluição do ar e da água, que é carreada de um lado a outro, sem que as comunidades diretamente afetadas se deem conta disso.

Outro exemplo: quando se destroi uma floresta, não se percebe, de imediato, o impacto daquele desmatamento no aquecimento global. O dano que se pode visualizar limita-se às árvores que foram cortadas ou destocadas. Também não se percebe o alto impacto que tem a destruição dos *habitats* na extinção das espécies. Levando o raciocínio além, verifica-se, ainda, os danos irreversíveis decorrentes da perda de biodiversidade, que impactam o equilíbrio ecológico como um todo. E isso não acontece apenas com desmatamentos, mas com incêndios e outras intervenções indevidas em áreas sensíveis, espaços territoriais especialmente protegidos, unidades de conservação etc.

Da mesma forma, tem-se que destruição de áreas de preservação permanente é causa de erosão, voçorocas, desabamentos, impactos no equilíbrio hídrico, na paisagem etc. No entanto, o dano que chega aos sentidos (à percepção) do julgador é somente a intervenção (às vezes pequena) à beira de um riacho, em uma encosta ou topo de morro, por exemplo, sem que seus reflexos sejam computados.

Um exemplo já abordado neste trabalho: quando se adquire um papagaio do tráfico, não se percebe, de imediato, os impactos negativos sobre a biodiversidade decorrentes da retirada de um único animal da natureza, nem da mortandade que subjaz ao tráfico de animais.

Os exemplos são muitos. O que importa, contudo, é ter em mente que existe uma teia causal de infinitas interações ecológicas influenciadas por uma única infração ambiental.

Contudo, sejam grandes ou pequenos, os impactos ambientais mostram-se de difícil detecção aos olhos leigos, habituados com danos diretos, que saltam aos olhos, como aqueles existentes, por exemplo, em uma acidente de automóveis. Um automóvel abalroa a traseira de outro: as causas, as consequências e os prejuízos restam imediatamente demonstrados. No máximo, pode-se fazer uma perícia para descobrir as causas. As consequências são aferidas por três orçamentos. E assim se resolve o caso. No Direito Ambiental, múltiplas são as causas. E fatoriais são as consequências, de exponencial danosidade.

Como visualizar, por exemplo, os agrotóxicos contidos em uma bela salada? Aparentemente, trata-se de uma refeição saudável. Mas, repleta de agrotóxicos, pode causar graves danos à saúde. O risco e o dano decorrentes dos agrotóxicos são insidiosos[50]. Como o são também os danos decorrentes da transgenia, não somente para a saúde humana, como para o meio ambiente[51].

Invisíveis são, ainda, os danos à saúde decorrentes da poluição eletromagnética e da poluição luminosa. As relações de causa e efeito não são aferíveis de maneira simples e direta.

Esses novos riscos/danos não têm cor e se caracterizam, muitas vezes, pela incerteza, imprevisibilidade e invisibilidade. A lógica que paira sobre as questões ambientais é *"eu não vejo, logo não existe"*.

Um, dentre muitos casos que poderiam ser citados, é a decisão prolatada no Agravo de Instrumento nº 2006.04.00.037294-0/PR (BRASIL, 2007a), que enfrentou o problema dos organismos geneticamente modificados da seguinte forma: "De resto, **ressalto não identificar** na liberação do plantio **risco ao meio ambiente**, visto que o plantio dessa variedade de semente de soja geneticamente modificada já foi efetuado

[50] Sobre agrotóxicos e a sociedade de risco, ver FERREIRA, Maria Leonor Paes Cavalcanti. **Uma análise do Procedimento do Registro de Agrotóxicos como forma de assegurar o Direito Fundamental ao Meio Ambiente Ecologicamente Equilibrado na Sociedade de Risco.** Dissertação apresentada ao curso de pós-graduação em Direito, Centro de Ciências Jurídicas, da Universidade Federal de Santa Catarina, como requisito parcial à obtenção do grau de Mestre em Direito, área de concentração Instituições Jurídico-Políticas. Florianópolis, 2009.

[51] Uma abordagem jurídica acerca dos transgênicos à luz da sociedade de risco pode ser encontrada em: FERREIRA, Heline Sivini. **Desvendando os organismos transgênicos**: As interferências da sociedade de risco no Estado de Direito Ambiental Brasileiro. Rio de Janeiro: Forense Universitária, 2010.

em outras oportunidades no Estado do Paraná, não havendo notícia de dano ambiental." [g.n.] (Anexo B).

Ou seja, uma questão científica altamente complexa, como a transgenia e seus efeitos, foi relegada à mera opinião dos operadores do Direito, que não enxergaram, de fato, o risco envolvido. A conclusão silogística foi: **eu não vejo o risco, logo ele não existe**.

É preciso reverter essa lógica. Para tanto, é necessário **dar cor a esses novos danos** para que a sociedade (para os objetivos deste trabalho, a sociedade jurídica) os compreenda e se mobilize efetivamente. É preciso tornar *visível* o dano, ou seja, explicitá-lo cabalmente por meio da argumentação e da utilização de instrumentos metajurídicos que tragam a realidade ao bojo do processo. É a concretização da norma ambiental no seu sentido mais lato, conforme previsto por Müller.

As normas e princípios "reclamam um preenchimento via implementação fática. São portais que, uma vez transpostos, conduzem a um campo fértil receptivo àquilo que se semear" (DERANI, 2009, p. 200)

A resistência ideológica às ideias de proteção do meio ambiente muitas vezes se exterioriza por meio do decisionismo, retórica pura e simples e apelo ao senso comum. São muitas as decisões que dispensam, inclusive, prova técnica, veiculando apenas a íntima convicção do julgador, à revelia da ciência.

Algo, portanto, está errado e precisa ser transformado. A abordagem técnica, fria e direta parece não ser suficiente para a concretização ambiental da norma. A argumentação lógica, a citação de leis, resoluções, regras, princípios que seriam suficientes em uma lide tributária ou previdenciária, parecem não surtir os mesmos efeitos quando se trata de uma demanda ambiental. O cotejo entre instrumentos já consolidados e a nova juridicidade ambiental faz com que, quase sempre, esta última fique em posição desvantajosa.

Aqui cabe a referência feita por Derani (2009, p. 15) ao conceito de

> "Instituição Jurídica" apresentado por Habermas como um conjunto de normas jurídicas que não podem ser suficientemente legitimados por meio de referências positivistas a processos. Tão logo a validade destas normas seja questionada na prática diária, não basta a referência à sua legalidade. Ela **precisa de uma justificação material**, porque ela própria pertence ao conjunto de organizações do mundo da vida e juntamente com normas de

agir informais constituem o pano de fundo do agir comunicativo. Consequentemente, **o Direito precisa estar assentado em valores socialmente aceitáveis, capazes de justificar a sua prática** (ver Jürgen Habermas, *Theorie*, cit., v.2, p. 536) [g.n.]

Para despertar o interesse dos operadores do Direito e gerar ação efetivamente comprometida com a proteção ambiental, necessário é ultrapassar o tecnicismo, o formalismo jurídico, em busca de concretização do conteúdo ambiental da norma: "a concretização do Direito é uma das formas de manifestação da política. A hermenêutica vinculada estritamente à interpretação do texto ignora o inafastável caminho inverso: o do mundo da vida para a norma escrita." (DERANI, 2009, p. 196).

O caminho que conduz do mundo da norma escrita ao mundo da vida passa por uma abordagem nova, que inclui a reformulação na linguagem, sensibilização ecológica, uso de metáforas, argumentos metajurídicos, exemplos práticos, analogias, textos jornalísticos, fundamentos de ordem econômica, sociológica, holística e ecossistêmica entre outros.

Bonavides (1994, p. 338) afirma que "o verdadeiro problema do Direito Constitucional de nossa época está em como juridicizar o Estado Social, como estabelecer e **inaugurar novas técnicas** ou institutos processuais para garantir os Direitos sociais básicos, **a fim de fazê-los efetivos**." [g.n.]

Portanto, a partir do diagnóstico de insuficiente compreensão e aplicação do Direito Ambiental por parte do operador tradicional do Direito, o que se propõe, aqui é uma nova abordagem, como forma de instigar a transformação da racionalidade jurídica clássica no que concerne à matéria ambiental.

2.4.3. A Readequação da Linguagem

O estilo deve ter três qualidades – clareza, clareza, clareza.
Montaigne

Se você não consegue explicar alguma coisa com simplicidade, você não a entendeu bem
Albert Einstein

A mudança paradigmática que se pretende está vinculada à mudança da acepção de norma jurídica proposta por Friedrich Müller, já abordada nos itens anteriores, ou seja, pela conjugação entre texto normativo e âmbito normativo, lei e realidade, objetivando a concretização da norma.

A concretização, para Müller (2009, p. 145), é "sempre um processo de linguagem". Assim, por conta do "caráter ineludível de linguagem", "a textualidade perpassa toda o processo".

Assim, a proposta de reformulação da teoria da norma, passa por uma teoria da argumentação, ligada, naturalmente, à readequação da linguagem:

> Essa concepção leva a sério o trabalho jurídico como ação concreta de seres humanos. É fundamentada no âmbito da teoria da ação e adota uma abordagem pragmática da linguagem: todo trabalho jurídico ocorre dentro da linguagem: é uma forma especial de linguagem, um conjunto especifico de jogos de linguagem. [g.n.] (MÜLLER, 2009, p. 164)

Diante da complexidade da matéria ambiental, torna-se necessário "traduzir" o texto normativo por meio de uma linguagem clara, exemplificativa, precisa, que consiga atrair a atenção do interlocutor. É preciso definir as categorias de forma simples e direta, evitando uma "sobrecarga de ornamentações", "floreios retóricos desnecessários, todas as amplificações inúteis e, acima de tudo, o que há de supérfluo na expressão." (SCHOPENHAUER, 2005, p. 95).

Schopenhauer (2005, p. 84) enaltece o esforço para dar aos pensamentos "a expressão mais pura, clara, segura e concisa possível", sendo a simplicidade "uma marca não só da verdade, mas também do gênio." E pontifica:

> Seria proveitoso que os escritores alemães chegassem à conclusão de que, embora de fato se deva pensar como um grande espírito, sempre que possível deve-se **falar a mesma linguagem das outras pessoas. Palavras ordinárias são usadas para dizer coisas extraordinárias; mas eles fazem o contrário.** Nós os vemos esforçados em disfarçar conceitos triviais com palavras nobres, em vestir seus pensamentos muito ordinários com as mais extraordinárias expressões, as fórmulas mais rebuscadas, mais pretensiosas e mais raras. [g.n.] (SCHOPENHAUER, 2005, p. 90).

Em vez de atrair o leitor, a linguagem hermética e rebuscada causa distração, sobretudo ao tratar de um tema desconhecido, como muitas vezes o é o Direito Ambiental, suas categorias e conceitos. Um texto bem escrito prima por frases curtas e palavras simples. Utiliza-se de sentenças na forma positiva. Usa a voz ativa. Adota palavras concretas e persegue a frase enxuta. Prima por clareza, concisão e harmonia e não utiliza adjetivação excessiva ou desnecessária (SQUARISI; SALVADOR, 2004).

Os jornalistas são ensinados a responder a seis perguntas: O quê? Quem? Quando? Onde? Como? Por quê? Para responder a essas perguntas, precisam reconhecer os fatos mais importantes, em um exercício de garimpagem (SQUARISI; SALVADOR, 2004).

A argumentação pode partir de um resumo daquilo que é mais importante, contextualizando os interesses em jogo. A partir daí, pode-se responder às perguntas acima e, em seguida, enxugar o texto para que ele se torne atraente. Há uma série de informações desnecessárias que apenas confundem o leitor, desviando o foco e a atenção daquilo que realmente interessa. (SQUARISI; SALVADOR, 2004)

Calanzani (2009, p. 16) afirma "Se conseguirmos enxergar o Direito como algo simples e evidente, como o ato de beber água, de entregar-se ao sono ante o cansaço, não haverá necessidade de compêndios intrincados ou raciocínios complicados." A simplicidade na linguagem – que não deve ser confundida com simplificação do raciocínio – é uma forma de fazer com que a mensagem atinja seu receptor, perfectibilizando a comunicação. Segundo Ost (1997, p. 302)

> [...] as palavras e as ideias não têm a virtude de produzirem por si só, a realidade a que visam: mas pelo menos contribuem largamente para isso, uma vez que as práticas (que não são nada sem as palavras para as dizer, nem sem as representações para as guiar), acabam por se inspirar nelas.

A linguagem que se limita a transcrever laudos, leis e resoluções é árida, de difícil compreensão. A citação do texto normativo é, muitas vezes, de pouca utilidade, ou mesmo enfadonha. O texto é apenas o início do processo, mas não inclui todos os matizes subjacentes à norma. Há um amplo espectro da norma não contido no texto normativo e que precisa ser traduzido deforma simples, clara e precisa.

A linguagem normalmente utilizada nas lides ambientais fala apenas aos especialistas ou àqueles naturalmente interessados na área ambiental, dificilmente atingindo leigos (juristas ou não). Pouco se compreende da área ambiental, mesmo no que concerne àquilo que é básico e evidente. A situação piora de maneira dramática quando se trata de interações ecológicas que demandam um nível mais profundo de abstração.

A abordagem tradicional de transcrição de lei, doutrina e jurisprudência é pouco sedutora e muito distrativa: não dá conta de explicar a magnitude das implicações que envolvem um processo ambiental, sua influência diferida no tempo e no espaço, além de diversos aspectos não diretamente contemplados pela norma, como no caso do papagaio, citado na introdução deste trabalho. A linguagem utilizada é pálida, diante dos matizes que envolvem cada processo.

Não é raro ver um operador do Direito confundir, por exemplo, APP (área de preservação permanente) com APA (área de preservação ambiental). Trata-se de institutos distintos, com regime jurídico absolutamente diverso; o regime das APPs é totalmente restritivo, ao contrário das APAs, que permitem uma série de intervenções. No entanto, nem mesmo conceitos básicos como esses estão introjetados na mente dos operadores do Direito (como estão, por exemplo, institutos como usucapião, comodato, divórcio, falência etc.). E embora não se possa referenciar bibliograficamente esse dado, é algo que se constata com muita frequência no dia-a-dia forense.

Não se pode pressupor, em termos ambientais, a obviedade. **Nada é óbvio e tudo precisa ser explicado** quando se trata de risco/dano ambiental. A prática indica que pressupor conhecimentos ambientais do julgador é um risco que não se pode correr. O texto normativo é, por vezes, conhecido do aplicador, mas o âmbito normativo raramente o é. O texto normativo, destituído de sua carga de realidade, é um corpo sem alma. Em um processo ambiental, o risco da tautologia deve ser preferido ao risco de não se fazer compreender, pois no último caso, as consequências práticas são o esvaziamento da proteção ambiental.

Uma argumentação ambiental eficaz começa pela chamada garimpagem do óbvio: "Escondido embaixo de toneladas de dados secundários, coberto por montanhas de detalhes desnecessários e disfarçado sob uma camada fina de observações sofisticadas, jaz o diamante reluzente do óbvio." (SQUARISI; SALVADOR, 2004; p.12).

É preciso mostrar o óbvio de forma contudente. É preciso proceder à "alfabetização do risco", com aquilo que aqui denominamos "linguagem do jardim de infância", ou seja, à utilização de linguagem simples, clara e precisa, que possa ser efetivamente compreendida por pessoas leigas. Isso porque a percepção do risco não nasce com o indivíduo, mas é construída através de observações e experiências. Assim sendo, a alfabetização do risco converte-se em importante instrumento de combate à irresponsabilidade organizada (FERREIRA,2010).

No caso do Direito, diferentemente do texto jornalístico, a persuasão depende da ênfase no objeto de convencimento. O texto que fundamenta uma petição inicial, uma contestação ou mesmo uma decisão judicial precisa convencer o interlocutor. A linguagem enfadonha e repetitiva não convence, nem agrada. Nesse sentido:

> Deve-se evitar toda prolixidade e todo entrelaçamento de observações que não valem o esforço da leitura. É preciso ser econômico com o tempo, a dedicação e a paciência do leitor, de modo a receber dele o crédito de considerar o que foi escrito digno de uma leitura atenta e capaz de recompensar o esforço empregado nela. É sempre melhor deixar de lado algo bom do que incluir algo insignificante. (SCHOPENHAUER, 2005, p. 93).

Para Calanzani (2009, p. 17), milagre não é conhecer todo o ordenamento jurídico; "milagre é a capacidade de eliminar o supérfluo e atingir a essência".

Suareis e Salvador (2004, p.22-3) ensinam:

> **Seja natural** – imagine que o leitor esteja à sua frente ou ao telefone conversando com você. Fique à vontade. Espaceje as frases com pausas e, sempre que couber, com perguntas diretas. **Confira a seus textos um toque humano. Você está escrevendo para pessoas.**
>
> **Seduza** – Vá direto ao assunto. **Comece pelo mais importante.** E comece bem, com uma frase atraente, que lhe desperte o interesse e o estimule a prosseguir a leitura. No final, dê-lhe o prêmio: um fecho de ouro, como inesquecível sobremesa a coroar um lauto jantar. [g.n.]

Parece importante que os principais dados sejam destacados logo no início da argumentação, naquilo que se costuma chamar, na linguagem jornalística, de *a pirâmide invertida*[52], técnica inaugurada pelo jornal *The New York Times* em 1861. Trata-se da resposta às seis perguntas básicas, já mencionadas. A história é contada do final para o começo, por isso o nome "pirâmide invertida". (SQUARISI; SALVADOR, 2004).

[52] Embora essa técnica já tenha sido objeto de muitos questionamentos, continua sendo a técnica mais utilizada nos meios de comunicação (SQUARISI; SALVADOR, 2004)

Na dialética processual, há uma tendência em contar os fatos segundo a ordem cronológica de acontecimentos. É normal que as petições historiem os fatos conforme eles aconteceram, citando ofícios, comunicações, memorandos e uma série de fatos de menor importância. Datas, números, detalhes irrelevantes poluem o texto, não prendem a atenção. No caso do Direito Ambiental, muitas vezes o interesse em jogo (o bem ambiental discutido) fica diluído no meio de uma série de dados secundários. Portanto, uma **contextualização prévia** é necessária e salutar.

Deve-se buscar, ensina Schopenhauer (2005, p. 94), a quintessência: "Usar muitas palavras para comunicar poucos pensamentos é sempre o sinal inconfundível da mediocridade; em contrapartida, o sinal de uma cabeça eminente é resumir muitos pensamentos em poucas palavras."

Segundo Derani (2009, p. 14), "o Direito está necessariamente ligado à linguagem" e "segundo Müller, a ordem jurídica constitui um *continuum* de textos mediados por processos linguísticos". A partir daí, a Derani defende que a norma seja compreendida "em seu movimento na sociedade não a partir do abismo conceptual entre 'norma' e 'realidade'".

Exemplo de tema de dificílima compreensão: a repartição de benefícios decorrente do acesso ao patrimônio genético brasileiro. Trata-se de um assunto árido, abstrato e, sobretudo, pouco conhecido pelo Poder Judiciário, haja vista, inclusive, serem recentes as operações de fiscalização do IBAMA acerca da matéria.

No estado de Santa Catarina, o primeiro processo judicial veio à tona no ano de 2012 (BRASIL, 2012a). Nesse processo, a empresa AGE do Brasil S.A. foi multada no valor de R$ 3.000.000,00 (três milhões de reais) por conta da não repartição de benefícios.

Trata-se de hipótese em que não há dano ambiental verificável de plano. É necessário um alto nível de abstração para conectar a infração com a questão ambiental, sobretudo no caso em análise, que se relacionava à produção de sabonetes, um dos quais, de *maracujá*.

Se é difícil sensibilizar o Poder Judiciário acerca de grandes danos ambientais, que dizer da repartição de benefícios decorrentes do uso de maracujá, fruta encontrada em qualquer supermercado? Como conectar a repartição de benefícios com a preservação da floresta?

Nesse caso, optou-se por uma abordagem preliminar didática, logo no início da petição inicial, de modo a introduzir o tema, contextualizá-lo, mostrar sua importância no cenário mundial, em termos de soberania e relacioná-lo diretamente à proteção da floresta (e da biodiversidade como um todo). Nesses termos:

> Antes de adentrar nas questões específicas relativas a estes autos, são necessários alguns esclarecimentos preliminares – básicos, elementares, quase pueris – mas muito importantes para que possamos **contextualizar os interesses que estão em jogo** quando se fala de proteção ao patrimônio genético.
>
> Ousamos dizer que a jurisprudência a ser construída em termos de patrimônio genético no Brasil servirá de **modelo para o mundo inteiro** – sobretudo para os países detentores de biodiversidade. E essa proteção está ainda em caráter embrionário, sendo FUNDAMENTAL a compreensão da dimensão do problema (ou da oportunidade de construção teórica e jurisprudencial de vanguarda) com o qual nos deparamos.
>
> A matéria relativa à proteção do patrimônio genético brasileiro é EXTREMAMENTE complexa e pouco conhecida dos operadores do Direito, mesmo daqueles que militam na área ambiental. O assunto também é novo em termos de fiscalização e as primeiras operações foram realizadas há poucos anos.
>
> No entanto, é uma questão da máxima importância para os países que, como o Brasil, tem **altíssima biodiversidade (a maior do mundo)**. Trata-se de questão relativa, inclusive, à **soberania nacional** – em face, por exemplo, do poderio da **indústria farmacêutica** e das **grandes multinacionais**.
>
> A preservação do patrimônio genético coloca em confronto vultosos interesses econômicos dos países do norte (países ricos) e a vasta biodiversidade dos países do sul (países subdesenvolvidos ou em desenvolvimento/emergentes, como o Brasil).
>
> A proteção do patrimônio genético preserva o país da biopirataria – ao mesmo tempo aufere recursos para que se possa prosseguir protegendo o patrimônio genético.
>
> É preciso ter claro que quando se protege o maracujá – não é o maracujá em si o objeto da proteção – eis que se pode encontrar maracujá aos montes em qualquer supermercado – mas o **patrimônio genético do maracujá** e os usos que se pode fazer dele! Trata-se, sim, de inestimável **patrimônio imaterial** do Brasil – **que independe, até mesmo, da coleta do maracujá**

> **– eis que o patrimônio genético do maracujá pode ser descrito em uma folha de papel.**
>
> A repartição de benefícios decorrente do acesso ao patrimônio genético brasileiro é uma espécie de "**Direito autoral**" que se paga aos países detentores de biodiversidade. Evidentemente que aqueles que não têm biodiversidade não estão interessados em pagar tais "Direitos autorais".
>
> Portanto, essa é uma **briga grande** – que envolve uma das maiores riquezas do Brasil – a sua biodiversidade e o potencial biotecnológico dela decorrente – para a qual estão voltados os olhos do mundo inteiro – principalmente das grandes corporações.
>
> Adentrando especificamente ao objeto das autuações questionadas nestes autos, ou seja, à repartição de benefícios decorrentes do acesso ao patrimônio genético, é muito importante que as empresas e o Judiciário tenham consciência da necessidade de **garantir a repartição de benefícios**: é isso que faz com que as formações vegetais **tenham mais valor em pé do que no chão para as comunidades que vivem ao redor.** [grifos no original] (BRASIL, 2012a)

Esse processo foi julgado, em primeira instância, em 21 de fevereiro de 2013 e o pedido de anulação das multas formulado pela empresa autora foi considerado improcedente. As multas impostas pelo IBAMA, que totalizavam três milhões de reais, foram mantidas (BRASIL, 2012 a).

Um primeiro dado importante é que o julgamento foi extremamente rápido.

Outro aspecto: no relatório da sentença, o juiz fez menção ao fato de que a "A repartição de benefícios decorrente do acesso ao patrimônio genético brasileiro é uma espécie de *Direito autoral* que se paga aos países detentores de biodiversidade", trecho mencionado na contextualização prévia. Ou seja, essa metáfora chamou-lhe a atenção, tanto que foi pinçada ao relatório como um dos principais argumentos do IBAMA.

A ideia de contextualizar o bem jurídico em sua rede de relações veicula uma abordagem ligada ao pensamento complexo, que busca a concretização ambiental da norma.

Uma abordagem clássica, tradicional dispensaria essas digressões, pois limitar-se-ia aos aspectos questionados na inicial quanto à higidez do auto de infração lavrado pelo IBAMA e trataria de rechaçar eventuais alegações de nulidade relativas ao processamento administrativo do feito ou de falta de materialidade da infração.

O viés estritamente processual, procedimental ou técnico conduziria o julgador a questões importantes, porém periféricas, afastando-se do eixo central do processo, que era a proteção do patrimônio genético. Além disso, se o juiz não vislumbrasse a importância da discussão, talvez (e isso é apenas uma conjectura, pois não há como comprová-la) não houvesse julgado o processo com tamanha celeridade.

Tem-se, portanto, que uma contextualização prévia é indispensável nas lides ambientais, pois tem o condão de chamar a atenção do julgador para os interesse em jogo no processo, as consequências da decisão, a abrangência e magnitude do tema. Trata-se de uma tentativa de educação ambiental no bojo do processo.

Da mesma forma, citando um caso mais simples, de desmatamento. Os fatos ocorreram em uma audiência conciliatória de Ação Civil Pública no extremo Oeste de Santa Catarina. A Autora se deparou com um agricultor que dizia não ter alternativa ao desmatamento: "- Eu só sei plantar! Que vou ensinar meu filho a fazer? Vou ensiná-lo a roubar? Preciso cortar as árvores para poder plantar!" A esse protesto legítimo, contrapôs-se um argumento ecológico, porém de forma simples: "- Se você destruir a floresta, os insetos que moram lá na floresta irão se mudar para sua plantação. Além disso, a destruição da floresta traz a seca, como essa que estamos vivendo agora." (tratava-se de época de seca na região oeste de Santa Catarina, a qual impactou negativamente a produção agrícola).

O exemplo é bastante singelo, mas mostrou-se eficaz nesse processo. O agricultor dispôs-se espontaneamente a recuperar a área degradada. Isso demonstra que a mudança de abordagem pode carrear uma mudança de atitude, permitindo que o interlocutor reflita a respeito, pois não se trata mais de um comando abstrato, uma ordem autoritária que o impede de plantar, mas em algo que impacta a sua própria realidade. Não se trata de um mero texto normativo, mas de uma norma jurídica concretizada, conjugada com a realidade em uma relação circular de causa e efeito.

Outro exemplo a ser citado é um excerto de petição usado com frequência pela Autora deste trabalho, bem como por alguns de seus colegas do contencioso ambiental da Procuradoria Federal em Santa Catarina, como tentativa de alfabetização ecológica no bojo das lides ambientais. Busca-se, por meio da readequação do discurso, transmitir ideias complexas de maneira simples, direta e objetiva. Trata-se de uma explicação acerca do desmatamento das áreas de preservação permanente, associando-as à erosão e ao equilíbrio hídrico:

> Diariamente os jornais relatam grandes tragédias ambientais, alterações climáticas significativas, aquecimento global, espécimes que desaparecem do globo para todo o sempre, o fim dos peixes nos mares, tsunamis, furacões, enfim... as mais variadas catástrofes pululam no noticiário, mas as pessoas, de modo geral, preferem não acreditar no verdadeiro colapso ambiental que se aproxima.
>
> E, por falta de conhecimento acerca das questões ecológicas que precisam ser urgentemente resolvidas não só para garantir a qualidade de vida, mas a própria sobrevivência do homem na Terra, é que não existe um tratamento sério, eficaz e comprometido do Meio Ambiente.
>
> Todo "desenvolvimento" não-sustentado é um retrocesso, uma bomba-relógio que prejudicará não somente os seus autores como seus familiares, vizinhos e concidadãos a médio e longo prazo.
>
> É em nome do interesse coletivo que insistimos na recuperação ambiental, como única solução possível para salvaguardar a proteção da diversidade biológica, das nascentes, da qualidade e disponibilidade da água.
>
> Sacrificar o médio e longo prazo em favor de um pouco de lucro no presente é semelhante a afirmar que o caviar de hoje nos fará esquecer a fome de amanhã, quando na verdade saudável seria ter arroz e feijão todos os dias. Praticamente todo o equilíbrio hídrico de uma região é regulado pela vegetação ali existente. A mata é responsável tanto pela evapotranspiração quanto pela retenção das águas no corpo da vegetação, e também pela redução da velocidade de escoamento superficial das águas da chuva, evitando a formação de voçorocas (crateras decorrentes da erosão) e a perda de solo.
>
> O desmatamento irrefreado traduz-se em erosão desenfreada, eliminando as possibilidades de recolonização do solo, carregando o solo para dentro dos rios, causando assoreamento, secando nascentes, produzindo arenização e desertificação, alterando o controle hídrico e impactando o microclima.
>
> Em larga escala, somados os impactos desta propriedade com a propriedade vizinha, e ainda a outra e mais aquela, as pequenas ações exploratórias particulares acabam produzindo uma grande e comunitária perda generalizada, duradoura e de difícil recuperação.
>
> Não se trata de radicalizar a dicotomia entre o público e o privado, espoliando o bem particular em nome de um suposto bem coletivo teórico que ignora a pessoa. E não se trata de decidir pela supremacia da individualidade ignorando o impacto social das intervenções. Esta é uma falsa dicotomia.

O coletivo não é formado apenas pela soma das individualidades, mas também pelas relações que estas estabelecem entre si. É por isso que se diz que "o todo é maior do que a soma das partes" em Ecologia.

Trata-se portanto de estabelecer entre as partes uma relação saudável, sustentável, em que as ações de cada um sejam voltadas para o benefício próprio e do coletivo simultaneamente, como reza o espírito do Art. 225 da Constituição da República.

Isso não apenas é boa Ecologia, como é matematicamente demonstrável ser a melhor opção! É exatamente sobre isso que trata a obra pela qual John Nash (o matemático esquizofrênico do filme "Uma Mente Brilhante") ganhou o Prêmio Nobel! Ele desbancou a tese de Adam Smith de que "o maior benefício para todos ocorre quando o indivíduo busca o melhor para si" e estabeleceu matematicamente que "o maior benefício para todos ocorre quando o indivíduo busca o melhor para si e para o grupo.

É nesta linha de pensamento, procurando o maior benefício possível para o indivíduo e para a coletividade, que se desenvolve o Direito Ambiental. E é sob essa ótica que o mesmo deve ser aplicado.

Outro exemplo de concretização, que agora parte do próprio Poder Judiciário: em vez do tradicional despacho "designe-se audiência de conciliação", a Juíza Federal Priscilla Mielke Wickert Piva despachou em 11 de novembro de 2011, nos autos ação ordinária nº 5000123-13.2010.404.7210/SC, da seguinte forma:

> Considero que a composição amigável é a melhor forma de solucionar conflitos, eis que pressupõe a aceitação mútua de questões conflituosas existentes entre as partes, fortalecendo a pacificação social e o grau de satisfação dos jurisdicionados. Ademais, concessões recíprocas levam os litigantes ao consenso e, por via transversa, aceleram a prestação jurisdicional (BRASIL, 2010a, Evento 77).

Não se trata de demanda ambiental, mas merece menção neste trabalho porque a abordagem adotada pela juíza se diferencia da aridez tradicional dos despachos e parece mais efetiva no que tange ao convencimento do jurisdicionado e, em última análise, à sensibilização do interlocutor, dando concretude à norma.

Assim sendo, tem-se que a readequação da linguagem é o processo argumentativo que objetiva tornar fácil aquilo que é difícil, dando cor ao que não se vê, simplificando a argumentação e traduzindo a complexidade. Nesse sentido, sua tessitura deve ser ampliada para além dos limites da dialética processual, abrangendo todos os atores sociais, haja vista que a concretização da norma ambiental é dever de todos e a todos aproveita.

Segundo Derani (2009, p 19) "a norma só pode ser completamente compreendida por meio do processo de concretização. Seu sentido está neste processo." Tal processo, no entanto, sublinha Müller (2012), não se limita àquele da hermenêutica tradicional, em que o aplicador é um ator social investido de poder para tal. Por essa teoria, o trabalho de concretização possui um raio de abrangência muito mais amplo, abraçando todos os meios de trabalho mediante os quais se chega a concretizar a norma e realizar o Direito.

2.4.4. O Uso de Metáforas

Uma ideia pode ser expressa de maneira própria, direta, em sua primeira significação. Ou pode ser usada de maneira figurada, metafórica, em que se faz uso de uma transposição para valorizar seu significado: "O termo *metáfora* é de origem grega e significa transposição, mudança, translação". (CALANZANI, 2009, p. 20).

As metáforas têm condão de simplificar ideias aparentemente difíceis, tornando-as simples, compreensíveis. O uso de metáforas assemelha-se a contar histórias por meio de parábolas ou analogias: o significado torna-se claro por meio de um processo maiêutico, indutivo ou dedutivo, feito pelo próprio receptor. A ideia é assimilada de maneira mais fácil, transpondo, por vezes, filtros e preconceitos.

Segundo Calanzani (2009, p. 16), as metáforas jurídicas "nada mais são do que uma tentativa de trazer o Direito ao campo da essência e da simplicidade" e "a simplicidade é símbolo de perfeição." De fato, quando se consegue dissecar uma ideia ambientalmente complicada ou pouco compreendida e traduzi-la de forma simples, pode-se atingir mais facilmente os objetivos de convencimento do julgador.

O uso de metáforas é uma forma eficaz de tradução dos mais intrincados temas ambientais, sobretudo para diferenciar institutos ambientais dos institutos tradicionais afetos a outros campos do Direito. Evidentemente trata-se de processo mais trabalhoso que a simples transcrição literal de material já produzido, pois demanda um processo criativo. O uso de metáforas "serve para incutir os conceitos de forma simples e didática" (CALANZANI, 2009, p. 22). Nos termos propostos por Müller (2009), tratar-se-ia de mecanismo destinado à demonstração do âmbito da norma.

A comparação (ou a metáfora) reduz o nível de abstração do texto (SQUARISI; SALVADOR, 2004). A metáfora traz aos sentidos aquilo que vive no mundo das ideias, permitindo sua visualização e consequente compreensão:

> Seja como recurso poético ou pedagógico, a metáfora é bela e provoca emoção estética ou facilita a compreensão do que é ensinado. No mundo jurídico, a metáfora não vem como recurso estético, mas como instrumento pedagógico, já que através dela, é possível apreender diversos conceitos jurídicos básicos (CALANZANI, 2009, p. 23)

No capítulo 1 deste trabalho, item 1.4.2, ilustrou-se, por meio da *metáfora dos cavalos selvagens*, a ideia de complexidade, causalidades múltiplas, recursividade, interações e probabilidades no sentido de que uma causa pode gerar consequências aparentemente benéficas mas que, em longo prazo, mostram-se negativas. E o inverso também pode ocorrer. E a mesma causa pode-se mostrar maléfica e benéfica ao mesmo tempo. A ideia, do ponto de vista abstrato, não exsurge de plano compreensível, mas por meio da metáfora torna-se cristalina.

Essa metáfora do pensamento complexo é útil para ilustrar a fragilidade do canto da sereia desenvolvimentista. Ilustra-se, ainda, a ideia pelo exemplo (instrumento metajurídico de convencimento, item 2.4.6) daquilo que ocorreu com a pesca do bacalhau no Canadá. De início, o desenvolvimento é muito bem vindo, mas seu desdobramento causal pode-se mostrar nocivo e até mesmo trágico.

Ainda acerca do falso antagonismo entre desenvolvimento e meio ambiente, tem-se a metáfora do caviar, utilizada no item anterior (2.4.4), "Sacrificar o médio e longo prazo em favor de um pouco de lucro no presente é semelhante a afirmar que o caviar de hoje nos fará esquecer a fome de amanhã, quando na verdade saudável seria ter arroz e feijão todos os dias"

No capítulo 3 deste trabalho, mais especificamente no Caso do Plantel (item 3.4), a explicação acerca da complexidade é feita por meio de uma metáfora, em uma interpretação *a contrario sensu*. Compara-se ali o plantel de pássaros a um carregamento de televisores.

Por meio dessa metáfora se pode explicar de forma bastante simples algo que é de difícil compreensão para a grande maioria dos operadores do Direito, ou seja, porque todas as aves de um plantel devem ser apreendidas quando apenas algumas estão irregulares. Demonstra-se, pela metáfora, que a racionalidade jurídica aplicável aos televisores (coisas inanimadas) não serve aos organismos vivos, que se relacionam entre si, nascem, reproduzem-se e morrem. A metáfora ajuda a explicar porque a lógica dos televisores não é a lógica dos pássaros e por que razão o raciocínio não é o mesmo.

Na prática da advocacia pública ambiental, diariamente ocorrem situações que demandam uma explicação criativa, que ilustre e explique os fatos. Essa explicação não consta dos manuais e precisa ser construída caso a caso. Pode-se citar, por exemplo, a relutância de um magistrado em aceitar a necessidade de apresentação de PRAD (Projeto de Recuperação de Área Degradada) para casos de desmatamento. O magistrado entendia desnecessário, acreditava tratar-se de mero formalismo.

A forma de sensibilização, nesse caso, foi explicar ao juiz que o PRAD era como uma "receita de bolo": alguns ingredientes deveriam vir antes, outros depois, sob pena de frustrar os resultados pretendidos pela receita. Ou seja, algumas árvores pioneiras deveriam ser plantadas antes, permitindo a vinda das espécies seguintes. E se os ingredientes fossem utilizados em ordem diversa da receita, o bolo desandaria. Não se trata, é certo, de uma explicação científica, mas de uma tentativa de alfabetização do risco que, na hipótese, teve efeitos positivos. O juiz entendeu, de fato, que o PRAD era importante.

Assim sendo, a associação do PRAD à receita de bolo, associou um conceito a abstrato a um elemento concreto, permitindo a compreensão (e aceitação) do instituto, nos termos previstos por Calanzani (2009, p. 22)

> O conceito abstrato é apreendido mais facilmente, quando, por transposição, **é associado a um elemento concreto**, do dia-a-dia das pessoas. Assim, através de metáfora jurídica, os conceitos abstratos do Direito tornam-se de fácil apreensão, por sua identificação com elementos concretos da vida. O mesmo pode-se dizer da fábulas e das parábolas: pelo imaginário e pela transposição existe uma forma pedagógica de educar pelo símbolo.

Ilustrando uma "nova forma de dizer", existem também manifestações judiciais dignas de nota. Exemplo disso é o acórdão do Superior Tribunal de Justiça, da lavra do Ministro Herman Benjamin, em cuja ementa consta o mangue como "modalidade de patinho feio dos ecossistemas". Essa ideia traz à tona uma imagem, evoca sentimentos, sensações e memórias. O patinho feio é, de fato, um cisne – tal qual ocorre com o mangue fétido, que é berçário de diversas espécies.

A analogia é simples e oportuna, impactando mais fortemente o interlocutor que a transcrição de laudos. A abordagem adotada no acórdão destoa, por certo, do que tradicionalmente se espera das decisões judiciais, em um exercício inconteste de ecocidadania:

1. [...]
2. Por séculos prevaleceu entre nós a concepção cultural distorcida que enxergava nos manguezais lato sensu (= manguezais stricto sensu e marismas) o **modelo consumado do feio, do fétido e do insalubre, uma modalidade de patinho-feio dos ecossistemas ou antítese do Jardim do Éden**.
3. Ecossistema-transição entre o ambiente marinho, fluvial e terrestre, os manguezais foram menosprezados, popular e juridicamente, e por isso mesmo considerados terra improdutiva e de ninguém, associados à procriação de mosquitos transmissores de doenças graves, como a malária e a febre amarela. Um ambiente desprezível, tanto que ocupado pela população mais humilde, na forma de palafitas, e sinônimo de pobreza, sujeira e párias sociais (como zonas de prostituição e outras atividades ilícitas).
4. **Dar cabo dos manguezais, sobretudo os urbanos em época de epidemias, era favor prestado pelos particulares e dever do Estado**, percepção incorporada tanto no sentimento do povo como em leis sanitárias promulgadas nos vários níveis de governo.
5. Benfeitor-modernizador, o adversário do manguezal era incentivado pela Administração e contava com a leniência do Judiciário, pois ninguém haveria de obstaculizar a ação de quem era socialmente abraçado como exemplo do empreendedor a serviço da urbanização civilizadora e do saneamento purificador do corpo e do espírito.
6. Destruir manguezal impunha-se como recuperação e cura de uma anomalia da Natureza, convertendo a aberração natural – pela humanização, saneamento e expurgo de suas características ecológicas – no Jardim do Éden de que nunca fizera parte.
7. No Brasil, ao contrário de outros países, o juiz não cria obrigações de proteção do meio ambiente. Elas jorram da lei, após terem passado pelo crivo do Poder Legislativo. Daí não precisarmos de juízes ativistas, pois

> o ativismo é da lei e do texto constitucional. Felizmente nosso Judiciário não é assombrado por um oceano de lacunas ou um festival de meias-palavras legislativas. Se lacuna existe, não é por falta de lei, nem mesmo por defeito na lei; é por ausência ou deficiência de implementação administrativa e judicial dos inequívocos deveres ambientais estabelecidos pelo legislador.[...] (REsp 650.728/SC, Rel. MIN. HERMAN BENJAMIN, SEGUNDA TURMA, julgado em 23/10/2007, DJe 02/12/2009) (BRASIL, 2007b) (grifos nossos)

No item relativo à readequação do discurso (Capítulo II, item 2.4.3), mostrou-se o excerto de uma petição referente à repartição do patrimônio genético. Naquele exemplo usou-se como metáfora o Direito autoral. A repartição de benefícios seria uma espécie de Direito autoral que dos países detentores de biodiversidade. Essa metáfora foi, inclusive, citada pela sentença.

Por ocasião da Rio+20, em um evento chamado "A Terra Está Inquieta", ocorrido na Escola do SESC, em Jacarepaguá, o Prof. Dr. Rogério da Silva Portanova, do Departamento de Direito da Universidade Federal de Santa Catarina, lançou mão de uma metáfora, pela qual foi fortemente ovacionado. Ao tratar da crise ambiental, disse o Professor que poderíamos escolher entre estarmos todos guiando cada qual sua Ferrari rumo a um precipício, ou poderíamos optar por tomar um ônibus, em direção a um lugar melhor.

Não parece exagerado concluir que a metáfora utilizada pelo professor, haja vista o impacto causado, será lembrada e repetida por anos a fio. Talvez uma discussão econômica, sociológica ou filosófica sobre o mesmo tema não surtisse o mesmo efeito.

2.4.5. A Sensibilização Ecológica

Naquela tarde quebrada
Contra o meu ouvido atento
Eu soube que a missão das folhas
É definir o vento

Ruy Belo

A hermenêutica técnica tem servido de abrigo metodológico para aqueles que acreditam ou fingem acreditar em uma atividade neutra e cientifica, na qual outros universos de sentido, como o dos valores, dos interesses e da subjetividade não exercem ingerência alguma. (ARRUDA;GONÇALVES, 2002).

Essa hermenêutica técnica, pautada em cânones kelsenianos, prima por um caráter meramente informativo, que se limita à interpretação lógico-dedutiva de leis e laudos, tomados em uma acepção técnica, fria e cartesiana. Na grande maioria das vezes, essa forma de argumentação não atinge, nem mobiliza o interlocutor.

Schopenhauer (2005, p. 20) afirma que "a informação é um mero meio para a instrução, tendo pouco ou nenhum valor não tem se por si mesma." Essa abordagem informativa não parece suficiente para o enfrentamento das lides ambientais, dotadas que são de complexidade.

As questões ecológicas essenciais, assim como o risco e o dano ambiental precisam ser compreendidas – e não apenas explicadas. Esse tipo de compreensão comporta, segundo Morin (2004, p. 95), "um conhecimento de sujeito a sujeito. Por conseguinte, se vejo uma criança chorando, vou compreendê-la, não por medir o grau de salinidade de suas lágrimas, mas por buscar em mim minhas aflições infantis, identificando-a comigo e identificando-me com ela."

Da obra de Lessig (2004), pode-se extrair um exemplo bastante elucidativo quanto aos efeitos deletérios do uso exclusivo da técnica na argumentação jurídica perante os tribunais[53].

O exemplo refere-se à ampliação dos períodos de proteção aos Direitos autorais nos Estados Unidos, contrariando dispositivos da Constituição dos Estados Unidos da América, que proibia a perpetuidade do *copyright*.

[53] Guardadas as proporções, pode-se citar o exemplo do Tribunal do Código Ambiental Catarinense, ocorrido na Universidade Federal de Santa Catarina, entre os dias 20 e 21 de novembro de 2012, com o objetivo de simular o julgamento ADI 4252-1. Esse julgamento simulado contou com a presença (e sustentação oral) de todos os atores do controle concentrado de constitucionalidade, assim como dos julgadores, fazendo as vezes de Ministros do Supremo Tribunal Federal. Embora a questão material referente à redução da proteção ambiental (em especial, das Áreas de Preservação Permanente às margens de rios, dunas e promontórios) estivesse em jogo, a maioria das manifestações feitas em plenário restringiu-se à inconstitucionalidade formal, ou seja, às questões atinentes à competência concorrente do Estado de Santa Catarina para legislar sobre a matéria, sem que se trouxesse à tona (e com alguma ênfase) a realidade material, ou seja, as consequências danosas da manutenção do diploma legal. Vê-se, aqui, uma demonstração da preponderância, no meio jurídico, do conceito kelseniano de norma e dos mecanismos de subsunção formal e dedução, no que tange à interpretação.

As alterações legislativas que ampliaram os períodos de proteção, feitas pouco a pouco, culminaram por gerar uma proteção praticamente perpétua aos Direitos autorais. Isso ocorreu devido ao lobby da indústria do entretenimento, sobretudo da Walt Disney Company, que estava prestes a perder os Direitos sobre o Mickey Mouse (LESSIG, 2004).

A consequência dessa ampliação foi a perda de grande parte da produção cultural e artística estadunidense, que entraria no domínio público – e que deixou de entrar por conta da ampliação dos prazos de *copyright* (LESSIG, 2004).

Há vasto material sem interesse comercial sobre o qual ainda incidem Direitos autorais, mas cujos detentores não podem ser identificados, dada a antiguidade do material (seriam os descendentes, herdeiros os atuais detentores dos

Direitos). Assim, tendo em vista o custo dos processos judiciais, não se pode correr o risco de utilizar quaisquer desses materiais. Eventualmente um dos herdeiros de um ator coadjuvante de um filme antigo poderia processar aquele que se utilizou do filme sem o recolhimento dos Direitos autorais. E o custo desse processo seria imenso (LESSIG, 2004).

Assim, livros antigos estão apodrecendo nas estantes, porque não podem ser digitalizados. Filmes não podem ser recuperados e estão virando pó. Essa recuperação poderia ser realizada facilmente por conta do baixo custo das tecnologias atualmente existentes. Mas o risco de ferir Direitos autorais e o custo dos processos judiciais nos EUA impede essa recuperação. A consequência é a perda irrecuperável de obras do cinema e da literatura (LESSIG, 2004).

Para proteger os interesses econômicos da Disney e de outras companhias do entretenimento, grande prejuízo foi causado a toda a cultura estadunidense. A chamada cultura não comercial norte-americana não entrou em domínio público mas, ao mesmo tempo, não pôde (nem pode) ser explorada (LESSIG, 2004).

Para tentar reverter esse quadro, o constitucionalista americano Lawrence Lessig, ativista na causa dos Direitos Autorais, conseguiu, em 2002, levar à Suprema Corte dos Estados Unidos a luta contra a extensão dos Direitos Autorais. Acreditava que o argumento racional da inconstitucionalidade era suficiente para persuadir a Suprema Corte. Entendia que a interpretação fiel da constituição era suficiente (LESSIG, 2004).

Consultou grandes bancas de advocacia, treinou longamente a sustentação oral que faria perante a Suprema Corte. Foi sabatinado por grandes advogados estadunidenses. Colheu informações e sugestões. Esse era o principal processo de sua vida e o fato de ter sido admitido na Corte Suprema já era uma vitória (LESSIG, 2004). Dentre os advogados que consultou, estavam Bromberg e Ayer , que

> entendiam que o caso seria vencido se conseguíssemos mostrar à Suprema Corte o **dano terrível** que estava para ser provocado contra a liberdade de expressão em razão daquela ampliação dos Direitos autorais. De outra forma, eles jamais votariam contra as mais poderosas companhias de mídia do mundo." (LESSIG, 2004, p. 205, grifo nosso).

Don Ayer, que serviu ao Departamento de Justiça Americano no governo Reagan alertou: "**Você tem de fazer eles verem os danos – apaixonadamente deve mostrar-lhes os prejuízos**. Pois se eles não enxergarem o óbvio, não teremos a menor chance de vencer." (LESSIG, 2004, p. 205, grifo nosso).

Lessig (2004) conta que insistia em defender o caso como uma simples aplicação de um conjunto de princípios. Confiava que possuía um argumento lógico. Negou-se, assim, a tentar persuadir a corte pela emoção. E conclui que se tivesse saído fora dessa "bela imagem de justiça racional", eu talvez pudesse tê-los persuadido.

Lawrence Lessig assume, por fim, a culpa: **faltou paixão**. Faltou demonstrar cabalmente o dano, o prejuízo decorrente da lei de *copyright*.

Pode-se tomar emprestadas as conclusões de Lessig como alerta e fundamento para a argumentação ambiental, que muitas vezes se esvazia em tecnicismos que não atingem o interlocutor, o qual não se vê sensibilizado por essas questões. Antes as vê como algo chato, inoportuno, de difícil compreensão, do qual precisa se livrar com a maior brevidade possível. A ponte entre o argumento ecossistêmico e a solução jurídica ou política passa necessariamente pela sensibilização ambiental, que envolve esclarecimento, informação, conhecimento e persuasão.

Citando Arruda e Gonçalves (2002), num raciocínio que também pode ser aplicado ao Direito, pode-se dizer que, na modernidade, uma racionalidade estritamente estética imunizou a ciência contra os efeitos das emoções. Emoções e sensibilidade só poderiam ser experimentadas em domínios diversos da técnica e da política. Razão e sensibilidade seguiram cada qual seu rumo. Os partidos políticos foram substituídos pelas agências de publicidade. Em meio ao delírio plástico dos políticos-produto e da manipulação irresponsável do desejo, a felicidade e o sofrimento só frequentam a ordem do dia como apelos emocionais e estratégias de consumo.

Embora a informação constitua pressuposto necessário, não resolve, por si, o problema do esvaziamento dos institutos ambientais. Nesse sentido, Morin (2004, p.94) afirma que "a informação, se for bem transmitida e compreendida, traz inteligibilidade, condição primeira necessária, mas não suficiente para a compreensão."

Afirma Bonavides (1994, p. 420) que "Atado unicamente ao momento lógico da operação silogística, o intérprete da regra constitucional vê escapar-lhe não raro o que é mais precioso e essencial: a captação daquilo que confere vida à norma, que dá alma ao Direito, que o faz dinâmico, e não simplesmente uma arquitetura imobilizada."

A esse processo de transposição da racionalidade jurídica tradicional e construção de uma racionalidade ecológica complexa, que busque dar vida à norma, denominamos, neste trabalho, "sensibilização ecológica".

Canotilho (2007) alude à ideia de sensitividade[54] ecológica ao tratar da evolução dos instrumentos jurídicos portugueses, europeus e internacionais nas últimas três décadas, especialmente no que concerne à Constituição Portuguesa de 1976:

> Embora as fórmulas linguísticas do texto constitucional se mantenham, por vezes, inalteradas, as várias revisões constitucionais foram clarificando os chamados problemas ecológicos de segunda geração. As dimensões mais relevantes destes problemas apontam para uma **sensitividade ecológica mais sistémica e cientificamente ancorada** e para a relevância do pluralismo legal global na regulação das questões ecológicas. (CANOTILHO, 2007, p. 2) [g.n.]

Embora Canotilho (2007) não defina "sensitividade ecológica", remete à obra de Oren Perez (2004), *Ecological Sensitivity and Global Legal Pluralism: Rethinking the Trade and Environment Conflict,* que cunhou a expressão.

[54] Embora Canotilho traduza sensitivity por "sensitividade", neste trabalho optamos por traduzir como "sensibilidade", filiando-nos à opção feita por Patryck Ayala. Além disso, o uso da palavra sensibilidade permite a utilização do verbo sensibilizar e do substantivo sensibilização.

Perez, da mesma forma, não se dedicou a definir *Ecological Sensitivity*, mas o conceito deflui da obra, que se dedica mais especificamente às questões relativas ao comércio no contexto mundial (OMC). Sensibilidade ecológica seria, em uma interpretação livre, seria a capacidade de que deveriam ser dotadas as instituições de enxergar os conflitos ambientais para, assim, poder decidi-los.

Ayala (2011, p. 54) tenta traduzir a ideia na doutrina brasileira. Baseado em Perez (2004), define sensibilidade ecológica como "a necessidade de desenvolvimento de estruturas legais que sejam ecologicamente mais sensitivas, mais receptivas aos problemas ambientais."

Apropriamo-nos, portanto, da ideia de sensibilidade ecológica, entendida como a abertura e compreensão efetiva do conteúdo ambiental da norma para cunhar a expressão sensibilização ecológica, como *processo* para a construção de uma sensibilidade ecológica. Enquanto a sensibilidade é um estado, a sensibilização é um meio, um processo dinâmico de construção da sensibilidade ecológica.

Morin (2004) divide a compreensão entre intelectual/objetiva, a qual passa pela ideia de inteligibilidade e explicação e humana intersubjetiva, que vai além da explicação. É nesse sentido que operam as tentativas de sensibilização ecológica, que pode ser melhor explicitada por meio de exemplos.

Certa vez, noticiou a Voz do Brasil que o tamanduá-bandeira é espécie ameaçada de extinção porque, durante o incêndio, seu pêlo incandesce. O animal, ainda vivo, arde em chamas. E não consegue fugir. A imagem é extremamente impactante e é causa de sensibilização em relação aos incêndios. Normalmente, quando se imagina um incêndio florestal, são as árvores em chama que povoam o imaginário coletivo – e não os animais. Não se imaginam ninhos pegando fogo, pássaros e cobras carbonizados. Portanto, é essa uma imagem sensibilizadora, que amplia a visão do dano causado pelo incêndio.

A imagem de um desmatamento normalmente é a de um lenhador, portando uma motosserra. As árvores vão sendo derrubadas uma a uma. Na realidade, não é isso que acontece: os desmatamentos são realizados de forma cruel, com tratoresteira, que destoca toda a vegetação (as árvores são arrancadas pela raiz) e mata todos os animais que estiverem pela frente. O desmatamento cheira a sangue. Essa também é uma imagem forte, que não é visualizada pelo operador do Direito quando se depara com um auto de infração por supressão de vegetação.

A sensibilização ecológica nos casos de intervenção em áreas de preservação permanente (como encostas de morros ou margens de rios) pode ser feita com a demonstração de que, em casos de enchentes, como aquelas que acontecem costumeiramente em Santa Catarina, os mortos por desabamentos e deslizamentos são justamente aquelas pessoas cujas casas se encontravam tais áreas, sobre as quais incide a proibição de edificar. A associação entre a ocupação de APPs e o risco à vida também não é frequente e possivelmente não figura dentre as variáveis sopesadas pelo julgador ao aferir a gravidade da infração.

Nos casos de cativeiro ilegal de aves silvestres, via de regra, o julgador se sensibiliza em relação ao criador, aos laços afetivos que este nutre com as aves, à sua situação socioeconômica e não em relação ao meio ambiente. O criador é visto como alguém que "ama os pássaros" e que foi indevida e excessivamente multado pelo famigerado órgão ambiental. A charge a seguir ilustra bem esse tipo de posicionamento:

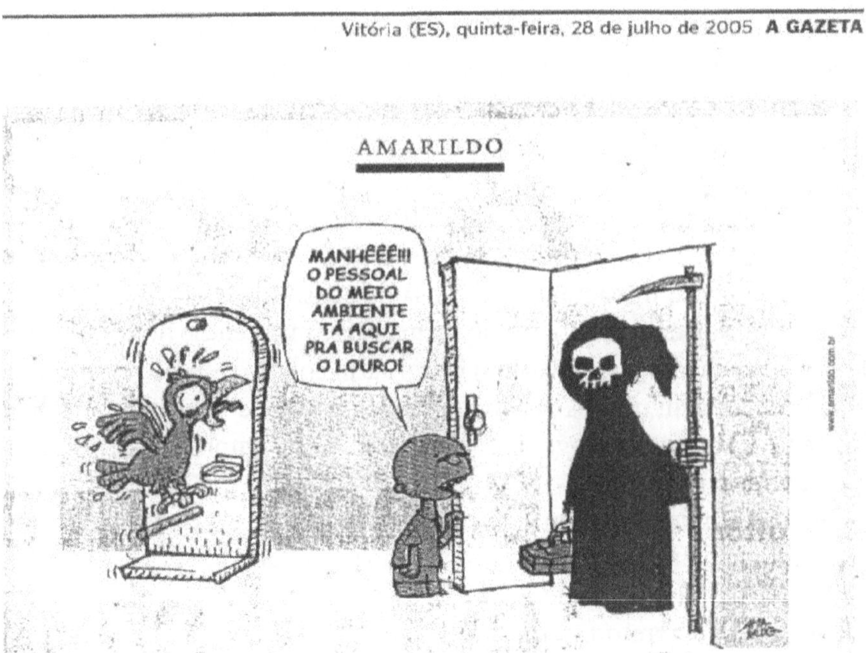

Como contraponto, o IBAMA vem se utilizando de uma abordagem que busque dar a exata dimensão da infração, tanto no que tange às crueldades do tráfico, quanto em relação à privação da liberdade, à reprodução desses animais, à perda de biodiversidade etc. O trecho a seguir transcrito, elaborado pela Autora deste trabalho, vem sendo amplamente utilizado pelos demais procuradores federais atuantes na Procuradoria Federal em Santa Catarina (e por outros tantos pelo país), como forma de sensibilizar o julgador:

> Os pássaros silvestres criados ilegalmente são, muitas vezes, retirados cruelmente de seus ninhos, transportados de maneira precária, escondidos em caminhões, sofrendo toda a sorte de maldades. A maioria deles morre pelo caminho. Depois disso tudo, os sobreviventes são trancafiados em gaiolas para que os criadores tenham o prazer de ouvir seu canto triste.
>
> Mas a imagem final que resta ao Julgador é a de um singelo criador de passarinhos multado "exageradamente" pelo IBAMA. Nesse momento, resta esquecida a crueldade e truculência que significam subtrair de um pássaro a sua liberdade e trancafia-lo em uma gaiola ínfima, longe da floresta em que vivia. São esquecidas as condições em que os pássaros foram subtraídos de seu *habitat*. É relegada a um segundo plano a enorme importância ecológica de cada ave para o ecossistema em que vive.
>
> Enquanto os criadores de aves de fauna silvestre (ilegais, frise-se) continuarem a ser tratados com benevolência, a Mata Atlântica continuará a ser destruída. "***Coitadinhos***"[55] não são os criadores, como uma análise simplista faz parecer. "***Coitadinhos***" são os pássaros confinados e privados do seu *habitat natural*. Lesados somos todos nós, toda a humanidade que tem o planeta cada vez mais destruído – muitas vezes com a chancela daqueles que tem o poder de coibir essa destruição.
>
> A preservação da Mata Atlântica está umbilicalmente ligada à manutenção de sua fauna. Cada espécime retirado da Mata Atlântica gera desequilíbrio naquele ecossistema, conduzindo à sua extinção. Hoje restam cerca de 6% da Mata Atlântica, cuja destruição tem caráter exponencial e ritmo alarmante. Cada gesto de preservação tem importância crucial.

Também merece menção, embora não se trate de uma demanda ambiental, mas consumerista, a decisão proferida pelo Juiz de Direito Hélio David Vieira Figueira dos Santos, que veicula sensibilidade em relação à

[55] Nesse sentido, a charge da página anterior ilustra a forma como a sociedade enxerga os entes ambientais: seres insensíveis que punem inocentes de maneira severa. Os ecologistas são vistos com antipatia pela sociedade. Os órgãos ambientais são desprestigiados.

vida da lagartixa (que causou dano ao equipamento de ar condicionado adquirido pelo autor da demanda). Essa decisão mostra clara ruptura com a abordagem tradicional, que relegaria esse aspecto a um segundo plano. A sentença teve ampla repercussão midiática e foi alvo de gracejos. Foi, contudo, mantida pela turma recursal. Cabe citar o excerto em questão:

> Gira a lide em torno de um acidente que vitimou uma lagartixa, que inadvertidamente entrou no compartimento do motor de um aparelho de ar condicionado tipo split e que causou a sua morte, **infelizmente irrelevante neste mundo de homens,** e a queima do motor do equipamento, que foi reparado pelo autor ao custo de R$ 664,00 (fl. 21), depois que a ré recusouse a dar a cobertura de garantia.
>
> É, portanto, indiscutido nos autos que a culpa foi da lagartixa, afinal, sempre se há de encontrar um culpado e no caso destes autos, até fotografado foi o cadáver mutilado do réptil que enfiou-se onde não devia (fl. 62), mas afinal, **como ia ele saber se não havia barreira ou proteção que o fizesse refletir com seu pequeno cérebro se não seria melhor procurar refúgio em outra toca-** Eis aqui o cerne da questão, pois afinal **uma lagartixa tem todo o Direito de circular pelas paredes externas das casas à cata de mosquitos e outros pequenos insetos que constituem sua dieta alimentar.** Todo mundo sabe disso e certamente também os engenheiros que projetam esses motores, que sabidamente se instalam do lado de fora da residência, área que legitimamente pertence às lagartixas. Neste particular, tem toda a razão o autor, se a ré não se preocupou em lacrar o motor externo do split, agiu com evidente culpa, pois era só o que faltava exigir que o autor ficasse caçando lagartixas pelas paredes de fora ao invés de se refrescar no interior de sua casa.
>
> Por outro lado, falar o autor em dano moral é um exagero, somente se foi pela morte da lagartixa, do que certamente não se trata. Houve um debate acerca da questão e das condições da garantia, que não previam os danos causados por esses matadores de mosquitos. Além disso, o autor reparou o equipamento, tanto que pretende o ressarcimento do valor pago, no que tem razão. E é só. Além disso, é terreno de locupletamento ilícito à custa de outrem. [g.n.] (BRASIL, 2013)

Nessa decisão verifica-se de maneira muito clara o processo sugerido por Morin (2004, p. 95): "Compreender inclui, necessariamente, um processo de empatia, de identificação e de projeção. Sempre intersubjetiva, a compreensão pede abertura, simpatia e generosidade".

2.4.6. Outros Argumentos Metajurídicos

Além do uso de uma linguagem clara, simples, direta e persuasiva, sugeriuse, neste trabalho, o uso de metáforas e o empreendimento de esforços de sensibilização ecológica. Tais instrumentos se mesclam e se moldam ao caso concreto. A eles podem ser acrescidos outros argumentos, que transcendem a técnica jurídica e aqui são denominados argumentos metajurídicos. Entre eles, figuram o argumento econômico, sociológico, ecossistêmico, holístico etc. O rol apontado é meramente exemplificativo e a ele pode ser acrescentados tantos exemplos quanto a imaginação e a criatividade permitirem.

Sugere-se, portanto, a construção da norma ambiental (norma de decisão, no caso concreto) por meio de um diálogo interdisciplinar, pautado nos parâmetros da complexidade e instrumentalizado por meio dos denominados argumentos metajurídicos, como contribuição eficaz a esse propósito (OST, 1997).

Derani (2009, P. 193) afirma que "A palavra não possui vida própria, ela é vivificada e vivenciada pelos seus interlocutores." Ao tratar da norma constitucional – na qual se inclui o objeto de estudo deste trabalho, eis que a proteção ambiental tem matriz constitucional, Derani (2009, p. 202) afirma que a norma "é uma forma aberta, pela qual a vida perpassa, vida na forma e forma a partir da vida."

A epistemologia kelseniana pretendia a construção de uma ciência jurídica aprofundada sob a noção jurídica de validade do Direito. Exigiu, então, rigorosas precauções contra o risco de diluição em outros saberes. Mas, uma vez lograda a conquista dessa autonomia, surge a necessidade de repensar esses relacionamentos. A reaproximação desses outros sentidos do agir social fornece uma compreensão mais sofisticada sobre como o Direito pode tornar-se realmente eficaz (ARRUDA;GONÇALVES, 2002)

Há que se buscar aquilo que Derani (2009, p. 201) chama, citando Ralf Dreier, de "teorias da interdependência do Direito, responsáveis por uma compreensão holística da norma jurídica." Nesse sentido, deixa-se de reduzir o Direito "a um conjunto ilhado de normas, exiladas e condenadas à frieza de um texto sem vida, esvaziado de humanidade" (DERANI, 2009, p. 201), passando a concebêlo como uma teia vinculada a diversos outros saberes.

Os argumentos metajurídicos podem ser amplamente aplicados na prática forense, em audiências judiciais, extrajudiciais, peças processuais etc. Dentre esses argumentos, estão exemplos práticos, analogias, uso de imagens, desenhos, fotografias, textos jornalísticos, fundamentos de ordem econômica, sociológica, holística, ecossistêmica etc.

Cada um desses argumentos, que podem variar de um viés antropocêntrico até a Ecologia profunda, tem propósito e cabimento em contextos específicos, a depender do caso concreto em que se está operando. Alguns exemplos podem ser citados.

Há demandas em Santa Catarina que estão relacionadas, por exemplo, à Operação Moeda Verde (grande operação realizada pela Polícia Federal relativa à compra e venda de licenças ambientais, que gerou a prisão temporária de empresários e políticos locais). Como preliminar, em ações que envolvem tais processos (sob suspeita de corrupção ambiental), a autora costuma alegar que se trata de caso da Operação Moeda Verde.

É o que aqui se denomina **argumento jornalístico,** ao qual se fazem acompanhar reportagens. Embora não seja jurídico, pois os indiciados ainda não foram julgados, as reportagens trazem, pelo menos, um alerta ao julgador, que passará a ver o assunto de forma diferenciada. Todos os fatos relativos ao tema devem ser trazidos ao processo, de forma a ampliar a visão acerca das questões envolvidas, evitando-se o tecnicismo frio e, muitas vezes, ineficaz.

Não somente reportagens de polícia (que são, sem dúvida, impactantes), mas textos jornalísticos simples e explicativos, que versam acerca de questões ambientais, como por exemplo, a importância dos ecossistemas de restinga, das árvores mortas e caídas, da função ecológica das áreas de preservação permanente etc. permitem o acesso ao tipo de informação que, muitas vezes, o julgador não detém e não vai extrair dos laudos. O texto jornalístico é mais acessível que os laudos, mas não os substitui. Serve, porém, para atrair a atenção para questões importantes, que merecem ser conhecidas.

Trata-se de informações básicas, porém não óbvias, nem evidentes senão para aqueles que já estão familiarizados com a matéria ou tocados por ela. A obviedade de tais questões, conforme já se afirmou neste trabalho, não pode ser presumida quando se trata de matéria ambiental, haja vista a costumeira desinformação.

Nesse mesmo sentido, tem-se o **argumento visual**, ou seja, o uso de imagens, que também constitui instrumento eficaz de conscientização, informação e sensibilização. Atualmente, com a digitalização dos processos judiciais, que tramitam em meio eletrônico, o uso de imagens coloridas têm seus custos reduzidos a zero. As imagens podem trazer gráficos, desenhos, fotografias, diagramas ou quaisquer elementos visuais que clarifiquem o teor daquilo que se pretende explicar ou exemplificar.

O **uso de epígrafes** em petições também parece trazer o leitor para a questão que se pretende discutir, sensibilizando-o. Frases, citações, ideias bem colocadas fogem à abordagem tradicional e podem tornar a leitura mais atrativa ou até mesmo impactar o leitor. Por exemplo:

> Causar dano à terra é demonstrar desprezo pelo Criador. O homem branco também vai desaparecer, talvez mais depressa do que as outras raças. Continua sujando a sua própria cama e há de morrer, uma noite, sufocado nos seus próprios dejetos. Depois de abatido o último bisão e domados todos os cavalos selvagens, quando as matas misteriosas federem a gente, quando as colinas escarpadas se encherem de fios que falam, onde ficarão então os sertões? Terão acabado. E as águias? Terão ido embora. Restará dar adeus à andorinha da torre e à caça; o fim da vida e o começo pela luta pela sobrevivência. Chefe Seattle
>
> O homem é parte da natureza e sua guerra contra a natureza é inevitavelmente uma guerra contra si mesmo... Temos pela frente um desafio como nunca a humanidade teve, de provar nossa maturidade e nosso domínio, não da natureza, mas de nós mesmos. Rachel Carson

O **argumento econômico** pode também ser utilizado, respaldando a ideia de busca de um modelo de desenvolvimento duradouro, por meio de um discurso inclusivo que caracteriza a defesa ambiental como vantajosa e lucrativa, mesmo em termos estritamente econômicos. Trata-se não somente de informar, mas sensibilizar o interlocutor sobre a falsa dicotomia entre desenvolvimento e proteção, demonstrando que a proteção ambiental evita catástrofes e os custos que lhe são subjacentes. O impacto ambiental de cada escolha econômica não pode ser ignorado na contabilidade das empresas e dos países, eis que uma escolha errada tem alto custo ambiental e reflexos diretos na Economia. Necessário demonstrar, ainda, nas lides ambientais e na construção da cidadania ambiental, a necessidade abandonar o foco obsessivo nos resultados de curto prazo (GORE, 2006).

O falacioso argumento econômico do desenvolvimento ilimitado e irrefreado merece uma contra-argumentação contudente. Mais perigoso é o "obsequioso silêncio" que convém "aos ditadores econômicos e globalizantes de hoje", mais nefastos do que os ditadores militares de antanho, "porque camuflados, melífluos, blandíloquos e aparentemente inofensivos, o que dificulta seu combate e retarda sua queda." (OLIVEIRA, 2009, p.5)

O **argumento sociológico**, desenvolvido pro Ulrich Beck (abordado no primeiro capítulo da dissertação), também constitui importante elemento de sensibilização ambiental, à medida que descortina e delineia os novos riscos impostos pela segunda modernidade. Esclarecimentos acerca da sociedade de risco têm o condão de fundamentar a aplicação do princípio da precaução, cânone máximo do Direito Ambiental. Além disso, a compreensão acerca do risco e da irresponsabilidade organizada permite a tomada de consciência e a mobilização.

Pode-se, ainda, fazer menção expressa ao **argumento filosófico**, consistente no apelo ao pensamento complexo, em contraposição ao reducionismo cartesiano. A fragmentação do conhecimento, por parte da maioria dos operadores do Direito, não permite a compreensão mínima de institutos ambientais que exigem uma abordagem integrada, complexa e que demanda o diálogo entre diversos ramos do Direito e da Ciência.

É necessário acrescentar ainda o que Morin (2004) classifica como "conhecimento pertinente", que é aquele que não aniquila, mas que rearticula a disciplina, combatendo a fragmentação. Nesse sentido, "devemos empenhar-nos na elucidação dessa ideia difusa de responsabilidade solidária, virtualmente universal." (OST, 1997, p. 308).

Morin (2004) fornece instrumental importante para a construção desse argumento na obra "Os Sete Saberes Necessários à Educação do Futuro" quando afirma que é preciso ter uma visão capaz de situar o conjunto. O ensino deve ligar o todo às partes e as partes ao todo. O exercício da cidadania ambiental passa necessariamente pela consciência do todo e da interdependência[56].

A ideia de interdependência avança em diversas searas, como na teoria das relações internacionais, na educação ambiental (sentimento de pertencimento) e no próprio Direito ambiental, por meio das tentativas de abordagem multi, inter e transdisciplinar. Conforme afirma Derani (2009, p. 15), "Não é possível, numa sociedade em constante modificação social,

[56] A ideia de interdependência foi ilustrada no primeiro capítulo por meio do contraste entre uma nuvem e uma folha de papel, metáfora apresentada por Thich Nhât Hanh.

cultural, moral, tecnológica, que se conceba o ordenamento jurídico e os fatos, um com o outro, estáticos, perenes e confrontados como possuidores de um ser independente."

Essa reaproximação entre os diferente saberes humanos propicia a compreensão do sentido das ações e relações sociais como algo complexo, multiangular, impossível de ser reduzido a unicausalismos simplistas ou naturalizantes. E dentre todos os âmbitos sociais e seus respectivos saberes com os quais o Direito há de buscar essa recomposição diplomática, o sentido ético parece ser o mais importante. A ideia do mínimo ético, como compromisso eficacial, pode ser hermeuticamente instalada nas pré-compreensões dos atores do ordenamento jurídico (ARRUDA;GONÇALVES, 2002).

A força de sua presença [do Direito] numa sociedade e seu efeito como modificador, organizador, mantenedor das relações sociais são resultantes do sentido e valor que é dado no cotidiano às normas do ordenamento jurídico. (DERANI, 2009, p. 200)

Sob essa ótica, a sensibilização ambiental, como parte de um processo educativo, depende, ainda, do reaprendizado acerca da própria condição humana e da identidade terrena, bem como do desenvolvimento da aptidão para aceitar, lidar e enfrentar as incertezas (MORIN, 2004).

Para finalizar, vale citar Müller:

> Não foi possível descobrir ilhas rochosas em meio ao oceano desse tema; mas foi possível localizar fachos de luz nitidamente visíveis, emitindo farois, que possibilitam uma orientação do trabalho jurídico – e com isso a comunicação democrática sobre ele. (MÜLLER, 2009, p. 160)

Assim sendo, os exemplos apresentados constituem uma proposta inicial, aos quais se pode – e deve – acrescentar muitos outros, na construção de um instrumental efetivo de conscientização objetiva e subjetiva, buscando mobilizar os operadores do Direito para a preservação de um meio ambiente ecologicamente equilibrado para as gerações presentes e futuras.

3. Jurisprudência Ambiental: Do Pensamento Cartesiano Ao Pensamento Complexo

Dois pescadores seguravam suas varas à espera de um peixe. De repente, gritos de crianças trincaram o silêncio.
Assustados, os pescadores procuraram e nada encontraram. Os berros continuaram. A correnteza do rio trazia duas crianças quase afogadas, pedindo socorro. Os pescadores pularam na água. Mal conseguiram salva-las, quando escutaram mais gritos: outras quatro crianças se debatiam. Novos gritos: são mais oito crianças vindo correnteza abaixo. Um dos pescadores virou as costas e começou a ir embora. Seu amigo não entendeu seu comportamento: – "Você está louco, não vai salva-las"?
E ele respondeu:
– "Acho que está na hora de descobrir quem está jogando as crianças no rio.

Lenda Indiana, por Gilberto Dimenstein

O estudo da jurisprudência ambiental conduz à conclusão de que o conteúdo ambiental da norma nem sempre é compreendido pelo operador do Direito. Isso redunda no esvaziamento dos institutos ambientais, o que ocorre quer por meio de soluções formais que não chegam a analisar o mérito da demanda, quer por intermédio de decisões desvinculadas de bases científicas, pautadas no senso comum ou em meras opiniões. Trata-se de decisões que deixam de contemplar premissas ecológicas básicas.

A essa constatação de base empírica subsume-se com perfeição a teoria desenvolvida por Friedrich Müller. A pretexto de aplicar o texto normativo, o juiz muitas vezes olvida o âmbito normativo, ou seja, o conteúdo material da norma, a realidade que lhe subjaz.

O pensamento cartesiano, mecanicista e fragmentado impede que o aplicador entenda o escopo ambiental da norma, levando-o a deixar de aplicá-la (ou a mitigar sua aplicação), justamente por não vislumbrar sentido e utilidade. Uma mudança de rumo pode ser empreendida por meio da compreensão da complexidade que subjaz à norma ambiental.

Müller (2009) afirma que chegou à sua teoria pela análise de casos práticos e sua metódica estruturante é voltada à realidade dos processos. Na esfera ambiental, sobreleva a necessidade de que o jurista compreenda a realidade que antecede a norma e as consequências que lhe sucedem, apreendendo a realidade como porta de entrada e saída da norma.

Contudo, o que se verifica, na análise de muitas decisões ambientais, é o rarefeito entendimento acerca das interações ecológicas e suas multicausalidades, o que resulta em provimentos judiciais que minimizam a gravidade de alguns problemas ambientais ou classificam-nos como insignificantes, deixando a descoberto a proteção ambiental.

O objetivo deste capítulo é demonstrar, por meio da análise de casos concretos, o déficit de compreensão do conteúdo ambiental da norma em decisões judiciais exaradas pelo Poder Judiciário Federal da 4ª Região. Busca-se também demonstrar que é possível lançar mão de uma nova forma de abordagem para reverter esse quadro.

Como a hipótese a ser confirmada é a de que *nem sempre* a norma ambiental é compreendida pelo Judiciário, a análise que se faz é qualitativa – e não numérica, estatística ou quantitativa. A apresentação de dados numéricos não se mostraria fecunda, nem apta a ilustrar aquilo que ora se pretende. Da mesma forma, seria difícil (ou impossível) tabular o nível de compreensão ou de incompreensão. Portanto, melhor e mais útil é aprofundar a análise dos fundamentos e demonstrar a sua irrazoabilidade.

A escolha da Justiça Federal da 4ª. Região deu-se por se tratar de parcela do Judiciário reconhecidamente vanguardista e tecnicamente competente. Assim, o recorte é feito dentre o que há, teoricamente, de melhor na jurisprudência. Trata-se de segmento do Judiciário que prima por critérios rigorosos de recrutamento, mecanismos de aprimoramento contínuo e que efetivamente possui bons quadros no primeiro e segundo graus de jurisdição.

Não se pode afirmar que as decisões desfavoráveis à salvaguarda ambiental decorram, tão somente, dessa falta de compreensão, oriunda da visão cartesiana e do desconhecimento da complexidade subjacente às questões ecológicas. Esse é apenas um dos fundamentos possíveis, haja vista que não se pode descurar, em absoluto, das inúmeras outras motivações ideológicas das sentenças[57]. No entanto optou-se aqui por um recorte metodológico adstrito à hipótese de falta de compreensão ambiental da norma.

Além disso, assume-se que o processo decisório tenha transcorrido regularmente e que se tenha efetivamente presente o livre convencimento motivado do magistrado. Embora não se cogite neutralidade nem se desconheça o território das precompreensões do intérprete[58], parte-se do pressuposto de que as decisões resultaram de um processo regular de subsunção, sem interferências escusas que comprometam a necessária imparcialidade do julgador.

Nesse contexto, optou-se por analisar processos referentes à guarda doméstica de animais silvestres por se tratar de matéria da qual pode ser abstraída a variável intrinsecamente econômica [59], bem como os aspectos ligados ao desenvolvimento e à geração de empregos, os quais permitem alguma sorte de ponderação e costumam legitimar/influenciar decisões que flexibilizam o conteúdo ambiental da norma. Ainda que persista, na fundamentação de algumas decisões, o viés patrimonialista ligado à "propriedade" do animal, não há, é certo, uma vinculação direta dessas decisões a quaisquer questões socioeconômicas que mexam com susceptibilidades ideológicas do julgador.

Além disso, soaria redundante e, de certa forma, pouco didático, demonstrar a complexidade de um processo de difícil compreensão, que veiculasse uma série de categorias completamente desconhecidas do julgador (e do leitor). Volta-se, aqui, ao exemplo do licenciamento de uma hidrelétrica, repleto de condicionantes, dentre as quais poder-se-ia citar como exemplo um banco de germoplasma[60]. Uma única categoria renderia longas digressões.

[57] Sobre as motivações ideológicas da sentença, vide a obra de mesmo título do magistrado gaúcho Rui Portanova, já em sua quinta edição: PORTANOVA, Rui. Motivações Ideológicas da Sentença. 5. ed. Porto Alegre: Livraria do Advogado, 2003.

[58] Uma análise mais acurada do assunto é encontrada na hermenêutica filosófica de Georg Gadamer. Contudo, essa incursão escapa à delimitação realizada nesta pesquisa.

[59] Aqui cabe uma ressalva importante: embora se tenha utilizado, no primeiro capítulo, a teoria econômica para caracterizar a crise ambiental, na análise de casos práticos, optou-se por processos em que se pudesse constatar claramente o conteúdo ambiental, sem outras possíveis interferências, de forma a tornar mais evidente a falta de compreensão ambiental da norma, desvinculada da precompreensão ligada ao desenvolvimento econômico, como ocorreria, por exemplo, na construção de um resort de luxo ou de usina hidrelétrica, em que diversos outros fatores necessitariam ser considerados e ponderados, extrapolando os limites deste trabalho.

[60] Bancos de Germoplasma são unidades conservadoras de material genético de uso imediato ou com potencial de uso futuro, onde não ocorre o descarte de acessos, o que os diferencia das

Por isso, a escolha recaiu sobre processos simples, aparentemente insignificantes, nos quais não se vislumbra, de plano, qualquer complexidade: processos relativos ao cativeiro de pássaros. Se é possível demonstrar a complexidade nesses processos, pode-se inferir facilmente que, em processos de maior vulto, a complexidade cresce exponencialmente.

Os quatro processos selecionados são analisados cronologicamente. Partese de decisões judiciais de primeira instância, que não concretizam as normas ambientais e apresentam viés antropocêntrico, fruto da racionalidade jurídica tradicional cartesiana. Em seguida, e como contraponto, são analisadas as decisões de segundo grau que, no bojo daqueles mesmos processos, reformam os provimentos judiciais de primeiro grau.

Em todos os casos, o processo que conduziu à reforma dessas decisões foi permeado pela interposição de recursos que veicularam a abordagem diferenciada sugerida neste trabalho. O tratamento conferido a esses processos buscou conjugar a realidade ao texto normativo, com a inspiração mülleriana de construção indutiva e dinâmica da norma ambiental.

Mais que o resultado prático dos processos, interessa a este trabalho a análise dos fundamentos de cada decisão, pois é por meio dessa análise que se pode verificar o nível de compreensão do conteúdo ambiental da norma e a possibilidade de ampliação dessa compreensão, por meio de estratégias de concretização.

Cabe salientar que, em três dos quatro casos apresentados, o Tribunal reformou as decisões de primeiro grau, adotando posicionamento voltado à proteção do bem ambiental. Em apenas um dos processos analisados a decisão encontra-se pendente de julgamento.

Todos os casos tramitaram por meio de processo eletrônico, razão pela qual não é possível, mesmo nas citações diretas, a referência às páginas dos processos e sim aos chamados "eventos", os quais desafiam as normas

"coleções de trabalho", que são aquelas em que se elimina o que não interessa ao melhoramento genético. Podem ser classificados em "bancos de base" ou em "bancos ativos". Os primeiros são aqueles em que se conserva o germoplasma em câmaras frias (conservação de 1 ºC até -20 ºC), *in vitro* (conservação de partes vegetais em meio de cultura de crescimento) ou em criopreservação (conservação em nitrogênio líquido a -196 ºC), por longos prazos, podendo até mesmo ficar longe do local de trabalho do melhorista genético. São considerados "ativos" aqueles que estão próximos ao pesquisador, nos quais ocorre o intercâmbio de germoplasma e plantios freqüentes para caracterização, o que proporciona a conservação apenas a curto e mediano prazos.Os Bancos Ativos de Germoplasma (BAG) apresentam acessos de uma ou de poucas culturas, não sendo viável o armazenamento de acessos de muitas espécies (Fonte: Wikipedia).

metodológicas de referenciação[61]. Contudo, a remissão aos eventos permite a localização das peças processuais. Optou-se, ainda, por juntar a este trabalho, como anexos, as principais decisões judiciais comentadas, de modo a facilitar ao leitor o acesso à integra daqueles provimentos, garantindo fidedignidade às análises.

Foram escolhidos casos recentes, processados no ano de 2012 pela Justiça Federal da 4ª Região, de modo a demonstrar a contemporaneidade dos posicionamentos. De modo ilustrativo, foram reunidas outras decisões referentes às matérias em comento, reforçando ou contradizendo teses adotadas no processo em questão.

A análise dos processos é feita de forma narrativa e procura sintetizar os principais argumentos/fundamentos arrolados pelos atores do processo, sobretudo pelo autor, pelo réu, pelo juiz de primeiro grau e pelo tribunal. Como o objetivo do capítulo é demonstrar a falta de compreensão do conteúdo ambiental da norma, há concentração de esforços na análise daquilo que se reputa como entendimento incorreto ou equivocado à luz dos princípios e regras de Direito Ambiental, para confirmar a hipótese de incompreensão da juridicidade ambiental. Para tanto, procede-se a uma contra-argumentação material específica, atinente a cada caso.

Apresenta uma análise progressiva dos argumentos, iniciando por demandas mais simples, com poucos aspectos jurídicos a serem sopesados, rumando paulatinamente para casos que exigem maior aprofundamento, mudança de paradigma e o recurso ao pensamento complexo, com o objetivo de abranger uma gama variada de fundamentos correntes na jurisprudência ambiental.

Os fundamentos analisados vão desde o apelo restrito ao senso comum e às opiniões pessoais, que alijam questões técnicas, fazem generalizações inadequadas, apologia do costume, não aplicação do texto legal, aceitação da *ignorantia legis* e da pobreza como escusa ao cumprimento da lei, até as interpretações decorrentes diretamente do raciocínio cartesiano (e da consequente falta de complexidade), que ensejam digressões mais detalhadas do ponto de vista doutrinário.

[61] Esse dado foi confirmado em entrevista pessoal com a Bibliotecária MSc. Maria Bernadete M. Alves, responsável pelos Programa de Capacitação do Setor de Normalização de Trabalhos da Biblioteca da UFSC. Cogita-se a possibilidade de que a ABNT elabore uma norma técnica especialmente para o Direito. Por ora, essa norma não existe.

Trata-se de fundamentos exemplificativos do esvaziamento do conteúdo ambiental da norma, os quais são veiculados não apenas em casos de cativeiro de pássaros, mas em uma vasta gama de infrações ambientais.

3.1. O Caso do Papagaio do Mangue: "Nem a Lei, Nem o Laudo"[62]

O caso do Papagaio-do-Mangue não apresenta filigranas processuais ou procedimentais dignas de nota, tampouco veicula divergências técnicas ou jurídicas substanciais, mas é ilustrativo do tratamento muitas vezes conferido à guarda doméstica de aves silvestres pelo Poder Judiciário, fundamentado exclusivamente no senso comum, à revelia dos relatórios técnicos e estudos científicos.

Trata-se de hipótese em que nenhum argumento é utilizado: nem a lei, nem o laudo, conforme consta do título desta seção. O argumento é aquilo que o juiz pensa, suas ideias preconcebidas acerca do meio ambiente, sem quaisquer estudos aprofundados, sejam eles jurídicos ou não. Nem o texto da lei merece análise detida. Os laudos técnicos também são desconsiderados. Decisionismo é a tônica, na qual se aplica claramente a distinção feita por Platão (1970) entre episteme (conhecimento, ciência, conhecimento científico) e doxa (mera opinião). Não há qualquer esforço de fundamentação: eis porque esse caso é analisado em primeiro lugar.

Trata-se, aqui, da análise da decisão interlocutória de antecipação de tutela que determinou ao IBAMA a devolução de papagaio apreendido. A decisão foi proferida em 2012 e já transitou em julgado. A análise a seguir apresenta duas acepções opostas acerca do mesmo fato, haja vista que a decisão de primeiro grau foi reformada pelo Tribunal Regional Federal da 4ª Região. (BRASIL, 2012b; 2012c)[63]

[62] Ação Ordinária nº 5002779-60.2012.404.7213 (Levi Lenzi *versus* IBAMA), da Vara Federal de Rio do Sul.

[63] Optou-se por fazer uma referência para a Ação Ordinária (2012b) e outra para o Agravo de Instrumento (2012c), haja vista que e passa a tramitar de maneira separada, no sistema do TRF4, ensejando referenciamento distinto. Essa opção metodológica deu-se após consulta às bibliotecárias da BU/UFSC, já que o processo eletrônico não está previsto na ABNT. Assim, essa sugestão busca obedecer a lógica do sistema de referências, de forma a permitir o rápido e fácil acesso do leitor à fonte consultada.

Como é de praxe acontecer nos casos de guarda doméstica de animais silvestres, a operação de fiscalização do IBAMA (Instituto Brasileiro do Meio Ambiente e dos Recursos Naturais Renováveis) deu-se em razão de denúncia formulada por vizinhos dos autuados.

No dia 05 maio de 2012, para averiguar a denúncia, dois analistas ambientais do IBAMA e uma veterinária voluntária dirigiram-se à residência dos autuados e ali constaram a existência de um papagaio-do-mangue (*Amazona amazonica*), espécime protegida, constante da CITES (Convenção sobre o Comércio Internacional de Espécies Ameaçadas da Fauna e Flora Silvestres) (BRASIL, 1975), desacompanhada de autorização que legitimasse sua guarda doméstica (BRASIL, 2012b, Evento 39), o que configura a infração tipificada no art. 24, § 3º, III do Decreto 6.514/08[64].

Além da ausência de anilhamento (que atestaria a origem lícita do animal, proveniente de reprodução em cativeiro e não do tráfico), a equipe de fiscalização verificou que a ave era mantida em péssimas condições de higiene, recebia alimentação inadequada para a sua espécie (café preto e biscoito velho), vivia aprisionada em uma pequena gaiola que não permitia o voo, fato que lhe causou atrofias severas[65]. O animal encontrava-se desnutrido e fraco. (BRASIL, 2012b, Evento 39)

Diante desses fatos, lavrou-se auto de infração ambiental e realizou-se a apreensão do papagaio. O animal foi encaminhado para um parque ecológico. Lá foi transferido para um viveiro de dez metros quadrados, passou a conviver com outros animais da mesma espécie e rapidamente se

[64] Art. 24. Matar, perseguir, caçar, apanhar, coletar, utilizar espécimes da fauna silvestre, nativos ou em rota migratória, sem a devida permissão, licença ou autorização da autoridade competente, ou em desacordo com a obtida: Multa de: I – R$ 500,00 (quinhentos reais) por indivíduo de espécie não constante de listas oficiais de risco ou ameaça de extinção; II – R$ 5.000,00 (cinco mil reais), por indivíduo de espécie constante de listas oficiais de fauna brasileira ameaçada de extinção, inclusive da **Convenção de Comércio Internacional das Espécies da Flora e Fauna Selvagens em Perigo de Extinção – CITES.** (Redação dada pelo Decreto nº 6.686, de 2008).
§ 3º Incorre nas mesmas multas: [ ] III – quem vende, expõe à venda, exporta ou adquire, guarda, **tem em cativeiro** ou depósito, utiliza ou transporta ovos, larvas ou espécimes da fauna silvestre, nativa ou em rota migratória, bem como produtos e objetos dela oriundos, provenientes de criadouros não autorizados, sem a devida permissão, licença ou autorização da autoridade ambiental competente ou em desacordo com a obtida.

[65] Nesse caso, também poderia haver autuação por maus tratos, mas a equipe de fiscalização do IBAMA optou por autuar o infrator apenas como incurso nas penas do art. 24, § 3º, III do Decreto 6.514/08.

socializou com os mesmos. Passou a receber uma dieta adequada e ganhou peso. (BRASIL, 2012b, Evento 39)

Insurgindo-se contra a autuação, os detentores do animal ajuizaram ação ordinária em face do IBAMA, buscando liminarmente a devolução do papagaio e, no mérito, a anulação da multa imposta pelo IBAMA, além de indenização por danos materiais e morais decorrentes do dissabor oriundo da apreensão. Argumentaram, em síntese, que não haviam cometido qualquer infração, que ave estava na família há mais de 30 (trinta) anos, que a espécie não constava da CITES, sendo animal doméstico e não silvestre. Concluíram que a multa havia sido desproporcional. (BRASIL, 2012b)

De plano se verifica que tais argumentos não se revestem de juridicidade. Papagaios não são animais domésticos, e sim silvestres e essa condição não é alterada por conta do tempo decorrido em convívio familiar. A espécie é ameaçada (consta do apêndice II da CITES) e a multa foi arbitrada em valor fixo constante do Decreto 6.514/08, sem qualquer margem de discricionariedade por parte do agente autuante no que tange à dosimetria da mesma.

Portanto, a autuação feita pelo IBAMA ocorreu nos limites precisos da texto normativo. Nos termos da concretização proposta por Müller (2012), que é atribuição de qualquer titular das funções estatais, a autuação do IBAMA estava respaldada pela simples interpretação gramatical e sistemática. A norma protetiva da fauna restou concretizada pela fiscalização procedida pelo IBAMA.

Contudo, o magistrado entendeu de forma diversa. O pronunciamento judicial liminar deu-se sem a observância do contraditório. Optou, o juiz, por não ouvir previamente o IBAMA, nem acessar o relatório de fiscalização para averiguar as condições em que se encontrava o papagaio. Assim, deferiu a antecipação da tutela, determinando que a ave fosse imediatamente devolvida ao antigo detentor.

Fundamentou a decisão no fato de que a espécime apreendida não constava da CITES, fato que, no seu entender, legitimaria a guarda doméstica. Afirmou que a devolução do papagaio ao autor não constituía medida irreversível, nem representaria risco para o animal haja vista o longo período em que permanecera com a família. Assegurou que não havia qualquer indicativo de que o animal era mantido em condições inadequadas ou de que era objeto de maus tratos e oriundo do tráfico de animais silvestres

Determinou, assim, a intimação do Parque Ecológico Ingo Altenburg, em regime de urgência, para que devolvesse o papagaio à parte autora no prazo máximo de cinco dias, contados da intimação da decisão. (BRASIL, 2012b).

Mais que uma questão de interpretação, as conclusões a que chegou o magistrado apresentavam equívocos objetivos, demonstráveis de plano. Contrariamente àquilo que afirmou o julgador, a espécime *Amazona amazonica* consta da Convenção CITES (Apêndice II), sendo, sim, ameaçada (BRASIL, 1975). Os Analistas Ambientais do IBAMA haviam, inclusive, juntado os apêndices da CITES ao relatório de fiscalização – os quais poderiam ter sido conferidos pelo magistrado, acaso houvesse aguardado manifestação da autarquia. (BRASIL, 2012a).

Ademais, ainda que a espécie não constasse da CITES, tal fato não legitimaria a guarda doméstica, nem ilidiria a infração. Isso porque o fato de se tratar de espécime protegida constitui, tão somente, *causa de aumento da multa imposta*, mas não elemento constituinte do tipo infracional, que se refere apenas à guarda de animal silvestre sem autorização: a multa é de R$ 500,00 (quinhentos reais) por indivíduo de espécie não constante de listas oficiais de risco ou ameaça de extinção e de R$ 5.000,00 (cinco mil reais), por indivíduo de espécie constante de listas oficiais de fauna brasileira ameaçada de extinção, inclusive da Convenção de Comércio Internacional das Espécies da Flora e Fauna Selvagens em Perigo de Extinção – CITES, nos termos dos incisos I e II do art. 24 do Decreto 6.514/2008. (BRASIL, 2008).

O entendimento adotado pelo magistrado deixou de considerar o texto expresso da norma. Sua conclusão, por via oblíqua, foi de que qualquer espécime da fauna silvestre brasileira não ameaçado de extinção poderia ser mantido em cativeiro doméstico. Esse entendimento, acaso prosperasse e fosse difundido, implicaria a médio e longo prazo a aniquilação dos mecanismos de proteção de praticamente toda a fauna brasileira, haja vista que a grande maioria das espécies felizmente não consta da CITES. Ou seja, a partir desse entendimento, a guarda doméstica de animais silvestres estaria franqueada a qualquer interessado, caindo por terra as restrições legais existentes.

Nesse caso, há que se considerar que nem mesmo a tradicional abordagem positivista kelseniana foi levada em consideração. O magistrado sequer chegou a uma interpretação gramatical que desse cumprimento ao texto da norma, o qual foi desconsiderado, substituído por opiniões e ilações irresponsáveis, que sequer chegaram ao ponto de conferir a literalidade da lista constante da CITES ou o texto da norma.

A conclusão a que chegou o intérprete não se subsumia à moldura normativa, estando dela distanciada. Nesse aspecto, acerca do desrespeito ao texto legal, cabe ainda o alerta de Müller (2009, p. 9), de que na democracia

> a lei é o centro sistemático da ação jurídica, uma prescrição que vincula todos os envolvidos, tanto juristas como não juristas. [...] Disso seguem duas exigências fundamentais: respeito irrestrito da lei na vida da sociedade e do estado, bem como a sua realização cuidadosa e insubornável pelo trabalho especializado dos juristas.

Nesse sentido, a despeito da necessária abordagem pós-positivista defendida neste trabalho, é de se salientar que "a positividade do texto continua sendo um imperativo do Estado de Direito, devendo ser respeitada como limite material da atividade jurídica não legiferante". (FONTOURA, 2009, p. 73)

Ainda que não se ativesse à realidade, como forma de concretização da norma ambiental, cumpriria ao magistrado observar os limites do texto normativo. No entanto, com fundamento em mera retórica (voluntarismo judicial), viu por bem lançar mão de opiniões, tautologias e argumentos destituídos de cientificidade, desprezando o texto da lei.

A análise do feito à luz do conceito de norma jurídica erigida por Müller mostra que o magistrado não trouxe a realidade (seja como porta de entrada, seja como porta de saída) ao processo de aplicação/compreensão da norma. Se o fizesse, teria em conta as consequências dramáticas de sua interpretação, a qual implicaria o franqueamento irrestrito da guarda de animais silvestres.

A apreensão da realidade consistiria em saber que a grande maioria das espécies animais brasileiros não está em risco de extinção. E dizer que animais que não estão em risco de extinção podem ser mantidos em cativeiro significa dizer que praticamente toda a fauna silvestre brasileira pode ser mantida em cativeiro doméstico, a depender, apenas, da vontade de quem queira assim proceder.

O programa da norma (o texto normativo) impede a guarda de animais silvestres, aumentando a pena em caso de animais ameaçados. O âmbito da norma (os fatos, a realidade) está, em parte, preenchido pelo Direito (Convenção CITES, ratificada pelo Brasil) e, em parte, preenchido por dados extralegais. O magistrado, nesse caso, não levou em conta nem o *programa da norma*, em sua literalidade, nem o *âmbito da norma*, preenchido pela citada convenção e, menos ainda, os fatores não-jurídicos que preenchiam o âmbito da norma (MÜLLER, 2011a).

Adentrando-se ainda mais no *âmbito da norma*, no que tange aos aspectos preenchidos pelo Direito, o que se verifica é que não há bases fáticas, legais ou científicas para que se afirme de maneira categórica, conforme o fez o magistrado, que uma espécie não é oriunda do tráfico. Pelo contrário, se a origem do animal não é comprovada, a única inferência lógica que se pode fazer é em sentido oposto, ou seja, que o animal não nasceu em cativeiro e sua origem decorre da captura ilegal na natureza ou do tráfico de animais.

Do ponto de vista lógico, já se constata a existência de uma falácia. O magistrado entendeu que não havia, nos autos, prova de que o animal era oriundo do tráfico. A abordagem traduz uma inadmissível inversão lógico-processual no que tange aos critérios de análise do conjunto probatório. Além disso, por ocasião da decisão liminar, havia somente nos autos a versão do autor e este seguramente não iria a juízo confessar que detinha uma espécie oriunda do tráfico de animais.

Quanto à ausência de risco para o animal, a decisão pautou-se na simples opinião do magistrado e não em dados técnicos ou científicos, desconsiderando, uma vez mais, tanto o programa, quanto o âmbito da norma. Tais dados somente poderiam ser aferidos por meio de prova técnica (perícia) ou, no caso da cognição sumária para a concessão de liminar, pela análise dos documentos já produzidos, especialmente o relatório de vistoria elaborado pelos analistas ambientais do IBAMA, documento público acerca de ato administrativo que goza de presunção de legitimidade e veracidade.

Contudo, ao exarar a decisão sem colher manifestação do IBAMA, o julgador deixou de considerar a informação técnica produzida pelo ente público e julgou apenas com fundamento no senso comum, na ideia de que, em função do longo tempo de guarda doméstica, o animal não sofria qualquer risco. No entanto, conforme documentado no processo administrativo que ensejou a apreensão (BRASIL, 2012b), o animal se encontrava desnutrido, mal alimentado e com severas atrofias decorrentes do diminuto espaço em que era confinado[66]. Essas informações preexistiam à autuação, fundamentaram a lavratura do auto de infração e deveriam ser levadas em consideração para a análise da antecipação da tutela.

[66] Tal não seria admissível nem mesmo para animais domésticos.

Verifica-se que a decisão não somente desconsiderou aspectos ambientais, mas aspectos referentes ao Direito administrativo (presunção de legitimidade dos atos administrativos) e processual (análise do conjunto probatório). Especialmente por se tratar de matéria ambiental, em que sobreleva o Princípio da Precaução, haveria que ser considerada, na análise probatória, a presunção de legalidade e legitimidade dos atos da administração.

Nesse sentido, há precedentes bastante específicos do Tribunal Regional Federal da 4ª. Região, que merecem menção porque prolatados em processos ambientais relativos à fauna, semelhantes ao que ora se analisa:

> ADMINISTRATIVO. IBAMA. AÇÃO DE ANULAÇÃO DE ATO ADMINISTRATIVO. APREENSÃO DE PRODUTOS E INSTRUMENTOS DE INFRAÇÃO AMBIENTAL. **Os atos administrativos gozam de presunção de legitimidade e legalidade**, não cabendo a insurgência do autor. A este incumbe produzir prova capaz de afastar essa presunção. Sobre o réu não pesa o ônus de comprovar a legalidade de seus atos, **principalmente em se tratando de matéria ambiental**, razão pela qual nega-se provimento à apelação. (TRF4, AC 5019678-21.2011.404.7100, Terceira Turma, Relator p/ Acórdão Fernando Quadros da Silva, D.E. 21/06/2012) [g.n.] (BRASIL, 2012d)
>
> INFRAÇÃO AMBIENTAL. APREENSÃO DE PASSERIFORMES. DESCONSTITUIÇÃO DA AUTUAÇÃO. PRESUNÇÃO DE LEGALIDADE E LEGITIMIDADE DO ATO ADMINISTRATIVO. Gozam os atos administrativos da **presunção de legalidade e legitimidade**, atributos que só podem ser afastados mediante prova em contrário, não tendo a parte autora se desincumbido do ônus de comprovar a ilegalidade da autuação lavrada pelo IBAMA. (TRF4, AC 2008.71.10.003668-8, Quarta Turma, Relator Jorge Antonio Maurique, D.E. 06/10/2010) [g.n.] (BRASIL, 2010b)

> PROCESSUAL CIVIL. AÇÃO ORDINÁRIA. FISCALIZAÇÃO E APREENSÃO DE PÁSSAROS E GAIOLAS. 1. A aplicação de multa e a apreensão dos pássaros silvestres encontrados no criatório decorreu da prática de infração ambiental, descrita no auto de infração como ter em cativeiro pássaros silvestres em desacordo com a licença obtida, estando alguns pássaros fora da relação e outros constantes da relação não estavam no endereço. 2. **As circunstâncias que envolveram a apreensão poderão ser melhor esclarecidas por ocasião da instrução probatória. A simples necessidade de tal prova, porém, afasta a verossimilhança das alegações para fins de antecipação de tutela.** (TRF4, AG 500110611.2010.404.0000, Quarta

Turma, Relator p/ Acórdão Sérgio Renato Tejada Garcia, D.E. 19/10/2010) [g.n.] (BRASIL, 2010c)

A forma açodada como a decisão foi proferida, com expedição de ofício para imediato cumprimento pelo próprio parque ecológico, antes mesmo do início do prazo para o recurso do IBAMA (BRASIL, 2012b), praticamente inviabilizou a insurgência recursal da autarquia, haja vista que a ave deveria ser devolvida em cinco dias, prazo em que o recurso teria de ser aviado e julgado, para suspender o cumprimento da decisão.

Havia urgência. Os técnicos indicaram que o cumprimento da decisão liminar implicaria risco de morte ao animal: manifestação técnica deu conta de que o retorno do papagaio ao seu antigo detentor e o estresse decorrente do transporte (200km) ao antigo lar, a separação do grupo (papagaios são animais gregários), bem como a readaptação poderia levá-lo a óbito, haja vista que o animal se encontrava ainda em processo de estabilização, decorrente da apreensão. (BRASIL, 2012b)

O que se verifica, em síntese, da análise dos fundamentos adotados pelo magistrado, é que não foi observada, no caso dos autos, nem a positividade (o texto legal objetivamente considerado, o programa da norma), nem a normatividade (o teor de validade da norma, a realidade, os fatos, o âmbito da norma, composto por elementos jurídicos e extrajurídicos).

Na verdade, o magistrado valeu-se de mera retórica, naquilo que se poderia classificar como decisionismo: "a lei é aquilo que o magistrado diz que ela é". Não houve, por parte do magistrado, a compreensão dos elementos da norma que se fundam no texto normativo, somado à realidade. (MÜLLER, 2011a).

Assim, o IBAMA ajuizou agravo de instrumento (BRASIL,2012c) buscando a concretização da norma ambiental na esfera judicial, com o objetivo de restaurar a concretização que seu na esfera administrativa e que foi liminarmente desconstituída pelo magistrado de primeiro grau.

Os fundamentos do recurso seguiram os termos propostos por Müller, ou seja, demonstraram, em detalhes, a abrangência do programa da norma e do âmbito da norma, a realidade que deu origem à concretização realizada pelo IBAMA e as consequências da concretização (ou não) da norma nessa mesma realidade (ou seja, a realidade como porta de entrada e saída da norma).

Em termos práticos, o IBAMA demonstrou as condições precárias em que o papagaio era mantido. No corpo do recurso, juntou fotografia da diminuta gaiola em que o animal se encontrava originalmente aprisionado, bem como o relatório de vistoria. Utilizou linguagem simples, direta e contundente. Demonstrou que as condições de saúde do papagaio melhoraram após a apreensão e que o retorno ao estado anterior poderia causar-lhe a morte.

Utilizou os instrumentos de readequação da linguagem, uso de metáforas e sensibilização ecológica mencionados no item anterior, de modo a levar ao tribunal o conteúdo ambiental da norma e as conexões da guarda doméstica de animais silvestres com o tráfico de animais, a crueldade que lhe é inerente, bem como as consequências deletérias exponenciais em relação à proteção da biodiversidade. Juntou uma série de imagens do tráfico, bem como uma argumentação contextualizadora.

O agravo (petição elaborada pela autora deste trabalho) foi ajuizado pela Procuradoria Federal em Santa Catarina no dia 30 de agosto de 2012 e contou com a colaboração da Procuradoria Federal no Rio Grande do Sul, que despachou diretamente no gabinete do desembargador relator, obtendo, em 24 (vinte e quatro) horas, a reforma da decisão. Portanto, no dia seguinte, já havia sido deferido o efeito suspensivo ao agravo, o que evitou a devolução do papagaio, salvando-lhe a vida, conforme previram os relatórios técnicos.

Esse caso é bastante emblemático porque processos relativos à guarda de papagaios são vistos com chacota por grande parte dos operadores do Direito. Servem de exemplo daquilo que não deve ser sequer apreciado pelo Judiciário. São considerados o exemplo máximo do ridículo e da insignificância. No entanto, a atuação do IBAMA buscou fazer frente a esse entendimento, chegando até mesmo a despachar diretamente no gabinete do Desembargador Relator. O êxito rápido (em cerca de 24 horas) mostra que a mudança de abordagem aqui proposta pode-se mostrar eficaz.

A decisão do Tribunal Regional Federal da 4ª Região constatou que não estavam previstos os requisitos necessários à concessão da tutela e que o animal estava atualmente bem cuidado e adaptado ao novo ambiente, situação diversa daquela em que fora apreendido. O relator considerou a presunção de legitimidade dos atos praticados pelo IBAMA, assim como a efetiva ocorrência da infração ambiental, a qual justificou a multa a apreensão, assim como a transferência do animal para o Parque Ecológico. O Tribunal considerou que o animal sofria maus tratos. Concluiu que se deve primar pela vida e pela sobrevivência do animal:

Ademais, em consonância com os precedentes deste Tribunal Regional Federal no sentido de que **a vida e sobrevivência do animal é que devem ser preservadas,** tenho como devidamente justificado o receio de dano irreparável ou de difícil reparação, eis que a ave está na iminência de voltar ao seu antigo dono, e ser retirada do local onde, conforme demonstrado, já está ambientada. (BRASIL, 2012c, EVENTO3) [g.n.]

Em 07 de novembro de 2012, o recurso foi definitivamente julgado em acórdão que reiterou os fundamentos do efeito suspensivo, assim ementado:

ADMINISTRATIVO. AGRAVO DE INSTRUMENTO. IBAMA. APREENSÃO DE AVE SILVESTRE. DEVOLUÇÃO DE GUARDA DOMÉSTICA. DESCABIMENTO.

Concedido efeito suspensivo à decisão que determinou ao IBAMA a devolução de ave silvestre ao antigo dono uma vez existir fundado receio de dano irreparável face aos comprovados maus tratos infligidos ao animal verificados quando da sua apreensão. (BRASIL, 2012c, EVENTO15)

Desse acórdão não houve recurso e a decisão já transitou em julgado. Embora o IBAMA tenha obtido o resultado prático pretendido com o recurso, é de se ressaltar que a fundamentação da decisão restou adstrita à questão dos maus tratos, sem considerar em momento algum a função ecológica do animal e as consequências para a biodiversidade. Ainda que se tenha corrigido os erros gritantes constantes da primeira decisão, não houve o aprofundamento da discussão ecológica no bojo do acórdão, mantendo-se apenas a salvaguarda do bem estar animal.

Talvez pela urgência do julgamento e pela indigência jurídica da decisão, a análise feita pelo Tribunal mostrou-se bastante superficial. Ainda assim, ao falar na vida e na sobrevivência do animal, divorciou-se do viés antropocêntrico muitas vezes utilizado, que faz referências a laços afetivos entre os animais silvestres e seus "donos". Não se pode dizer que a decisão foi primorosa, mas é inegável que mostrou-se avançada em relação à racionalidade tradicional.

Seria possível dar um passo à frente: conforme referenciado na introdução, uma visão atenta à complexidade demandaria a observação do animal no seu contexto: um animal subtraído da natureza deixa de alimentar seus filhotes que estão no ninho e, por isso, morrem de inanição, implicando a perda não somente de um animal, mas daqueles que dele dependem. Além disso, os pássaros são responsáveis pela dispersão de sementes, haja vista que se alimentam de frutas e excretam suas sementes, contribuindo para a preservação da floresta. Da mesma forma, seria possível perscrutar a realidade subjacente ao tráfico de animais, que é fomentado pela possibilidade de guarda doméstica.

Uma abordagem complexa levaria em conta questões relativas à função ecológica exercida pelo animal dentro de uma realidade ecossistêmica de interdependência. Nesse aspecto, a decisão não atentou para a necessidade de proteção do bem jurídico maior, nesse caso, a biodiversidade.

3.2. Caso Cornélia: Costume Arraigado e Ausência de Maus Tratos[67]

O Caso Cornélia Lowndes merece análise por conta dos fundamentos adotados pela sentença que, embora tenha feito longa digressão sobre o Estado de Direito Ambiental, adotou tese estritamente antropocêntrica e desvinculada dos parâmetros científicos aplicáveis ao caso (BRASIL, 2012e).

É, portanto, um exemplo contudente, apto a demonstrar a falta de compreensão do sentido ambiental que pautou a edição da lei e a complexidade que lhe subjaz. Além disso, demonstra a necessidade de construção da norma a partir de seu âmbito jurídico, sem olvidar o texto normativo. Trata-se, ainda, de processo bastante emblemático, com ampla e reiterada divulgação na mídia local e nacional.

A industrial Cornélia Lowndes foi autuada pelo IBAMA porque possuía um grande viveiro com aves silvestres nativas e exóticas desacompanhadas da respectiva autorização. Irresignada com a autuação, Cornélia buscou o Judiciário e obteve, em primeiro grau, a anulação da multa e manutenção da posse dos animais.

A sentença entendeu que a guarda de animais silvestres nativos ou exóticos era um costume arraigado na região, o que justificaria a prática. Fundamentou ainda no fato de que os animais eram *tratados de forma*

[67] Ação Ordinária nº 5005767-30.2011.404.7200/SC (Cornélia Conrad Lowndes *versus* IBAMA)

semelhante a humanos (BRASIL, 2012e), frase louvada e repetida pela imprensa, conforme se verifica em notícias veiculadas no Diário Catarinense, jornal de maior circulação no estado de Santa Catarina:

> **Aves exóticas**
>
> A Justiça Federal acaba de decidir uma das maiores polêmicas ambientais no Estado nos últimos tempos: a apreensão, em 2010, de um papagaio, duas cacatuas e outras 24 aves exóticas na residência da blumenauense Cornélia Conrad Lowndes. Em uma sentença de 12 páginas, o juiz federal Clenio Jair Schulze confirma o Direito de Cony, como é chamada, de criar os animais que herdou dos pais e faz duras críticas ao trabalho dos fiscais do Ibama. "(...) O exercício do poder de polícia, tal como levado a efeito pelo Ibama, mostrou-se injurídico e contrário aos ditames estabelecidos pelo Estado Constitucional Ambiental", registrou o magistrado em sua decisão, que acolheu os argumentos do advogado ilhéu Tullo Cavallazzi Filho. (MENEZES, 2012a) [g.n.]
>
> **Já sabíamos!**
>
> Site do jornal Folha de S.Paulo repercutiu a decisão da Justiça Federal permitindo à blumenauense Cornélia Conrad Lowndes cuidar de um papagaio e duas cacatuas herdadas dos pais, notícia divulgada na semana passada pela coluna e pelo blog do Cacau. Na sentença, o juiz federal Clenio Jair Schulze registrou: "Aliás, a prova em audiência demonstrou que as aves objeto da lide são tratadas de forma equiparável aos seres humanos". (MENEZES, 2012b) [g.n]

Conforme acima mencionado, a sentença mereceu destaque também na Folha de São Paulo:

> Justiça anula multa e manda que aves fiquem com a dona em SC
>
> A Justiça Federal em Santa Catarina determinou que dois papagaios e três cacatuas continuem sob os cuidados de sua proprietária e anulou algumas das multas ambientais aplicadas. De acordo com o juiz que analisou o caso, os animais eram criados de "forma equiparável aos seres humanos" por ela, e o Ibama fez "uso desproporcional do poder de polícia ambiental".
>
> A sentença é do dia 9 de fevereiro, mas foi divulgada nesta terça-feira. O instituto pode recorrer da decisão.

Os animais haviam sido apreendidos no dia 15 de setembro de 2010, junto com outras dezenas de aves nativos e exóticos, segundo o Ibama. De acordo com a sentença, os servidores do IBAMA foram até a casa da proprietária, Cornélia Conrad Lowndes, em Blumenau (157 km de Florianópolis), após receberem uma denúncia de que as aves haviam sido compradas de um traficante de animais silvestres.

Já um dos advogados da proprietária, Tullo Cavallazzi Filho, afirma que ela herdou os animais do pai e que todos tinham sido comprados de criadores autorizados. De acordo com Cavallazzi, o Ibama constatou problemas na documentação de apenas uma das cinco aves principais, mas mesmo assim apreendeu todas.

De acordo com a sentença, o Ibama enquadrou a proprietária num artigo que trata de crueldade e posse de animais sem documentação. Segundo Cavallazzi, o valor das multas aplicadas foi superior a R$ 30 mil.

As aves acabaram sendo levadas para um criadouro no parque Beto Carrero World, no município de Penha, no litoral catarinense. Uma semana depois, a proprietária conseguiu uma liminar e recuperou as cinco aves, mas desde então vinha tentando anular as multas e a apreensão.

De acordo com o juiz federal Clenio Jair Schulze, provas apresentadas pela proprietária durante o processo mostraram que os animais eram bem tratados.

"As fotos tiradas pelo agente ambiental por ocasião da diligência bem demonstram que há estrutura física adequada, bem assim fitossanitária (assistência por profissional habilitado --médico veterinário), a afastar qualquer prejuízo que venha a atingir o bem jurídico ambiental protegido. Aliás, a prova em audiência demonstrou que as aves objeto da lide são tratadas de forma equiparável aos seres humanos", disse o juiz.

IBAMA

A Superintendência do Ibama em Florianópolis afirma que as multas não eram por maus-tratos, mas por posse de animal de origem ilegal. Segundo o instituto, além dos dois papagaios e das três cacatuas, foram apreendidas dezenas de outras aves, e que elas não foram devolvidas nem tiveram suas multas anuladas.

> Ainda de acordo com o instituto, duas aves tinham problemas na documentação. Uma delas não tinha documento algum, enquanto a outra tinha apenas uma fotocópia de um registro, segundo o Ibama. Juntas, elas renderam multas de R$ 10 mil, que ainda continuam em vigor. Já as multas das três outras aves foram anuladas pela Justiça.
>
> O Ibama também afirma que algumas das outras aves apreendidas, que não foram devolvidas, tinham sofrido amputações em data não definida e viviam em viveiros inadequados.
>
> O instituto não informou se pretende recorrer da decisão da Justiça. (JUSTIÇA..., 2012) [g.n.]

A decisão foi interpretada pela mídia (impressa e televisionada) como uma verdadeira mudança de paradigma quanto à guarda de animais silvestres nativos ou exóticos levando à população a ideia de que tal prática estaria doravante liberada, desde que os animais fossem *tratados como humanos*[68]. A sentença, por seu impacto social, certamente exerceu efeito pedagógico inverso em termos de educação ambiental, estimulando condutas tipificadas como crime.

A repercussão da sentença enquadra-se à perfeição em um alerta feito por Müller (2009): não atrai muitos simpatizantes quem busca entender o *status quo*, a realidade, mas quem nele se insere em algum nível. É benquisto quem entra no eixos da engrenagem e não quem a questiona. Tampouco granjeia simpatia quem se põe a favor da democracia *(nesse caso específico, cumprindo a lei)*, mas dos poderosos e garantidores do *status quo*.

Exatamente o caso dos autos: foi louvada pela mídia a sentença que garantiu a perpetuação de um "costume arraigado" (crime, na verdade), de autoria de uma rica industrial. Já a reforma da sentença pelo Tribunal não ganhou espaço algum no noticiário.

Adentrando especificamente no processo, cabe historiá-lo brevemente. Cornélia Lowndes, conforme mencionado, possuía dezenas de animais da fauna silvestre e exótica, dentre faisões, pavões, flamingos, cacatuas, anatídeos (marrecos), psitacídeos (papagaios) e muitas outras espécies sem autorização ou com autorização irregular. Alguns pássaros, inclusive, eram

[68] Argumento utilizado pelos escravocratas: tratar os escravos "com humanidade" é o que faziam os senhors de escravos ditos "benevolentes".

de grande valor pecuniário, tendo sido adquiridos por até R$ 20.000,00 (vinte mil reais), conforme atestaram notas fiscais.

O IBAMA enfrentou forte resistência para proceder à fiscalização no local e somente o fez com autorização judicial e força policial federal. Lavrou auto de infração com capitulação nos artigos 3°, II e IV[69], 24[70] e 25, I e II[71] do Decreto n° 6.514/08 e aplicou multa de R$ 31.400,00 (trinta e um mil e quatrocentos reais), determinando, ainda, a apreensão dos animais.

Na ação anulatória, Cornélia afirmou que as aves foram adquiridas como animais de estimação e eram mantidas em ótima qualidade de vida e o excelente estado de saúde. Argumentou que sua separação representaria efeitos maléficos para autora, para seus familiares e para os próprios animais. Alegou não haver qualquer referência a abuso, maus tratos, ferimentos ou mutilações. Questionou a regularidade formal do processo administrativo referente à autuação. (BRASIL, 2012e)

O IBAMA contestou o feito juntando cópia integral do processo administrativo, de modo a demonstrar sua regularidade formal. Rechaçou a tese de que as aves eram bem tratadas. Citou relatório de vistoria que demonstrava que, à exceção dos psitacídeos, os demais animais não se encontravam em condições sanitárias adequadas e possuíam mutilações. Requereu, finalmente, a manutenção da autuação.

A argumentação do IBAMA, na contestação, seguiu os moldes tradicionais de atuação contenciosa e não aqueles sugeridos neste trabalho como estratégias de concretização. Não houve a demonstração da complexidade e das implicações relativas à perda de biodiversidade decorrente das infrações em questão. (BRASIL, 2012e)

[69] Art. 3º As infrações administrativas são punidas com as seguintes sanções: II – multa simples; [...] IV – apreensão dos animais, produtos e subprodutos da biodiversidade, inclusive fauna e flora, instrumentos, petrechos, equipamentos ou veículos de qualquer natureza utilizados na infração.

[70] Vide nota 59, na qual está transcrito o Art. 24. Refere-se ao cativeiro ilegal de animais silvestres.

[71] Art. 25. Introduzir espécime animal silvestre, nativo ou exótico, no País ou fora de sua área de distribuição natural, sem parecer técnico oficial favorável e licença expedida pela autoridade ambiental competente, quando exigível: Multa de R$ 2.000,00 (dois mil reais), com acréscimo por exemplar excedente de: I – R$ 200,00 (duzentos reais), por indivíduo de espécie não constante em listas oficiais de espécies em risco ou ameaçadas de extinção;II – R$ 5.000,00 (cinco mil reais), por indivíduo de espécie constante de listas oficiais de fauna brasileira ameaçada de extinção, inclusive da CITES. (Redação dada pelo Decreto nº 6.686, de 2008).

O feito foi processado regularmente. O IBAMA manifestou desinteresse na produção de outras provas além daquelas já constantes dos autos. A autora requereu a realização de prova pericial, relativamente aos maus tratos e mutilações e prova testemunhal para demonstrar os laços afetivos existentes entre as aves e a requerente. Foi produzida apenas a prova testemunhal.

Sobreveio sentença judicial que, conforme já mencionado, anulou o auto de infração lavrado pelo IBAMA. É de se ressaltar, de início, que a decisão reconhece de maneira expressa que o processo administrativo que gerou a multa transcorreu regularmente, sem qualquer vício de forma. No entanto, considera que houve uso desproporcional do poder de polícia ambiental. Entende que a conduta da autora não merece, portanto, qualquer reprimenda. Conclui que a fiscalização do IBAMA valorou equivocadamente e de modo excessivo a conduta da infratora. Não se refere ao valor da multa, mas ao sancionamento em si, que jamais poderia ter ocorrido.

O magistrado fundamentou o alegado excesso/desproporcionalidade do exercício do poder de polícia no fato de se tratar de um "costume arraigado" e na conclusão de que as aves eram "tratadas como humanos". Nada mais. Não apontou, em momento algum, em qual aspecto procedimental residiria o referido excesso. Nem poderia, pois a multa foi aplicada em montante fixo, nos exatos termos previstos no Decreto 6.514/08, sem qualquer margem de discricionariedade para o agente autuante.

A única discricionariedade, por parte do IBAMA, consistiria em autuar ou deixar autuar a infratora. No segundo caso, o próprio agente atuante estaria incorrendo em falta funcional e, eventualmente, em crime. O alegado excesso havido pelo IBAMA decorreu do cumprimento do texto legal que prevê como infração (e crime ambiental) o cativeiro não autorizado de animais silvestres (nativos e exóticos), para o qual foram impostas as sanções previstas na norma. Nas palavras de Müller, esse ato exteriorizaria a concretização da norma, que pode ser feito por qualquer órgão ou ente estatal.

Curiosamente, a decisão apresentou ampla fundamentação acerca do Estado de Direito Ambiental, demonstrando, no mínimo, o interesse do julgador pela matéria. No entanto, de forma paradoxal, anulou o auto de infração ao argumento de que se tratava de costume arraigado e de que os animais eram tratados como humanos, em flagrante ignorância quanto às questões biológicas e etológicas.

Nesse sentido cabe citar excertos da decisão:

> Antes, o que se tem, e ao juízo não é dado desconsiderar a realidade em que atua no exercício da judicatura, é a manutenção de animais de estimação, domésticos ou domesticados, no seio do lar, costume este arraigado no âmbito desta Subseção Judiciária e nos Municípios que a compõem.
>
> [...]
>
> Além disso, as fotos tiradas pelo agente ambiental por ocasião da diligência, bem demonstram que **há estrutura física adequada, bem assim fitossanitária (assistência por profissional habilitado – médico veterinário), a afastar qualquer prejuízo que venha a atingir o bem jurídico-ambiental protegido**. Aliás, a prova em audiência demonstrou que **as aves objeto da lide são tratadas de forma equiparável aos seres humanos.** [g.n]
>
> [...]
>
> Enfatize-se, o Estado Constitucional exige que os agentes públicos atuem sem provocar danos excessivos ao administrado, ou seja, devem agir na medida suficiente para cumprir as determinações constitucionais, sem abuso.
>
> [...]
>
> Verifica-se, assim, que é dever fundamental indissociável da jurisdição evitar o excesso na atuação administrativa a fim de proteger suficientemente os indivíduos titulares de Direitos fundamentais.
>
> Assim, diante da fundamentação adotada, deve ser julgado procedente o pedido veiculado na petição inicial (BRASIL, 2012e).

A sentença justificou e tornou lícito fato descrito pela lei como crime ambiental, sob o fundamento de que se tratava de um hábito arraigado na região, argumento que carece de juridicidade. Há uma série de comportamentos que constituem hábitos arraigados e que são coibidos pelo ordenamento jurídico. O jogo do bicho é um exemplo clássico. Dirigir sob efeito de álcool é outro exemplo de costume arraigado e amplamente difundido. Da mesma forma, o fumo em lugares fechados, as rinhas de galo, a violência doméstica... E nem por isso existe um permissivo legal para que esses costumes sejam mantidos, ou sentenças judiciais autorizativas de sua prática. Pelo contrário, a ação do Estado pode ser um meio eficaz de transformar nefastos costumes arraigados em hábitos saudáveis. Um exemplo: anos atrás, poucas pessoas, no Brasil, tinham o hábito de utilizar o cinto de segurança. Por conta das multas, o hábito arraigado de não utilizar o cinto foi transformado.

Especificamente no caso ora analisado, tem-se que o Estado não pode ser conivente com a prática criminosa sob a justificativa de que a mesma é praticada. Dessa forma, levando-se esse raciocínio ao extremo, os crimes com maior incidência estariam legitimados pelo costume e sua punibilidade restaria extinta.

Além disso, outra premissa adotada pelo magistrado foi de que o cativeiro ilegal de espécies silvestres nativas somente seria punido nas hipóteses em que se verificasse a existência de crueldade pois, em sendo bem tratadas, a punição deveria ser relevada. É o que se verifica da análise da fundamentação da sentença no que concerne ao Art. 24 do Decreto 6.514/08[72]:

> Por outro lado, em relação ao eventual cometimento do ilícito administrativo prefigurado no art. 24 do Decreto nº 6.514/08 (Matar, perseguir, caçar, apanhar, coletar, utilizar espécimes da fauna silvestre, nativos ou em rota migratória, sem a devida permissão, licença ou autorização da autoridade competente, ou em desacordo com a obtida), tem-se que deve o tipo ser lido com a acuidade necessária, dentro da juridicidade que se expôs. Nesta senda, **a instrução processual demonstrou que a autora não agiu**, tal como facilmente se deduz da Constituição da República, **premida por 'práticas que coloquem em risco sua função ecológica, provoquem a extinção das espécies ou submetam os animais à crueldade'**. [g.n.] (BRASIL, 2012e)

O magistrado utilizou-se do texto constitucional como condicionante à aplicação do texto normativo. Ou seja, adicionou ao cativeiro ilegal o requisito da crueldade. A Constituição não faz essa restrição. Pelo contrário, o texto constitucional coíbe tanto as práticas que coloquem em risco as funções ecológicas da fauna, quanto aquelas que provoquem a extinção das espécies ou submetam animais a crueldade. Não é preciso haver uma intersecção entre as três práticas para haver a infração ou o crime ambiental. E a lei, nesse sentido, apresenta tipos distintos para cada infração.

No entanto, para o magistrado, não havendo crueldade, o cativeiro ilegal estaria autorizado. E a sentença foi além: afirmou, sem qualquer base científica, que não havia riscos à biodiversidade, olvidando por completo o âmbito normativo. A norma que coíbe o cativeiro ilegal ou a introdução de exóticas tem, no seu âmbito normativo, inserta a proteção às funções ecológicas de cada espécie e, assim, à biodiversidade. É a razão de ser da

[72] Referido dispositivo legal está transcrito na nota 48.

lei, da expedição do diploma normativo. A decisão, contudo, esvaziou o escopo da norma: esvaziou a norma do seu âmbito normativo e a preencheu com conceitos alheios a ele, afetos a outro dispositivo legal, o que prevê o sancionamento de maus tratos.

A lei não exige a existência de maus tratos para a punição do cativeiro ilegal; a infração de maus tratos é autônoma e capitulada em outro dispositivo legal (Art. 29[73] do Decreto 6.514/08), o qual sequer constou da fundamentação do auto de infração lavrado pelo IBAMA. Embora tenham se verificado algumas amputações, a autora foi multada pelo cativeiro ilegal – e não por maus tratos. O tipo previsto no art. 24[74] caracteriza como infração ambiental, dentre outras condutas, a de ter em cativeiro espécimes silvestres sem a devida autorização da autoridade competente. Portanto, ao analisar o texto normativo, o magistrado não chegou, nem mesmo, a lhe conferir a interpretação literal, gramatical, sugerida por Müller (2009) como o critério primeiro de concretização (ou o critério que resolveria eventual impasse).

Posteriormente, ao analisar a infração descrita no art. 25 do Decreto 6.514/08, o magistrado novamente condiciona a existência da infração a requisito não previsto em lei. Desta vez, condiciona a materialidade da infração à ocorrência de "transação comercial de animais da fauna silvestre celebrada entre a parte autora e sociedade empresária ou empresário individual com domicílio estrangeiro", (BRASIL, 2012e). A interpretação novamente transcendeu os limites objetivos do dispositivo legal, já que infração não guarda qualquer correlação com transações comerciais. Essa hipótese não está prevista no tipo infracional, que estabelece:

> Art. 25. Introduzir espécime animal silvestre, nativo ou exótico, no País ou fora de sua área de distribuição natural, sem parecer técnico oficial favorável e licença expedida pela autoridade ambiental competente, quando exigível: (Redação dada pelo Decreto nº 6.686, de 2008).
>
> [...]
>
> § 1º Entende-se por introdução de espécime animal no País, além do ato de ingresso nas fronteiras nacionais, **a guarda e manutenção continuada a qualquer tempo**. [g.n] (BRASIL, 2008)

[73] Art. 29. Praticar ato de abuso, maus-tratos, ferir ou mutilar animais silvestres, domésticos ou domesticados, nativos ou exóticos: Multa de R$ 500,00 (quinhentos reais) a R$ 3.000,00 (três mil reais) por indivíduo.

[74] Dispositivo transcrito na nota 59.

A conduta da autora enquadrou-se no § 1º do Art. 25, ou seja, de conduta equiparada à introdução de animal no país, consistente na guarda e manutenção continuada. Sobre tais fatos, não houve qualquer divergência. Já a existência ou não de transação comercial é absolutamente irrelevante, haja vista que o dispositivo veicula medida fitossanitária, que tem por escopo proteger a fauna e a flora nacional, assim como a pecuária, a agricultura e a Economia como um todo; o que se busca e evitar a contaminação biológica, que pode trazer consequências desastrosas e irreversíveis à biodiversidade. A introdução indevida de animal exótico no território nacional pode dizimar espécimes fauna e flora locais, causando graves desequilíbrios ecossistêmicos. Ou seja, ao mencionar a necessidade de transações comerciais para caracterizar a infração do Art. 25 do Dec. 6.514/08, o magistrado demonstrou desconhecer por completo o fundamento material da infração.

Os fundamentos adotados pelo magistrado apresentaram viés notadamente antropocêntrico, retrógrado e dissonante dos estudos científicos. E aqui cabe muito bem a admoestação de Friedrich Müller (2009, p. 174):

> Muito do que fazem juristas que 'pensam com justiça e equidade é temerário como 'ciência': a prolação de meras opiniões, a publicação de posicionamentos de perfil aerodinâmicas, apoiada em cadeias de tradições seletivamente amarradas, em ditos de autoridades e referências cruzadas em nível interno do grupo, para intimidar indivíduos que ainda não pensam com justiça e equidade. Essa ciência está à altura de si mesma." [g.n.]

Premissa científica elementar foi desconsiderada pelo magistrado: os animais devem ser tratados segundo as regras aplicáveis à sua espécie – e não como humanos. É certo que o melhor tratamento que pode ser conferido às aves é a sua manutenção no *habitat* natural, permitindo-se lhes o voo. São dispensáveis os laços afetivos com seres humanos, eis que a interação necessária é aquela com os seus pares, seres da mesma espécie.

Portanto, ao julgar que os animais eram tratados como humanos[75] e que isso ilidiria a infração, o magistrado desconsiderou, já de início, o **texto normativo**, haja vista que infração não se desconfigura pela forma como os animais são tratados. Não há, na lei, nenhuma exceção que determine

[75] Esse foi o argumento central, que merece destaque, haja vista que é corriqueira a confusão entre as infrações de cativeiro ilegal de animais com a infração de maus tratos. As infrações não se confundem e os maus tratos não são condição para configurar a infração.

que o "tratamento como humano"[76] tenha o condão de franquear a guarda e cativeiro de espécimes silvestres nativas e exóticas. A sentença (norma de decisão) criou uma hipótese de exclusão da ilicitude não prevista em lei e desprezou o teor da norma sancionadora.

O teor da sentença deixou, também, de observar fundamento constitucional do texto normativo que sanciona a guarda de animais silvestres nativos e a manutenção de exóticos não autorizados, qual seja, a proteção da a fauna e a correspondente vedação de práticas que coloquem em risco sua função ecológica, provoquem a extinção de espécies.[77]

Desconsiderou, ainda, o **âmbito normativo**, que se relaciona à salvaguarda da biodiversidade. Nesse caso, a visão cartesiana do magistrado fez com que considerasse as aves de maneira isolada, sem quaisquer conexões com o meio. Sob essa ótica fragmentada, só importava ao magistrado, a forma como as aves eram tratadas. E, segundo seu entendimento, elas deveriam ser tratadas como humanos.

O único dano ambiental que o magistrado conseguiu vislumbrar foi eventual dano à integridade física de cada animal, individualmente considerado. O magistrado não fez nenhuma conexão entre a existência do animal e sua função ecológica. O fato de estar vivo tem uma única implicação: o animal não pode ser maltratado. Além disso, o animal é visto como um adorno, um brinquedo ao qual se tem afeição, um bem corpóreo de que se pode dispor. As categorias privilegiadas pelo magistrado atêm-se a institutos jurídicos clássicos, tais como a posse, a propriedade. O animal, desde que bem tratado, deve ficar na posse do seu detentor.

Adentrando-se um pouco mais no âmbito normativo, tem-se que o cativeiro ilegal de aves silvestres, ou seja, a manutenção de aves de origem não comprovada está ligada ao tráfico de animais ou à captura das aves

[76] O que seria tratar como humano? Simetricamente ao que advogavam os escravocratas, significaria alguma coisa como "prendê-lo para o seu próprio bem"? Não lhes dar bofetadas, não chicotear? Ou fazê-lo apenas quando ele merecessem? O conceito é vago e remete a ideias abolicionistas. Nesse sentido, v. cf. GORDILHO, Heron José de Santana. Abolicionismo Animal. Salvador: Evolução, 2008.

[77] Art. 225. Todos têm direito ao meio ambiente ecologicamente equilibrado, bem de uso comum do povo e essencial à sadia qualidade de vida, impondo-se ao Poder Público e à coletividade o dever de defendê-lo e preservá-lo para as presentes e futuras gerações. § 1º – Para assegurar a efetividade desse direito, incumbe ao Poder Público: [...] VII – proteger a fauna e a flora, vedadas, na forma da lei, as práticas que coloquem em risco sua função ecológica, provoquem a extinção de espécies ou submetam os animais a crueldade.

diretamente da natureza, feita pela própria autora da ação (hipótese menos provável). Em ambos os casos, há o comprometimento da função ecológica dos animais, que deixam de cumprir seu papel na natureza. Além disso, o tráfico de animais, aliado à destruição dos *habitats*, é uma das maiores causas de perda da biodiversidade, o que leva à extinção das espécies. Portanto, ao afirmar que o cativeiro ilegal não compromete a função ecológica, nem contribui para a extinção das espécies, o magistrado fez uma análise precipitada e baseada no senso comum.

Institutos ambientais ligados à função ecológica não são sequer examinados na decisão. O animal é desconectado do ecossistema. O entendimento é fragmentado, isolado e mecanicista. O animal é tomado sem qualquer contextualização, vinculado à racionalidade jurídica clássica, perfeitamente aplicável ao Direito interindividual, às relações privatistas.

Uma visão complexa, que integra o âmbito normativo e o texto normativo, demonstra que as aves não podem ser consideradas como elementos estanques, mas como organismos vivos em recorrente interação com o meio. Sua retirada (no caso das espécies nativas) ou (re) introdução na natureza (em se tratando de espécies exóticas) impactam exponencialmente o meio, de forma negativa e, por vezes, irreversível.

A decisão demonstra completa falta de compreensão acerca do conteúdo ambiental da norma, do seu escopo e do fundamento constitucional sob o qual a mesma foi produzida. A sentença chega a afirmar, de forma peremptória, que não há qualquer prejuízo ao bem jurídico ambiental. Utiliza-se da terminologia adequada, cita doutrina ambiental, mas demonstra uma compreensão rarefeita acerca dos institutos, deixando de concretizar a norma.

As consequências do entendimento do magistrado são, em síntese, que se pode subtrair espécimes da natureza e, ao mesmo tempo, introduzir espécimes exóticas no Brasil sem que isso signifique qualquer ameaça ou prejuízo à natureza, bastando, para tanto, que os animais sejam tratados como humanos. Esse foi o argumento central, que merece destaque, haja vista que é corriqueira a confusão entre as infrações de cativeiro ilegal de animais com a infração de maus tratos. As infrações não se confundem e os maus tratos não são condição para configurar a infração.

Todas as premissas são falsas, contrárias ao entendimento formulado pelas pesquisas científicas da área e demonstram ignorância acerca de conceitos ecológicos referentes à contaminação biológica (decorrente da introdução de exóticas) e manutenção da biodiversidade.

O IBAMA [78] apelou da decisão utilizando-se dos mecanismos de concretização da norma mencionados neste trabalho, nos quais se incluem a readequação da linguagem, o uso de imagens e a explicitação do conteúdo ambiental da norma. Demonstrou de forma clara e direta as incongruências na interpretação dada aos dispositivos legais, não se limitando à transcrição de laudos e textos normativos. Utilizou epígrafes, destaques e desenhos. Deu à apelação uma roupagem completamente diferente daquela que foi utilizada por ocasião da contestação. Ocorreu, aqui, uma mudança de abordagem.

Argumentou, ainda, a impossibilidade de ingerência do Judiciário no mérito administrativo, haja vista o Princípio da Separação dos Poderes. Aduziu tratar-se de sentença *contra legem*, por inexistir qualquer dispositivo legal que ampare a pretensão de manutenção irregular de animais silvestres em residência particular, tendo a sentença violado o Princípio da Reserva Legal. (BRASIL, 2012e)

Remetido ao Tribunal, o relator Juiz Federal João Pedro Gebran Neto apresentou voto (que restou vencido) no sentido de dar provimento parcial ao apelo do IBAMA, mantendo incólume a multa decorrente do auto de infração, mas permitindo à autora da ação a guarda e posse dos animais. Considerou para tanto, que autora apresentou notas fiscais relativas a alguns dos animais. Reafirmou que as aves estavam em boas condições de saúde e que os viveiros eram adequados. Fundamentou, ainda, sua decisão no conteúdo cultural (!) do cativeiro de animais silvestres. Contudo, concluiu que a sentença merecia reforma parcial para que o auto de infração fosse mantido, haja vista que entendimento diverso "acarretaria em estímulo a esta prática, repelida, mais do que pelos dispositivos específicos acima mencionados, pelos princípios mais elementares do Direito ambiental, especialmente os da precaução e da preservação." (BRASIL, 2012f)

Em relação à sentença de primeiro grau, vê-se que o voto vencido foi um pouco além. Preocupou-se com a repercussão da anulação da multa. No entanto, manteve as ideias do conteúdo cultural do cativeiro e do bom tratamento conferido ao animal. Buscou dar uma solução intermediária,

[78] Petição da autora deste trabalho.

salomônica[79] mas que, em termos ambientais, manteve-se aferrada a velhos conceitos. A visão mostrou-se fragmentada: a infratora deveria pagar a multa, mas poderia ficar com os animais que ilicitamente possuía. A visão não contemplou o todo, mas dividiu-o em partes, numa abordagem flagrantemente cartesiana.

Em termos práticos, pode-se concluir que a manutenção da posse dos animais era o que mais interessava à autora Cornélia, haja vista sua condição socioeconômica. A multa não significaria, é certo, a maior punição. Culminaria por transformar-se em uma taxa para degradar.

Isso foi detectado de plano pelo Desembargador Federal Cândido Alfredo Silva Leal Junior, que apresentou voto divergente (BRASIL, 2012f), dando provimento integral ao apelo do IBAMA, mantendo o auto de infração e a apreensão dos animais por considerar que garantir a guarda ao infrator significaria premiá-lo. Um aspecto interessante que merece destaque: esse magistrado tinha longa experiência em vara especializada ambiental, conforme deixou assente em sua decisão. Ou seja, conhecia, de fato, o conteúdo ambiental da norma.

Quanto à manutenção do auto, argumentou que a infração ambiental restou configurada, justificando a autuação. A multa, segundo o voto vencedor, não seria excessiva, seja por estar respaldada nos fatos e na legislação vigente, seja pelo cotejo com o valor de apenas um dos animais (R$ 20.000,00), conforme nota fiscal que consta dos autos, o que afastaria qualquer desproporção. (BRASIL, 2012f)

A divergência apresentada (que restou vencedora no Tribunal) deu-se em relação à apreensão dos animais. O relator fundamentou seu voto no sentido de que não se poderia premiar a infratora com a guarda dos animais, mantendo-se apenas o pagamento da multa. Perfilhou da lógica de que o acessório deve seguir o principal: se a conduta foi considerada ilícita de modo a impor uma multa, ilícita também será a guarda dos animais, não havendo razão para flexibilizar o cumprimento da lei, deferindo aquilo que a lei não defere e permitindo aquilo que ela não permite (BRASIL, 2012f):

[79] É interessante lembrar que, se a sentença de Salomão tivesse sido executada, cada suposta mãe ficaria com a metade de um cadáver. O mesmo se deu na solução ambiental pretensamente salomônica.

> E o faço porque o acessório segue o principal: se a manutenção dos animais pela autora era ilícito ambiental, se foi sancionado com considerável multa pecuniária, não parece possível que se lhe permita regularizar essa situação e permanecer com a posse e a guarda dos animais que ilicitamente detinha (porque não tinha autorização do órgão ambiental). Se estamos reconhecendo que o auto de infração subsiste e que, portanto, a autora é infratora da legislação ambiental, **não se lhe pode premiá-la para permitir que permaneça com os animais que ilicitamente detém**. A multa pecuniária pela infração ambiental não pode servir para legitimar a manutenção dos animais irregulares, **a multa não pode servir como preço para regularização de uma situação que estava irregular** (e que a autora provavelmente sabia que estava irregular, afinal não são poucos os animais que mantinha em cativeiro – os autos falam em mais de 27 espécimes). [g.n]
>
> Não importa se são da fauna silvestre ou exóticos, o certo é que se está reconhecendo que a autora cometeu infração ambiental ao mantê-los em cativeiro sem a necessária autorização, e portanto entendo que não se lhe pode permitir que, pagando a multa, possa com os animais permanecer.
>
> A legislação ambiental é bastante rígida quanto a isso e essa rigidez se justifica diante do bem jurídico que se está protegendo. A Constituição Federal manda a todos agentes públicos que sejam duros com quem infringe a legislação ambiental, especialmente pelo que consta do parágrafo 3º do artigo 225: *'As condutas e atividades consideradas lesivas ao meio ambiente sujeitarão os infratores, pessoas físicas ou jurídicas, a sanções penais e administrativas, independentemente da obrigação de reparar os danos causados'*. O intérprete, portanto, não pode deferir nem permitir o que a lei não defere nem permite.

Outro aspecto importante mencionado no voto vencedor refere-se à diferenciação entre a aplicação da lei penal geral e da lei ambiental no que tange aos instrumentos do crime ou da infração, o que demonstra a incorreta destinação dada aos animais tanto na sentença apelada, quanto no voto vencido (BRASIL, 2012f):

> Ainda, convém destacar o tratamento diferenciado que a lei ambiental dá à apreensão do 'produto' e dos 'instrumentos' da infração ambiental (artigo 25 da Lei 9.605 de 1998). Basta comparar essa norma à legislação penal para se **perceber a diferença gritante que existe entre os dois regimes, porque nos crimes não-ambientais a perda do produto do crime depende de**

> **condições especiais** previstas no artigo 91-II do CP (*'são efeitos da condenação ... a perda ... dos instrumentos do crime, desde que consistem em coisas cujo fabrico, alienação, uso, porte ou detenção constitua fato ilícito'*), enquanto o artigo 25 da Lei 9.605 de 1998 não traz essa condição: *'verificada a infração, serão apreendidos seus produtos e instrumentos, lavrando-se os respectivos autos'*.
>
> E quanto aos animais que se encontrarem nessa condição de instrumentos ou produtos da infração ambiental (e não apenas do crime ambiental), o parágrafo 1º do artigo 25 especifica: *'Os animais serão libertados em seu habitat ou entregues a jardins zoológicos, fundações ou entidades assemelhadas, desde que fiquem sob a responsabilidade de técnicos habilitados'*. Ou seja, **o infrator não tem a possibilidade de pagar a multa e assim quase que 'recomprar' os animais.** [g.n]

Por fim, o voto vencedor rechaça a possibilidade de que o magistrado afirme, com base no senso comum ou em laudo unilateral trazido pela própria autora, que os animais estariam bem tratados. Com base em larga experiência em vara especializada em matéria ambiental, o desembargador afirma que tais questões são eminentemente técnicas e assim devem ser tratadas. Rejeita o tratamento leigo dado pelo magistrado às questões técnicas (BRASIL, 2012f):

> Um último aspecto parece conveniente acrescentar, quanto à alegação de que os animais estariam bem tratados, por conta de laudo apresentado por médico-veterinário (documento trazido pela autora). Estive lotado durante quase 7 anos em vara ambiental, lidando diariamente com essas questões, e percebi que essas questões são eminentemente técnicas, que dependem de conhecimento técnico específico que nós, leigos, não possuímos. **Então aquilo que parece apropriado para quem cria um animal como se fosse doméstico, nem sempre é o apropriado para o animal.** É importante então que estas questões pertinentes à manutenção dos animais em cativeiro fosse examinada à luz de perícia técnica, imparcial, realizada segundo os critérios técnicos e com observância do devido processo legal, o que não me parece tenha sido feito pelo juízo de origem nem possa aquele laudo particular e incompleto trazido pelo médico-veterinário pudesse dar conta dessas peculiaridades. Então, desqualificado aquele laudo particular como prova válida, não me parece apropriado substituir a opção legal do parágrafo 1o do artigo 25 da Lei 9.605 de 1998 pela manutenção dos animais com a parte autora, principalmente quando esses animais podem e devem ser destinados a criadouro legalizado, na forma legalmente prevista.

Assim, com um voto vencido, a apelação do IBAMA foi provida por maioria, reformando integralmente a sentença apelada para considerar válido tanto o auto de infração, quanto o de apreensão dos animais lavrado pela fiscalização ambiental federal, em acórdão assim ementado:

> DIREITO AMBIENTAL E ADMINISTRATIVO. MULTA. INFRAÇÃO AMBIENTAL. GUARDA DOMÉSTICA. PÁSSARO SILVESTRE.
>
> Resta incólume o auto de infração porque constatada a infração à legislação ambiental, tendo em vista que a autora manteve animais exóticos em cativeiro, sem a necessária e devida autorização do órgão ambiental competente.
>
> Reconhecido que o auto de infração subsiste, não se pode premiar a autora para permitir que permaneça com os animais que ilicitamente detém, ainda que pagando a multa.
>
> A rigidez da legislação ambiental justifica-se diante do bem jurídico que se está protegendo, não podendo o intérprete deferir nem permitir o que a lei não defere nem permite.
>
> Os animais que se encontram na condição de instrumentos ou produtos da infração ambiental (e não apenas do crime ambiental) devem ser apreendidos, nos termos do que dispõe o art. 25 da Lei nº 9.605/98. As questões pertinentes à manutenção dos animais em cativeiro devem ser examinadas à luz de perícia técnica, imparcial, realizada segundo os critérios técnicos e com observância do devido processo legal, de modo que o laudo particular não se mostra apropriado para substituir a opção legal do parágrafo 1º do artigo 25 da Lei 9.605 de 1998 pela manutenção dos animais com a parte autora, principalmente quando esses animais podem e devem ser destinados a criadouro legalizado, na forma legalmente prevista. Apelação provida. (BRASIL, 2012f)

A decisão do TRF4 atentou tanto para a complexidade que fundamenta a norma quanto para a concretização da mesma. Nessa decisão, travou-se uma batalha entre argumentos notadamente fragmentários e cartesianos e argumentos complexos. No bojo da argumentação, verificou-se que a realidade precisa ser trazida à construção da norma de decisão. Isso foi feito tanto por ocasião do recurso de apelação do IBAMA, quanto pelo voto divergente, que restou vencedor.

Trata-se de uma decisão que reflete amplamente todo o conteúdo dogmático discutido neste trabalho, tanto sob o ponto de vista filosófico (complexidade), quanto jurídico (concretização da norma).

Nesse caso, fica demonstrada a hipótese de insuficiente compreensão, pelo Judiciário, dos institutos ambientais. Inicia-se pela total falta de compreensão do conteúdo ambiental da norma (na decisão de primeiro grau), que deixa de considerar aspectos científicos, apelando a mera retórica voluntarista. Na primeira decisão, nem mesmo o texto normativo é levado em conta. Aos poucos, verifica-se a ampliação do entendimento, que vai de uma compreensão inicial (no voto vencido, que se preocupa com a repercussão de uma decisão permissiva, mas que mesmo assim fala do conteúdo cultural do cativeiro ilegal e do bom tratamento dado aos animais). Por fim, chega-se a uma compreensão integral (feita no voto vencedor), que alerta, inclusive, para o fato de que o ponto de vista leigo não é suficiente ao deslinde das controvérsias ambientais e que os institutos clássicos se diferenciam daqueles afetos ao Direito Ambiental.

Verifica-se também a hipótese de que se pode adotar uma abordagem diferenciada, tendente à concretização. Na contestação, o IBAMA utilizou-se da abordagem clássica, tradicionalmente utilizada pelos operadores do Direito. Na apelação, utilizou o viés concretizante defendido neste trabalho. A nova abordagem encontrou eco no tribunal e se obteve uma decisão efetivamente protetiva do bem jurídico ambiental, divorciada dos parâmetros antropocêntricos e cartesianos que pautaram decisões anteriores.

3.3. O Caso da Defensoria Pública: Ignorância, Insignificância e Hipossuficiência[80]

O caso ora analisado, em sentido diametralmente oposto ao anterior (o Caso Cornélia), trata da apreensão de aves em poder de uma pessoa de poucas posses, representada pela Defensoria Pública da União (DPU). Esse caso é exemplificativo de uma série de casos análogos, que veiculam as mesmas teses jurídicas.

Nesses casos, os argumentos levantados para legitimar a infração migram do "bom tratamento" dado às aves (veterinários, belos viveiros etc.) para a insignificância, hipossuficiência e ignorância do infrator. Ambos os casos (argumentos usados pelos ricos e argumentos usados pelos pobres) são merecedores de análise neste trabalho, haja vista tratar-se de teses

[80] Ação ordinária nº 5020973-50.2012.404.7200 (Claudio Lemos *versus* IBAMA)

amplamente utilizadas pelos infratores e, muitas vezes, acatadas pela jurisprudência.

Ilustra-se aqui o posicionamento de parcela do Poder Judiciário acerca da baixa lesividade/insignificância da conduta consistente no cativeiro doméstico de animais silvestres, sobretudo o cativeiro de aves. É corrente a ideia de que a punição prevista em lei é excessiva e não merece ser aplicada. A lei costuma ser ignorada. Esses casos são paradigmáticos e refletem também a visão de boa parte da sociedade acerca do tema.

Decisões que chancelam a insignificância de condutas previstas como crime e infração ambiental podem ser encontradas não apenas em relação a passarinhos, mas em delitos diversos: de crimes de pesca a desmatamentos ou intervenções em áreas de preservação permanente, passando pelas mais variadas infrações ambientais. É comum, inclusive, a ridicularização, pela mídia e pelos operadores do Direito, acerca da fiscalização em relação diversas infrações ambientais.

A falta de compreensão da multidimensionalidade do bem jurídico tutelado leva o julgador à conclusão de que a lei é excessivamente severa e que não merece ser aplicada. Trata-se novamente de uma visão fragmentada, que isola o objeto de estudos. Um pássaro isolado pode parecer, sim, insignificante. Mas não o será se for visto em seu contexto, aliado às relações com o meio, a reprodução, a função ecológica, o papel na cadeia alimentar, a dispersão de sementes etc. Portanto, carecem de uma visão complexa as decisões que consideram insignificante e de baixa lesividade o cativeiro de animais silvestres. Esse raciocínio (a nãoinsignificância à luz da complexidade) pode ser aplicável à grande maioria das infrações ambientais. Poucas podem realmente ser consideradas de baixa lesividade se consideradas sob a ótica das interações ecológicas.

O caso em análise cuida de infração ambiental consistente no cativeiro doméstico de sete aves silvestres, para a qual foi imposta a multa de R$ 3.500,00 (três mil e quinhentos reais). A multa foi arbitrada em montante fixo, nos termos da legislação vigente à época da infração (Decreto 3.179/99), que impunha multa de R$ 500,00 (quinhentos reais) por animal apreendido.

O autor, assistido pela Defensoria Pública da União, ingressou com ação em face do IBAMA visando à declaração de nulidade de multa imposta pela Autarquia. Afirmou haver realizado transação penal perante o Juizado Especial Criminal da Capital, o que levou à extinção da punibilidade naquela esfera. Argumentou que o valor da sanção se afigurava exorbitante e havia sido arbitrado sem critérios. Aduziu também que não lhe foi garantido o prévio exercício de defesa na via administrativa e invocou a prescrição da ação punitiva.

A ação foi proposta em 13 de novembro de 2012. No dia 27 do mesmo mês, a juíza federal substituta da Vara Federal Ambiental de Florianópolis, Marjôrie Cristina Freiberger Ribeiro da Silva, em juízo de cognição sumária julgou o pedido de antecipação da tutela, antes mesmo de ouvir o IBAMA.

Afastou diversos argumentos arrolados na inicial, como o de ausência de defesa, já que restou comprovado nos autos que o autor efetivamente defendeu-se na esfera administrativa. Afastou também a alegação de prescrição. Reconheceu a prática da infração, porém, entendeu aplicável o *perdão judicial* afirmando que "A jurisprudência, todavia, tem se inclinado ***a não considerar lesiva*** e, portanto, merecedora de perdão judicial, a conduta consistente na manutenção de poucos espécimes de animais em cativeiro em ambiente doméstico." (BRASIL, 2012g, Evento4) [g.n.]

Invocou, inicialmente, a aplicação dos §§ 2º e 3º Art. 11, do Decreto n. 3.179/99 (BRASIL, 1999), vigente à época da infração:

> § 2o No caso de guarda doméstica de espécime silvestre não considerada ameaçada de extinção, pode a **autoridade competente**, considerando as circunstâncias, deixar de aplicar a multa, nos termos do § 2o do art. 29 da Lei no 9.605, de 1998.
>
> § 3o No caso de guarda de espécime silvestre, deve a autoridade competente deixar de aplicar as sanções previstas neste Decreto, **quando o agente espontaneamente entregar os animais ao órgão ambiental competente.** [g.n.]

Do ponto de vista formal, verifica-se que referidos dispositivos não se aplicam ao caso em análise. As prerrogativas ali conferidas destinam-se à autoridade administrativa autuante, dentro da esfera de discricionariedade técnica decorrente das circunstâncias específicas do caso concreto, verificáveis por ocasião da fiscalização, em atividade tipicamente administrativa decorrente do poder de polícia. Trata-se dispositivo veiculado em decreto atinente às infrações ambientais, que tem por objetivo determinar o procedimento a ser adotado quando da imposição das multas pelos órgãos ambientais.

O comando não se destina ao Judiciário, como nos casos de perdão criminal. Nesses casos, quem aplica a pena é o Judiciário que, pelo princípio da simetria, pode deixar de aplicá-la. No caso do perdão administrativo, quem aplica a pena é a autoridade administrativa, sendo essa mesma autoridade apta a deixar de aplicar a sanção conforme as circunstâncias específicas do caso concreto. As esferas de atuação são distintas, sendo também distintas as formas de responsabilização administrativa e criminal, as quais gozam, inclusive, de relativa autonomia.

Como não se trata de norma direcionada ao Poder Judiciário, esse Poder não deve, em regra, imiscuir-se no mérito administrativo, haja vista o Princípio da Separação dos Poderes, constitucionalmente consagrado.

Já o mencionado § 3º refere-se à entrega espontânea dos animais ao órgão ambiental. No caso analisado, não houve entrega espontânea, mas coercitiva, por ocasião da fiscalização. Entrega espontânea não é sinônimo de ausência de resistência à fiscalização, mas de entrega sem que seja necessária qualquer fiscalização. Qualquer entrega decorrente de fiscalização deixa de ser espontânea, como é óbvio.

Quando da autuação, as aves devem ser apreendidas pelo IBAMA (Art. 2° do Decreto 3179/99[81], vigente à época da autuação[82]), não havendo qualquer discricionariedade ou flexibilidade nesse sentido. A lei prevê a apreensão e entrega das aves ao IBAMA e não o contrário. A apreensão é a regra, o depósito, por parte do infrator, é exceção.

[81] Art. 2o As infrações administrativas são punidas com as seguintes sanções: [...] IV – apreensão dos animais, produtos e subprodutos da fauna e flora, instrumentos, petrechos, equipamentos ou veículos de qualquer natureza utilizados na infração;§ 6o A apreensão, destruição ou inutilização, referidas nos incisos IV e V do **caput** deste artigo, obedecerão ao seguinte: I – os animais, produtos, subprodutos, instrumentos, petrechos, equipamentos, veículos e embarcações de pesca, objeto de infração administrativa serão apreendidos, lavrando-se os respectivos termos; II – os animais apreendidos terão a seguinte destinação: a) libertados em seu *habitat* natural, após verificação da sua adaptação às condições de vida silvestre; b) entregues a jardins zoológicos, fundações ambientalistas ou entidades assemelhadas, desde que fiquem sob a responsabilidade de técnicos habilitados; ou c) na impossibilidade de atendimento imediato das condições previstas nas alíneas anteriores, o órgão ambiental autuante poderá confiar os animais a fiel depositário na forma dos arts. 1.265 a 1.282 da Lei no 3.071, de 1o de janeiro de 1916, até implementação dos termos antes mencionados.

[82] O mesmo raciocínio é adotado atualmente no Decreto 6.514/08, que rege as infrações administrativas ambientais na esfera federal.

Em um raciocínio semelhante ao Caso do Papagaio do Mangue, a decisão afirmou não se tratar de animal ameaçado, o que ilidiria a infração. Nesse caso, de fato as aves não eram ameaçadas. Contudo, a interpretação deu-se de forma equivocada: ao se verificar espécie ameaçada, a multa é majorada. Já o fato de não se tratar de espécie ameaçada não desnatura a infração, nem a torna insignificante.

Verifica-se, contudo, que diferentemente do Caso do Papagaio do Mangue (item 3.1), a magistrada procurou fundamentar seu entendimento no texto normativo; não partiu de mera retórica ou decisionismo puro e simples. Ainda que a interpretação conferida a alguns dispositivos seja questionável, a fundamentação é explícita e pode ser rebatida.

Utilizou-se a juíza do dogma da subsunção. Não negou vigência à lei, nem deixou de aplicá-la. Apenas conferiu-lhe equivocada interpretação no que tange à conceituação de entrega espontânea e à competência para deixar de aplicar a multa. A decisão já se aproxima um pouco da objetividade pretendida por Kelsen, e não em mero arbítrio.

No entanto, presa à positividade, não atentou à realidade no que tange ao bem jurídico tutelado, ou seja, à normatividade. O foco kelseniano na positividade (especificamente nos textos legais) deixou de lado a normatividade própria do

Direito, que "somente pode ser percebida nas relações entre ser e dever ser, mas que foi ignorada pela separação entre o Direito e a realidade." (FONTOURA, 2009)

Como fundamento da decisão, a magistrada arrolou duas decisões relativas ao perdão judicial na esfera criminal, este sim, afeto exclusivamente ao Judiciário. O perdão judicial difere da multa administrativa, prerrogativa do Poder Executivo e infensa à alteração judicial quanto à aplicação e dosimetria, sendo sua sindicabilidade restrita a aspectos de legalidade. Nesse sentido, precedente do Superior Tribunal de Justiça, datado de 2011, no Recurso Especial nº 1.233.484 (referente a caso diverso dos autos, mas perfeitamente aplicável, haja vista as semelhanças objetivas), estabelece que não cabe ao Poder Judiciário intervir na aplicação ou conversão da multa ambiental

> É que, uma vez respeitados os parâmetros mínimo e máximo estabelecidos na legislação de regência para fixação da multa, o que, ao que se tem, ocorreu na espécie, **não cabe ao Poder Judiciário substituir o administrador no**

> **exercício de seu poder discricionário acerca da conveniência e oportunidade da escolha da sanção a ser aplicada.**
>
> [...]
>
> Com efeito, o mérito do ato administrativo é o produto de **um juízo de valor realizado pela autoridade pública, quanto às vantagens e consequências, as quais deverão ser levadas em conta como pressuposto da atividade administrativa**. Assim, em se tratando de aplicação da multa por **infração à legislação ambiental**, não cabe ao Poder Judiciário intervir. (BRASIL, 2011)

Na fundamentação do acórdão proferido no citado Recurso Especial nº 1.233.484 constam dois outros precedentes que afastam a ingerência judicial na fixação de multas, sendo o primeiro deles afeto diretamente à seara ambiental e o segundo, relativo ao poder de polícia de forma geral (a decisão cuidava da aferição de bombas de combustível).

> [...]
>
> 3. A multa fora estabelecida dentro dos parâmetros legais, correspondente à 0,04% do valor máximo permitido, com base nos fundamentos apresentados pelo órgão competente, não havendo que falar em violação pelo acórdão a quo dos dispositivos legais invocados.
>
> **4. Cabe ao administrador público, em virtude do seu poder discricionário, aferir a gravidade das condutas e a culpabilidade do agente, bem como a razoabilidade da sanção imposta, sendo, portanto, inviável que o Poder Judiciário venha a reduzir ou substituir a penalidade aplicada.**
>
> [...]
>
> (AgRg no Ag nº 1.261.699/SC, Rel. Ministro BENEDITO GONÇALVES, PRIMEIRA TURMA, DJe 26/11/2010).
>
> [...]
>
> 4. Os atos da Administração Pública devem sempre pautar-se por determinados princípios, entre os quais está o da legalidade. Por esse princípio, todo e qualquer ato dos agentes administrativos deve estar em total conformidade com a lei e dentro dos limites por ela traçados.
>
> 5. A aplicação de sanções administrativas, decorrente do exercício do poder de polícia, somente se torna legítima quando o ato praticado pelo administrado estiver previamente definido pela lei como infração administrativa.
>
> [...]

> **7. Hipótese em que a autoridade administrativa, na fixação do valor da multa, observou os limites definidos no art. 9º da Lei 9.933/99. Não cabe ao Poder Judiciário adentrar o mérito do ato administrativo.**
>
> 8. "Nos atos discricionários, desde que a lei confira à administração pública a escolha e valoração dos motivos e objeto, não cabe ao Judiciário rever os critérios adotados pelo administrador em procedimentos que lhe são privativos, cabendo-lhe apenas dizer se aquele agiu com observância da lei, dentro da sua competência" (RMS 13.487/SC, 2ª Turma, Rel. Min. Humberto Martins, DJ de 17.9.2007).
>
> 9. Recurso especial desprovido." (REsp 983245/RS, Rel. Ministra DENISE ARRUDA, PRIMEIRA TURMA, julgado em 09/12/2008, DJe 12/02/2009). [grifos da Autora] (BRASIL, 2011)

Nesse caso, dentro daquilo que Müller propõe, verifica-se que a magistrada deixou de atentar à correta interpretação gramatical, sistemática e teleológica do texto normativo na construção da norma de decisão.

Além de adentrar na esfera administrativa para conceder o perdão judicial da multa (hipótese não prevista em lei), a magistrada aceitou, os argumentos da ignorância da lei e da pobreza do autuado, o que tornaria a multa desproporcional, conforme consta da decisão:

> No caso dos autos, de acordo com o a defesa administrativa, o autor **desconhecia a necessidade de obter licença para a manutenção de poucos pássaros em ambiente doméstico**, assim como **desconhecia a ilicitude do ato.** De outro lado, o autor não permaneceu com a posse ou guarda dos animais, os quais foram entregues ao IBAMA.
>
> Trata-se de pessoa humilde, com quatro filhos, cuja renda mensal aproxima-se de dois salários mínimos (EVENTO3-CHEQ2), mostrando-se desproporcional a fixação da multa em R$ 3.500,00. Atendendo ao disposto na norma, e diante do caso concreto, caberia à autoridade deixar de aplicar a multa, posto que se tratava de apenas sete aves, **nenhuma delas ameaçada de extinção**, como expressamente constou do relatório de fiscalização (Evento 1 - OFIC2, fl. 4/5). (BRASIL, 2012g, Evento4)

Ao aceitar o argumento da ignorância da lei, a magistrada deixou de considerar o âmbito da norma, no seu aspecto jurídico. Nesse caso, o âmbito da norma que coíbe a guarda de animais domésticos não encontra escusa na *ignorantia legis* por força do Art. 3º da antiga Lei de Introdução ao Código Civil (hoje renomeada Lei de Introdução às Normas do Direito Brasileiro) segundo o qual, ninguém se escusa de cumprir a lei, alegando que não a conhece." (BRASIL, 1942) Existe, é certo, um "dever geral de conhecimento [da lei] decorrente da necessidade de segurança e estabilidade social, garantindo a eficácia global da ordem jurídica." (FARIAS; ROSENVALD, 2007, p.67)

É o que veicula o princípio da obrigatoriedade das normas (*ignorantia legis neminem excusat*): "Tratando-se de comando geral, abstrato e genérico, dirigido à coletividade, é natural que a lei, uma vez em vigor, obrigue a todos igualmente." (FARIAS; ROSENVALD, 2007, p.66) O fato de se tratar de réu pobre não enseja a aceitação da ignorância como argumento justificador. Se assim o fosse, todos os pobres estariam autorizados à delinquência ambiental.

A conclusão é, pois, desarrazoada e leva à impunidade nas duas pontas: ricos pagam a multa, que "regulariza" a infração[83]; pobres obtêm o perdão judicial pelo fato de serem pobres e ignorarem a lei. Os pobres estão abaixo da lei; os ricos acima dela. A que se destinaria, então, a legislação ambiental?

Nesse aspecto, o argumento não é jurídico e a interpretação é equivocada mesmo sob a égide da racionalidade tradicional cartesiana. Não resiste nem mesmo ao mais positivista dos filtros.

Quanto ao argumento da pobreza, as normas internas do IBAMA preveem a possibilidade de conversão em serviços e parcelamento da multa em até sessenta vezes, com parcela mínima de R$ 50,00 (cinquenta reais). [84] Isso afasta a impossibilidade de pagamento da multa.

Além disso, a decisão suspendeu a exigibilidade da multa sem qualquer caução, pela mera propositura de ação anulatória, contrariando a legislação

[83] Vide o voto vencido do Caso Cornélia (item 3.2)

[84] Instrução Normativa IBAMA no. 14/2009, Art. 135 Os créditos oriundos das penalidades administrativas aplicadas pelo IBAMA e ainda não inscritos em Dívida Ativa poderão ser parcelados em até sessenta prestações mensais.(com redação dada pela IN 27/2009) § 1o Na hipótese de parcelamento do débito, não será concedida a redução de trinta por cento de que trata a Lei no 8.005, de 1990.

§ 2o O débito objeto de parcelamento será consolidado na data do pedido. § 3o O valor mínimo de cada prestação mensal não poderá ser inferior a: (com redação dada pela IN 27/2009) I – R$ 50,00 (cinquenta reais), quando o devedor for pessoa natural; e (acrescido pela IN 27/2009) II – R$ 200,00 (duzentos reais), quando o devedor for pessoa jurídica.(acrescido pela IN 27/2009) § 4o O valor de cada parcela será obtido mediante a divisão do valor do débito consolidado pelo número de parcelas, observados os limites do § 3o. (acrescido pela IN 27/2009) vigente, em especial o Art. 585, §1º, do CPC, segundo o qual "a propositura de qualquer ação relativa ao débito constante do título executivo não inibe o credor de promoverlhe a execução". (BRASIL, 1973)

Assim, a magistrada construiu seu raciocínio, ora desconsiderando o texto normativo, ora deixando de lado o âmbito da norma, para deferir o pedido de antecipação de tutela para suspender a exigibilidade da multa imposta pelo Auto de Infração.

Em termos práticos, referida decisão interlocutória não se mostrou direta ou irreversivelmente lesiva ao meio ambiente, haja vista que apenas impediu o IBAMA de executar o valor da multa até decisão final do processo. Ou seja, não carreou qualquer risco de dano ambiental irreparável, não determinou a devolução das aves ao antigo detento: apenas retardou eventual cobrança pecuniária.

O IBAMA ajuizou agravo de instrumento da decisão, para evitar a preclusão. Inicialmente, o agravo foi convertido em agravo retido, como era de se esperar, segundo a nova sistemática recursal vigente que determina que apenas os casos urgentes serão processados sob a forma do agravo de instrumento.

Contudo, mediante pedido de reconsideração, o agravo foi convertido novamente em agravo de instrumento. Até a presente data, o recurso não foi julgado.

No entanto, a análise do caso apresenta interesse pelos fundamentos da decisão, que adiantou o entendimento da magistrada quanto ao mérito, quanto à baixa lesividade e perdão judicial da multa, bem como em relação à ignorância da lei como escusa ao seu cumprimento.

A decisão afronta o Art. 225 da Constituição Federal, segundo o qual deve ser assegurado às gerações presentes e futuras o Direito a um meio ambiente ecologicamente equilibrado. Por isso, é importante reverter tais entendimentos e, sobretudo, provocar o Judiciário a refletir mais detidamente sobre os fundamentos de suas decisões haja vista que "a defesa da efetividade integral da Constituição é salutar para que as conquistas populares albergadas em seu texto deixem a folha de papel e aterrissem no mundo da vida."(FONSECA, 2006, p.8)

Como o processo ainda não foi julgado[85], é interessante citar a manifestação do Ministério Público Federal nos autos, que veiculou expressa

[85] Até abril de 2013, não havia sido julgado. No entanto, o seu andamento pode ser consultado no site http://www.jfsc.jus.br.

e enfática concordância com o IBAMA quanto aos efeitos deletérios, em termos de educação ambiental de decisões como a que ora se analisa:

> Compulsando-se os autos verifica-se que a autuação e a cobrança da multa estão em consonância com o ordenamento jurídico, bem como que respeitado o devido processo legal, inclusive com oportunidade ao autor para converter a multa em prestação de serviços, o qual não demonstrou interesse pela substituição.
>
> Assim, a sanção imposta, no caso a multa, deve ser mantida, uma vez que o caráter dissuasório da mesma objetiva justamente que tais condutas não voltem a ser praticadas.
>
> De fato, como brilhantemente explica o IBAMA em sua defesa, ao afastar a cobrança da multa no presente caso, como em outros da mesma espécie, o Judiciário indubitavelmente afasta a educação ambiental e dissuasória que a sanção pretende impor, preservando-se assim a infeliz cultura de degradação ambiental por meio da manutenção de animais silvestres em cativeiro, quiçá a cultura da impunidade." (BRASIL, 2012g, evento17)

É de se ressaltar que esse caso não é um caso isolado, mas veicula o entendimento que vem sendo adotado pela juíza substituta da Vara Federal especializada em matéria ambiental na cidade de Florianópolis. Utilizando-se praticamente dos mesmos fundamentos, a magistrada suspendeu a exigibilidade da multa na ação ordinária nº 5015850-71.2012.404.7200, proposta por Luiz Carlos da Silva em face do IBAMA:

> O autor, de fato, segundo se infere dos documentos juntados aos autos, não possuía licença para a manutenção dos pássaros em cativeiro, mas mesmo assim compareceu ao IBAMA para se explicar, o que, ante a ilicitude da conduta, não foi suficiente para que os fiscais deixassem de aplicar a sanção. [...]
>
> No caso dos autos, de acordo como Relatório Técnico de Fiscalização, o autor esclareceu aos fiscais **que desconhecia a necessidade de obter licença para a manutenção de poucos pássaros em ambiente doméstico**. De outro lado, **o autor não permaneceu com a posse ou guarda dos animais**, os quais foram entregues ao IBAMA. (BRASIL, 2012h) [g.n.]

Tais decisões, que concedem tratamento benevolente a conduta ilegal, à revelia das normas vigentes, têm, conforme a literalidade do precedente citado no item anterior (BRASIL, 2009), efeito desmoralizador do exercício do poder de polícia ambiental, enviando à sociedade mensagem de impunidade.

Perfilhando a mesma linha de entendimento, decisão do TRF4, datada do ano de 2009, proferida na Apelação e Reexame Necessário nº 2007.71.10.006938-0, afirma no bojo da ementa que "A restituição do pássaro, **sem que a conduta da fiscalização tenha se evidenciado ilegal, absurda ou desproporcionada, *desmoraliza* o regular exercício do poder de polícia e gera consciência de impunidade no meio social"** (BRASIL, 2009).

Essa decisão mostra a preocupação do tribunal com a mensagem de impunidade enviada à sociedade, em decorrência de decisões permissivas. Tratase, portanto, de posicionamento atento ao conteúdo ambiental da norma e às consequências do precedente no meio social.

3.4. O Caso do Plantel[86]

Dentre os casos analisados neste trabalho, o Caso do Plantel é, provavelmente, aquele que demanda a utilização do pensamento complexo em maior profundidade. É o caso em que a fragmentação se mostra mais evidentemente nociva à proteção do bem ambiental. Cuida de hipótese em que a interpretação tradicionalmente conferida ao tema parece mais lógica e mais defensável, sendo necessária, portanto, maior abstração para dar concretude à norma ambiental. A compreensão integral do tema demanda, de fato, a visão do todo, das interações ecológicas, dos ciclos de vida. Não se trata de conhecer as filigranas biológicas, mas de apreender a ideia de que se lida com a vida de forma dinâmica e fluida, não estanque. Isso ficará claro no decorrer da análise. Contudo, cabe aqui uma introdução narrativa aos elementos do processo.

Deoclécio Brick Filho e Rosane Brick, proprietários de uma agropecuária, devidamente registrados no IBAMA como criadores amadores de

[86] Deoclécio Brick e Rosani Brick *versus* IBAMA: Apreensão do plantel Ação Ordinária no 500086383.2010.404.7205 – 2a Vara Federal de Blumenau

passeriformes silvestres nativos, foram autuados pela autarquia ambiental federal por manter em cativeiro doméstico 52 aves da fauna silvestre brasileira em desacordo com a autorização que possuíam.

Segundo o relatório de fiscalização, as aves foram encontradas com anilhas amassadas, alargadas e adulteradas, e com os pés inchados e machucados ou com mutilações, indicativas da colocação irregular de anilhas, o que constitui indício de fraude tendente a legalizar aves não nascidas em cativeiro, mas oriundas da captura clandestina e do tráfico de animais. Em decorrência da infração, foram lavradas duas multas que totalizaram R$ 26.000,00 (vinte e seis mil reais). As aves foram apreendidas e destinadas a um jardim zoológico. (BRASIL, 2012i)

Os autuados ingressaram com ação anulatória de auto de infração cumulada com pedido de danos morais em face do IBAMA. A tutela antecipada foi indeferida e os pássaros mantiveram-se em depósito no zoológico.

A sentença de mérito manteve as multas, a apreensão das aves e a suspensão da licença dos criadores, mas, ao mesmo tempo, garantiu aos autores da ação uma indenização por dano material (e não moral, conforme pretendido na inicial) no valor de R$ 500,00 (quinhentos reais) por animal apreendido que estivesse em situação "regular". Os fundamentos da decisão de primeiro grau demonstram, de forma bastante clara, o uso de uma racionalidade jurídica clássica, aplicável a relações privativas, mas insuficiente para equacionar lides ambientais.

O IBAMA apelou da decisão e sentença foi reformada pelo tribunal em tempo recorde: cerca de um mês e meio. Os autores também recorreram da decisão, mas seu apelo não foi provido. A decisão final, favorável ao IBAMA, já transitou em julgado. (BRASIL, 2012i).

Uma das alegações dos autores, na inicial da ação anulatória, foi de que os que os fiscais do IBAMA teriam agido com excesso e truculência. Afirmaram, ainda, que mantinham a criação de pássaros silvestres por "esporte pessoal" (expressão constante da petição), sem objetivo de comercialização (embora fossem donos de uma agropecuária[87], frise-se). Defenderam a tese de que as aves não poderiam ser reintegradas à natureza e que, por isso, a sua sobrevivência estaria em risco. Alegaram que

[87] A grande quantidade de animais apreendidos representa indício de que havia a comercialização, razão pela qual se deve atentar ao fato de que os autuados eram proprietários de um estabelecimento comercial.

pagavam anualmente suas taxas como criadores amadores de passeriformes e, por essa razão, não poderiam ser autuados, pois a autuação consistiria em conduta contraditória por parte do IBAMA. Afirmaram que a descrição da infração (manter em cativeiro espécies da fauna silvestre em desacordo com a licença obtida) seria vaga, impossibilitando o exercício regular da ampla defesa. Requereram, finalmente, a anulação dos autos de infração, a devolução dos pássaros e a condenação do IBAMA ao pagamento de danos morais (BRASIL, 2012i).

O IBAMA contestou o feito utilizando-se dos mecanismos tradicionais de argumentação jurídica, sem o uso dos instrumentos de concretização e sensibilização propostos neste trabalho.

Argumentou ter enfrentado forte resistência para realizar a fiscalização, necessitando valer-se de reforço policial durante a operação. Aduziu que os animais silvestres são propriedade do Estado, sendo ilegal a sua posse por particulares, sem a origem comprovada. No caso das aves, o IBAMA informou que a regularidade da posse somente restaria comprovada se os animais estivessem corretamente anilhados e que o anilhamento poderia ser feito apenas em filhotes, de modo a garantir que o nascimento realmente ocorreu em cativeiro e que o animal não foi subtraído da natureza.

No caso fiscalizado, as anilhas encontravam-se abertas e adulteradas e os animais apresentavam ferimentos e mutilações que indicavam o anilhamento e tentativa de anilhamento de indivíduos adultos. Afirmou, ainda, que a restrição legal à posse de animais silvestres é fundamental à preservação das espécies e que condutas como a dos autuados comprometem o equilíbrio ecológico e contribuem para a perda de biodiversidade. Citou a legislação aplicável quanto à infração e à necessária apreensão das aves, cuja posse não seria passível de regularização (BRASIL, 2012i).

O processo transcorreu regularmente, tendo sido realizada audiência de instrução e julgamento, na qual foi tomado o depoimento pessoal dos autores e ouvidas as testemunhas. A prova pericial foi indeferida.

Por ocasião das alegações finais, o IBAMA reiterou que a conduta dos infratores, e não da autarquia, era repulsiva e ilegal, salientando que constava dos autos "fotografias de pássaros mutilados e machucados a fim de que sua ilegalidade fosse mascarada pela colocação de anilhas adulteradas, falsificadas ou pertencente a outros animais". Requereu a condenação dos autores nas penas referentes à litigância de má-fé. (BRASIL, 2012i, Evento 21).

A sentença manteve o auto de infração, a apreensão dos animais e a suspensão do credenciamento dos autores como criadores amadores de passeriformes, com fundamento na presunção de legitimidade dos atos administrativos, a qual não foi desconstituída pelos autores, segundo a análise feita pelo magistrado do conjunto probatório produzido nos autos.

Quanto ao dano moral, o julgador entendeu, também, que diante da prova documental e testemunhal, a ação do IBAMA deu-se dentro da legalidade, não se podendo falar em abuso de poder por parte dos agentes do IBAMA, a ensejar responsabilização.

O magistrado considerou, ainda, que o IBAMA oportunizou a defesa dos autuados, respeitando, nesse aspecto, o devido processo legal. Salientou que os autuados recusaram-se a assinar os autos de infração e não apresentaram defesa em relação aos autos de infração no bojo do processo administrativo. Entendeu, assim, que não restou violado pelo IBAMA o contraditório e ampla defesa administrativa (BRASIL, 2012i).

Contudo, acatando tese nova, não deduzida pelos autores na inicial, nem contestada pelo IBAMA em sua defesa, o juiz julgou que o IBAMA desrespeitou o devido processo legal e errou ao apreender *todas* as aves do plantel dos autores, "com ou sem irregularidades anotadas, encaminhando-as para local ignorado dos demandantes, onde, à revelia deles, foram as aves novamente examinadas." (BRASIL, 2012i, Evento 111).

O magistrado entendeu, assim, que havia animais em situação regular e animais em situação irregular. Ou seja, os animais devidamente anilhados estariam em situação regular, e sobre tais animais não deveria incidir a multa e sim indenização por parte do IBAMA, por tê-los apreendido. Aí reside o maior equívoco da sentença, que demonstra a dificuldade de compreender as filigranas ambientais. O erro consiste na análise fragmentada de que em um plantel irregular pode haver aves regulares. Faltou, aí, uma visão contextualizada, integrada, conjuntural.

O magistrado entendeu, ainda, que o IBAMA suprimiu o direito dos autores de acompanhar os trabalhos relativos à apreensão e depósito dos animais, a fim de impugnar eventuais fatos controvertidos. No entender do magistrado, além da intimação para apresentar defesa, os autuados deveriam ser intimados acerca do local para o qual seriam destinados os animais.

Afirmou o juiz que, embora a atuação feita pelo IBAMA tenha sido legítima, tendo havido comprovação da adulteração de anilhas, "não houve o respeito absoluto da Administração às formalidades legais de defesa e contraditório quando do depósito e exame das aves apreendidas". Entendeu que o IBAMA não assegurou a necessária publicidade dos atos administrativos e que os autores teriam o Direito de acompanhar todos os atos da fiscalização após a apreensão dos animais. O magistrado não arrolou o fundamento legal desse entendimento (BRASIL, 2012i, Evento 111).

A despeito das irregularidades apontadas na sentença (acima mencionadas), o magistrado concluiu que "Os elementos de convicção trazidos aos autos evidenciam que não houve irregularidade premente que venha a impor a pecha da ilegalidade ao procedimento adotado pelo IBAMA." Por outro lado, com fundamento no princípio da proporcionalidade, fixou indenização a ser paga pelo IBAMA aos autuados no valor de R$ 500,00 (quinhentos reais) por ave apreendida e "sem qualquer irregularidade constatada", perfazendo o total devido pelo IBAMA ao autor Deoclécio Brick, R$ 10.000,00 (dez mil reais) por 20 aves e, à autora Rosani Brick, R$ 7.500,00 (sete mil e quinhentos reais) por 15 aves (BRASIL, 2012i, Evento 111).

De início, se pode verificar que a decisão mostrou-se contraditória, confusa e incoerente, pois a um só tempo afirmou que os autos de infração eram legais e ilegais. As duas afirmações jamais poderiam coexistir, pois se houvesse falta de publicidade, desrespeito à ampla defesa ou às garantias procedimentais, os autos deveriam ser anulados, retornando o processo ao estágio inicial a fim de garantir o pleno exercício do contraditório e a publicidade dos atos. Por outro lado, estando os autos em situação regular, nenhuma indenização por dano material seria devida. Mas o magistrado concluiu que a multa imposta pelo IBAMA não continha quaisquer vícios que ensejassem sua anulação e que, por isso, os autos de infração e apreensão deveriam ser mantidos, assim como a suspensão da licença do criadouro. Ao mesmo tempo, condenou o IBAMA a indenizar o infrator.

O IBAMA interpôs recurso de apelação utilizando, agora, a abordagem sugerida neste trabalho, ou seja, a utilização de mecanismos de concretização. Buscou a readequação da linguagem, o uso de metáforas e a demonstração cabal das questões ambientais referentes ao caso.

Buscou a anulação da sentença ao argumento de que a mesma contemplou pedido não deduzido na inicial (sentença *extra petita*). Sucessivamente, requereu a reforma da decisão a fim de julgar improcedentes todos os pedidos deduzidos pelos autores. Os autores, por sua vez, também requereram a reforma da decisão, por entender que os autos de infração, apreensão e suspensão do credenciamento como criador deveriam ser anulados, reiterando, para tanto, os termos da inicial e reafirmando a existência de dano moral. (BRASIL, 2012i)

Segundo o IBAMA, do ponto de vista processual, a sentença extrapolou os limites objetivos da lide, pois contemplou pedido não deduzido no processo. Embora tenha julgado improcedente a indenização pretendida pelo alegado abalo moral, a decisão garantiu uma indenização por dano material, sobre a qual não incidiu a dialética processual. O magistrado inovou, acatando tese não discutida nos autos. Sob esse aspecto, a sentença seria nula, haja vista que sobre tal pedido o IBAMA sequer se manifestou ou apresentou defesa, haja vista que mesmo não constava dos autos. A sentença feriu o devido processo legal em seus postulados básicos, afrontando os princípios da demanda, do contraditório e da ampla defesa.

Verifica-se, do ponto de vista processual, que a sentença sequer observou o texto normativo segundo o qual a decisão deve estar adstrita aos limites objetivos da lide, que são fixados pelo autor quando da propositura da demanda. Assim, antes mesmo de adentrar na argumentação ambiental, percebe-se a não-concretização da norma processual, que tem fundamento constitucional nos Princípios da Inércia, do Devido Processo Legal, Contraditório e Ampla Defesa.

Além disso, verifica-se que concretização da norma jurídica ambiental pode ser obstada por aspectos não ambientais, ou seja, pela inobservância de cânones constitucionais e processuais (como no caso ora analisado) ou mesmo civis, administrativos ou referentes a outras áreas do Direito.

Nesse caso, o magistrado inovou ambientalmente nos autos por meio da subversão de regra processual. Criou uma norma de decisão ambiental (que será adiante analisada) e a inseriu no bojo do processo, transgredindo o devido processo legal. Não haveria espaço para tanto, dentro da argumentação ambiental expendida na dialética processual. A tese acatada, repita-se, não foi objeto de discussão. Aí incide, uma vez mais, o voluntarismo judicial. O juiz simplesmente criou uma tese ambiental e a trouxe aos autos por ocasião da sentença. Além de ser, dogmaticamente falando, destituída de juridicidade, a postura é autoritária e não encontra qualquer legitimidade.

Sob o aspecto lógico, a sentença foi incongruente, pois ao entender que a atuação do IBAMA foi lícita, correta e merecedora de manutenção integral não poderia fazer exsurgir dessa mesma atuação o dever de indenizar.

Sob o aspecto substancial, a sentença prolatada nesse caso é emblemática no que tange à falta de compreensão subjacente às demandas ambientais, pois veicula entendimento assistemático, que conduz a interpretação alheia ao conteúdo ambiental da norma. Esse caso permite demonstrar a necessidade de aplicação do pensamento complexo em substituição ao pensamento cartesiano.

Aplicam-se aqui todas as ponderações feitas nos casos anteriores acerca da proteção do bem jurídico fauna, especialmente no que tange à fauna silvestre nativa, ao tráfico de animais e à proteção da biodiversidade. Optou-se por fazer aqui um recorte cirúrgico no que tange especificamente à apreensão da totalidade do plantel. Por essa razão, o Caso do Plantel é o quarto caso analisado, pois abrange noções de complexidade previamente deduzidas e inclui outras mais.

O magistrado considerou a possibilidade de haver aves regulares e irregulares em um plantel ilegal. Aplicou, para tanto, uma lógica cartesiana que poderia ser usada, por exemplo, para o caso de um **carregamento de televisores**: os televisores com nota fiscal seriam regulares e poderiam ser liberados; já os televisores sem nota fiscal seriam irregulares e deveriam, assim, ser apreendidos. Não faria sentido apreender-se todos os televisores, haja vista que em relação a parcela deles não haveria vício algum. Ademais, os televisores em situação regular seriam propriedade do particular.

A lógica cartesiana, mecanicista e fragmentada é, em muitas situações, suficiente para equacionar uma lide tributária, privatista ou interindividual, ligada exclusivamente ao Direito de propriedade, ao cumprimento de um contrato ou ao pagamento de tributos. Mas não é suficiente quando se trata da análise de Direitos difusos, aos quais se aplica lógica diversa, conforme será demonstrado a seguir.

Em relação à guarda de animais silvestres, não se pode falar em Direito de propriedade, mas em licença que permite a criação dos animais. O primeiro erro consistiu, portanto, em inferir que os animais apreendidos eram propriedade de seu detentor e isso ensejaria a indenização arbitrada na sentença. A Lei 5.197/67 estabeleceu no seu art. 1o. que

> Os animais de quaisquer espécies, em qualquer fase do seu desenvolvimento e que vivem naturalmente fora do cativeiro, constituindo a fauna silvestre, bem como seus ninhos, abrigos e criadouros naturais são **propriedades do**

> **Estado**, sendo proibida a sua utilização, perseguição, destruição, caça ou apanha. (BRASIL, 1967) [g.n]

Embora existam divergências doutrinárias acerca da dominialidade da fauna (no que tange à competência federal ou estadual), é certo que se trata de bem público e não particular. Nesse sentido, trata-se mais precisamente de domínio eminente de um bem de uso comum do povo. Além disso, também é certo que não existe a possibilidade de transferência do domínio da fauna nativa para o particular, nem mesmo nos casos de jardins zoológicos oficialmente reconhecidos (FIGUEIREDO, 2011).

No entanto, a concepção privatista, que remonta a espécies domésticas como cães e gatos, leva à compreensão equivocada que os criadores de fauna silvestre são proprietários dos animais silvestres quando, na verdade, são meros detentores de uma licença e somente podem ostentá-la enquanto agirem nos termos da legalidade. Assim, o detentor de uma licença, ao agir em desacordo com os seus termos, perde essa licença por caducidade (MELLO, 2004). Nesse caso, terá descumprido as condições resolutivas fixadas no ato administrativo negocial, utilizando o empreendimento tanto para a criação de aves com procedência legal, quanto ilegal (MARTINS, 2012).

Foi o que aconteceu no caso analisado, em que restou suspensa a atividade do criador. Ao constatar a existência de aves em situação irregular, *a atividade, como um todo, é considerada ilícita* e o criador de passeriformes deixa de ostentar o credenciamento oficial. Sem licença, não pode criar os animais e terá seu plantel integralmente apreendido, nos termos do § 6º, do art. 24, do Decreto nº 6.514, de 2008, segundo o qual "Caso a quantidade ou espécie constatada no ato fiscalizatório esteja em desacordo com o autorizado pela autoridade ambiental competente, o agente autuante promoverá a autuação considerando a totalidade do objeto da fiscalização" (BRASIL, 2008).

Basta que o criador tenha em seu plantel *uma única ave irregular* para perder a licença, ou seja, deixar de ser criador credenciado perante o IBAMA. Isso porque não pode se valer da licença outorgada pelo Estado para a prática de crimes e infrações ambientais. A suspensão da licença como criador é uma das sanções para essa infração, pois a partir da suspensão se impede a continuidade das práticas criminosas mascaradas como legítimas pela presença de animais anilhados.

Aprofundando-se a análise, percebe-se que presença de aves legais (regularmente anilhadas) em um plantel ilegal serve para acobertar falsos nascimentos e legitimar aves oriundas do tráfico de animais, ou seja, serve para acobertar crimes. Por possuir aves legalizadas, pode o infrator forjar nascimentos e, assim, adquirir novas anilhas, as quais são utilizadas em aves clandestinamente capturadas da natureza.

Uma ave ilegal em um plantel não é apenas uma ave ilegal: ela é a exteriorização de uma prática fraudulenta que se dá pela necessária existência de aves teoricamente legais (anilhadas). Só assim o criador pode ir até o IBAMA e atestar um falso nascimento.

O *modus operandi* é o seguinte: o infrator possui um casal de aves anilhadas; comparece perante a autarquia ambiental e declara o falso nascimento de três aves. Dessa forma, obtém três novas anilhas. Essas novas anilhas podem ser colocadas em aves oriundas do tráfico, dando a estas uma aparência de legalidade.

Dessa forma, além do casal de aves anilhadas, o criador (fraudador) terá agora 5 (cinco) aves anilhadas. Poderá atestar novos nascimentos e ampliar seu plantel pretensamente legal. Essas anilhas obtidas ilegalmente também podem ser colocadas não somente em aves jovens, mas também em aves adultas, subtraídas diretamente da natureza pelo infrator ou adquiridas de traficantes de animais. Para tanto, existem alargadores de anilhas, vendidos até mesmo pela internet. Outra constatação é a de que são feitas mutilações a fim de anilhar aves adultas. No caso analisado, foram verificadas tais mutilações. E mesmo assim o infrator obteve do magistrado uma indenização por aves pretensamente "legais".

A conclusão é que não há aves legais em um plantel ilegal. Todas as aves são consideradas ilegais, pois são vistas dentro de uma lógica material sistêmica que compreende o contexto criminoso. Essas questões devem ser compreendidas em um contexto mais amplo e não-fragmentado. Somente assim se pode concretizar o dispositivo constante do § 6º, do art. 24, do Decreto nº 6.514, de 2008, que determina a apreensão de todo o plantel e não apenas das aves ditas irregulares. São as aves em situação regular inseridas dentro de um plantel irregular que permitem o funcionamento da engrenagem criminosa e as fraudes ao sistema. Assim, a atividade do criador que detém aves ilegais não pode ser considerada, ao mesmo tempo, legal e ilegal. A ilegalidade macula todo o empreendimento e leva à perda do Direito de aceder ao bem ambiental fauna (MARTINS, 2012).

No caso dos autos, um aspecto não apontado no processo, mas digno de nota, é que os autuados eram proprietários de uma agropecuária, situação que lhes permitiria, em tese, a comercialização das espécies. Essa constatação fica mais evidente diante do número de aves apreendidas na residência dos autores: 52 aves, o que parece extrapolar os limites de razoabilidade, haja vista que eram criadores amadores de passeriformes – e não criadores comerciais.

Comparando-se uma ave dentro de um plantel com um televisor em um carregamento, no exemplo anteriormente mencionado, pode-se chegar a uma conclusão equivocada, mas aparentemente lógica, em uma análise preliminar, de que a autarquia se equivoca e a própria legislação ambiental é desproporcional ao determinar a apreensão de um plantel inteiro quando existem apenas algumas aves ilegais.

No entanto, à luz da complexidade que remete às interações ecológicas existentes entre os organismos vivos, verifica-se que a ave tem um ciclo de vida, nasce, reproduz-se e morre dentro de um plantel e tais aspectos devem ser levados em consideração, sob pena de tornar letra morta a proteção legal à fauna.

A análise cartesiana isola o objeto de estudo, assim como o faz o juiz que considera a existência de aves legais e ilegais dentro de um plantel, cindindo a multa aplicável. A racionalidade jurídica tradicional faz com que cada ave seja considerada de forma estanque e separada do meio em que vive, abstraindo-se, ainda, seus processos vitais. Em uma abordagem aparentemente lógica, racional e perfeitamente palatável ao operador-padrão do Direito, a ave é tratada como o seria um televisor – ou qualquer mercadoria.

Nesses casos (e em muitos outros: os exemplos são tão numerosos quanto as questões ecológicas cogitáveis), a legislação ambiental deixa de ser aplicada, como se a lei, oriunda de um processo legislativo constitucional emanado dos representantes do povo, não merecesse guarida, por veicular premissas disparatadas, desproporcionais ou sem sentido.

Para que a lei ambiental faça sentido, o raciocínio do magistrado merece aprofundamento, o que demanda uma mudança de paradigma, não podendo ser atingido dentro dos estreitos limites da racionalidade jurídica tradicional que serve a outras áreas do Direito. O apelo do IBAMA veiculou essa mudança de paradigma.

Ambas as apelações (do autor e do IBAMA) foram recebidas e o processo subiu ao tribunal. O Ministério Público Federal exarou parecer no processo manifestando-se pelo provimento do recurso do IBAMA e pelo improvimento do recurso dos autores.

No entanto, sua manifestação ateve-se aos aspectos formais do caso, sem maiores digressões sobre o fundamento ambiental da lide. Afirmou que não existe previsão legal para a notificação do infrator quando do procedimento de depósito das aves e que, no caso concreto, a notificação prévia ou posterior dos interessados quanto ao procedimento de apreensão se mostrava desnecessária, haja vista que o ilícito foi constatado de forma flagrante, sem que houvesse prejuízo aos interessados.

Afirmou ainda o MPF que "se o legislador pretendesse que o infrator tivesse ciência quando do procedimento de depósito das aves teria assim expressamente previsto." Considerou também que a autuação foi legítima, que foi comprovada a existência de anilhas adulteradas no plantel dos autores e que a presunção de legitimidade dos atos de fiscalização, próprios do poder de polícia, não foi afastada pelos autores. Concluiu que não houve qualquer conduta ilícita por parte do IBAMA a ensejar reparação civil. Opinou, assim, pela manutenção da sentença em relação à legalidade dos atos do IBAMA e quanto à inexistência de danos morais, mas pela sua reforma quanto à indenização a ser paga pela autarquia (BRASIL, 2012i).

O Tribunal Regional Federal da 4ª Região transcreveu os fundamentos do parecer do MPF e deu provimento ao recurso do IBAMA, negando provimento ao recurso do autor.

Nesse caso, embora o resultado prático do processo tenha salvaguardado o bem ambiental, o raciocínio utilizado ateve-se à visão kelseniana de norma. O julgamento deu-se dentro dos limites da moldura normativa e atentou a aspectos formais, conferindo ao texto normativo uma interpretação gramatical e sistemática adequada à espécie. No entanto, a questão ambiental não foi enfrentada do ponto de vista da construção dinâmica e indutiva da norma, pela conjunção de ser e dever ser, apregoada por Müller.

Há que se mencionar, contudo, a existência de decisões datadas do ano de 2012 que contemplam o entendimento esposado pelo IBAMA, em hipóteses idênticas a que ora se analisa, veiculando exata compreensão da questão ambiental referente à apreensão da totalidade do plantel[88].

[88] ADMINISTRATIVO. AUTO DE INFRAÇÃO. APREENSÃO DE PÁSSAROS. SUSPENSÃO DE REGISTRO JUNTO AO IBAMA. PEDIDO DE ANULAÇÃO. 1. Descabida a notificação prévia a que alude o art. 17, § 1º, da Instrução Normativa nº 01/2003 do IBAMA, porque referida

Merece menção o fato de que a decisão do Tribunal foi prolatada em brevíssimo espaço de tempo (cerca de 45 dias) e sob a forma de provimento monocrático pelo próprio relator, sem a análise colegiada, nos termos do Art. 557, § 1o-A do Código de Processo Civil.[89]

instrução normativa é aplicável tão só em situações em que não flagrante a ocorrência de ilícito ambiental. Em caso de flagrância, é dever da Administração a tomada de medidas cabíveis para cessação imediata da irregularidade, tendo em conta o poder-dever de imediatamente fazer cessar a infração administrativa. Ademais, além de citada norma fazer referência ao já revogado Decreto 3179/1999, não se pode admitir, por um imperativo da lógica, que o autor devesse ser notificado para apresentar documentação referente a pássaros que ele mesmo afirma desaparecidos, mas cujas anilhas foram encontradas pela fiscalização. Assim, não se há falar, portanto, em nulidade do auto de infração por desrespeito a esse dispositivo, dado que claramente impertinente ao tema tratado. 2. **Equivocada a alegação de que a apreensão de pássaros foi indevida, pois o fato de todas as aves, não apenas as tidas por irregulares, terem sido apreendidas, justifica-se pelo fato de que, estando a licença do autuado suspensa, ele não tem legitimidade para deter qualquer pássaro silvestre.** (TRF4, AC 5007908-65.2010.404.7100, Quarta Turma, Relator p/ Acórdão Jorge Antonio Maurique, D.E. 20/06/2012). (BRASIL, 2012j).
ADMINISTRATIVO. AMBIENTAL. PLANTEL MANTIDO EM DESACORDO COM A LICENÇA CONCEDIDA. AUTO DE INFRAÇÃO. 1. O IBAMA tem poder-dever de fiscalizar o autor e, encontrando irregularidade, deve autuá-lo, cumprindo o que estabelece a legislação ambiental (art. 70 e 72, inc. II e IV, da Lei 9.605/1998 e arts. 3º, incs. II, IV, IX e X e 24, incs. I, II e § 3º, III do Decreto Lei 6.514/08). 2. Estando fundamentado o auto de infração, permite a legislação ambiental a apreensão de produtos e instrumentos da infração, independentemente de notificação prévia (artigos 25 e 72 da Lei 9.605/98). Além disso, **se foi aplicada pena de suspensão da licença de criador amadorista de passeriformes, os animais que estavam em poder do apelante devem também ser apreendidos porque não pode mais permanecer com eles.** (TRF4, AC 500645195.2010.404.7100, Quarta Turma, Relator p/ Acórdão Jorge Antonio Maurique, D.E. 08/06/2012). (BRASIL, 2012l)
ADMINISTRATIVO. MANDADO DE SEGURANÇA. SUSPENSÃO DA LICENÇA DE CRIADOR AMADORISTA E APREENSÃO DE PÁSSAROS. REGULARIDADE DA AÇÃO FISCALIZATÓRIA PROMOVIDA PELO IBAMA. Não pode o criador amadorista de pássaros atuar à margem da lei, mantendo em seu plantel aves irregulares e sem origem comprovada, anilhas falsificadas e excedentes às formalmente concedidas, em desacordo com a licença fornecida pelo órgão ambiental responsável, e as normas que regem a matéria. Diante da regularidade da ação fiscalizatória, e da legítima suspensão da licença promovida pelo IBAMA, diante das infrações verificadas, não há amparo legal que legitime a posse dos pássaros pelo infrator, **inclusive no que se refere àquelas aves que eventualmente tenham origem comprovada.** (TRF4, AC 5017607-89.2010.404.7000, Terceira Turma, Relatora p/ Acórdão Maria Lúcia Luz Leiria, D.E. 09/03/2012). (BRASIL, 2012m).

89 Art. 557, § 1o-A , CPC: Se a decisão recorrida estiver em manifesto confronto com súmula ou com jurisprudência dominante do Supremo Tribunal Federal, ou de Tribunal Superior, o relator poderá dar provimento ao recurso. (BRASIL, 1973).

A celeridade e, sobretudo, a forma de julgamento (provimento monocrático) demonstraram a atecnia e a irrazoabilidade da decisão de primeiro grau analisada. Contudo, o enfrentamento direto da questão relativa à apreensão integral do plantel representaria positivo precedente na jurisprudência ambiental, pois cuida de questão complexa e de difícil compreensão.

O Tribunal contemplou a aplicação da norma pretendida pelo IBAMA, mas não se manifestou de forma explícita quanto à correta interpretação do dispositivo veiculado pelo parágrafo 6o. do Art. 24 do Decreto 6.514/08, o que teria, é certo, efeito pedagógico, de modo a balizar futuras decisões de primeiro grau.

Embora não tenha havido, na decisão final do TRF4, um aprofundamento na matéria ambiental, acredita-se que a forma como foi aviada a apelação, adotando a abordagem sugerida por este trabalho, tenha contribuído para o rápido deslinde da controvérsia, haja vista que demonstrou ao Tribunal de forma cabal e contundente a erronia da decisão apelada. Tem-se, nesse sentido, a ideia apregoada por Lessig (2004), de que é importante demonstrar com paixão o dano perpetrado.

4. Considerações Finais

Toda uma catálise da retomada de confiança da humanidade em si mesma está para ser forjada passo a passo e, às vezes, a partir dos meios os mais minúsculos." Félix Guattari (2012, p. 56)

Este trabalho confirmou as hipóteses de que o Direito Ambiental não é suficientemente compreendido por parcela do Poder Judiciário e que esse espectro de compreensão pode ser ampliado por meio de uma nova forma de argumentação jurídica, à luz da complexidade, haja vista que a abordagem cartesiana e positivista não tem se mostrado suficiente ao enfrentamento da crise.

Assim, de modo a permitir a compreensão global da complexidade, buscou- se contextualizar a crise ambiental sob uma perspectiva econômica e sociológica, demonstrando-se, inicialmente, que a teoria econômica convencional, fruto de uma abordagem mecanicista e fragmentada, desconsiderou a finitude dos recursos naturais e as interações ecológicas, levando à crença na possibilidade de crescimento infinito. Atribuiu-se a essa visão um déficit de complexidade, que conduziu a humanidade à sociedade de risco, cuja saída somente se reputa possível pela retomada da complexidade perdida.

Dentre as muitas possibilidades de análise da crise ambiental, optou-se por entendê-la e explicá-la por meio do viés econômico e das categorias afetas à sociedade de risco, fazendo a devida correlação com o pensamento complexo, ideia que permeou todo o raciocínio desenvolvido ao longo deste trabalho.

Percebeu-se, inicialmente, que a teoria econômica convencional está relacionada ao pensamento cartesiano, da mesma forma como a Economia Ecológica se vincula ao pensamento complexo. Simetricamente, constatou--se que a visão jurídica positivista/kelseniana guarda relação direta com a pretensão objetiva, científica, fragmentada e reducionista de Descartes, ao passo que as ideias de Müller conectam-se ao pensamento complexo. Por fim, buscou-se verificar, na prática, a existências de decisões judiciais alheias à complexidade, em contraste com aquelas em que a complexidade foi, de alguma forma, considerada.

O pensamento complexo foi perscrutado desde o nascedouro deste trabalho, como variável fundamental à compreensão e solução da crise ambiental. Portanto, as ideias de complexidade constaram, inclusive, da estrutura do trabalho, haja vista que o teste da hipótese, feito no terceiro capítulo, confirmou tanto a hipótese de que o Direito Ambiental não é suficientemente compreendido pelo Poder Judiciário, como aquela de que, em se lançando mão de uma argumentação ambientalmente concretizante, pode-se reverter o quadro de incompreensão, obtendo-se, assim, êxito na reforma de provimentos judiciais caracterizados por mero decisionismo ou visão cartesiana e fragmentada da realidade.

No entanto, a essa confirmação empírica acresceu-se a devida e necessária fundamentação jurídico-normativa: do contrário, a presente pesquisa constituiria, apenas, a transposição de atividades forenses para a seara acadêmica, sem nenhuma contribuição de relevo. Todavia, aspecto relevante desta pesquisa foi a aplicação, ao Direito Ambiental, da mudança paradigmática operada por Friedrich Müller na Teoria da Norma. E novamente aqui, encontra-se em Müller o eco perfeito do pensamento complexo no Direito. A norma em Müller não é estática, mas dinâmica e existe em uma rede de relações, conectada, ao mesmo tempo, com o texto normativo e com a realidade.

O Direito Ambiental não se satisfaz com a visão kelseniana, que permite a mera subsunção do caso ao texto da lei, que teoricamente encerraria todo o seu conteúdo normativo. Quando se trata de uma questão ecológica, o texto da lei não passa de uma pálida descrição das infinitas possibilidades causais e consequenciais que a ele subjazem. Dadas as suas peculiaridades e interrelações, o Direito Ambiental precisa necessariamente de uma nova visão, uma visão que contemple seu aspecto orgânico, cíclico, multifacetado, multidimensional.

Essa nova visão passa necessariamente pela reformulação da teoria da norma, o elemento básico sobre o qual opera a ciência jurídica. A norma está para o Direito como as notas musicais para a música, ou as letras do alfabeto para um texto: não há como operar mudanças na aplicação do

Direito sem mudar a forma com a qual se concebe a norma jurídica. Do contrário, estaremos fazendo variações sobre o mesmo tema, tal qual o fizeram os juristas que buscaram novas perspectivas hermenêuticas dentro do padrão positivista que toma como postulado primeiro a norma em Kelsen.

Essa reformulação paradigmática da teoria da norma é encontrada em Friedrich Müller, cujo conceito de norma parece ter sido feito sob medida para o Direito Ambiental, haja vista sua profunda conexão com a realidade. Müller, com fundamento na análise prática de centenas de processos judiciais deu-se conta de que a norma não era apenas o texto normativo e que o processo lógico-formal de subsunção não se afigurava suficiente para a concretização da norma. Müller fugiu do formalismo positivista em busca de uma lógica material de aplicação do Direito, voltada para a realidade, tanto em sua concepção quando em relação aos resultados práticos. Voltou sua metódica estruturante ao Direito Constitucional, não descartando, todavia, a sua utilização em outras searas.

Esta pesquisa empenhou-se em aplicar a teoria de Müller ao Direito Ambiental, buscando propor formas de concretização da norma ambiental. Partiu-se da ideia de readequação do discurso. A complexidade das interações ecológicas não é suficientemente compreendida pela mera transcrição de laudos técnicos, leis, resoluções do CONAMA ou mesmo da doutrina, genérica, não relacionada diretamente àquele caso concreto. Da mesma forma, a utilização de uma linguagem hermética, repleta de categorias desconhecidas do intérprete, impede um mergulho na essência do processo.

É preciso ir além. É preciso traduzir conceitos abstratos. É preciso dar cor ao que não se vê. Para tanto, a linguagem deve ser clara, simples e direta. O que é mais importante deve vir antes, tal qual no texto jornalístico. Em lugar da tradicional abordagem cronológica, que cita documentos, memorandos, tramitação burocrática, detalhes irrelevantes, é o bem jurídico em debate que merece destaque. Deve-se contextualizar o objeto do processo dentro de uma lógica ecossistêmica, demonstrando sua importância. O uso de metáforas contribui para diminuir o nível de abstração e aumentar a compreensão acerca do bem ambiental tutelado. É necessário sensibilizar ecologicamente o julgador, haja vista que nem sempre a informação é suficiente para gerar ação.

Como forma promover a concretização da norma ambiental pode-se lançar mão, ainda, de argumentos metajurídicos. Esses argumentos consistem na apresentação de imagens, gráficos, reportagens, exemplos práticos, argumentação sociológica, econômica, holística (ecossistêmica), de forma transdisciplinar. Esses argumentos, afetos ao chamado âmbito da norma, ou seja, à realidade subjacente do processo mostram-se úteis à construção da norma de decisão.

A análise minudente de decisões proferidas por magistrados federais de primeiro e segundo graus demonstrou a falta de compreensão do conteúdo ambiental da norma por parcela do Poder Judiciário. Nesses mesmos processos, verificou-se a possibilidade de uma mudança de paradigma, instrumentalizada em uma argumentação voltada à concretização da norma.

Mostrou-se salutar a opção pelo Tribunal Regional Federal da 4ª Região, que constituiu campo fértil para as tentativas de concretização. Em curtíssimo período de tempo, obteve-se êxito na reforma de decisões de primeiro grau analisadas. As perspectivas mostram-se otimistas: parece haver alguma abertura, no âmbito do TRF4, para essa nova abordagem.

A análise de quatro processos judiciais arrolou alguns dos principais fundamentos colacionados pela jurisprudência que redundam no esvaziamento do conteúdo ambiental da norma.

O primeiro caso (Caso do Papagaio do Mangue) cuidou de uma decisão liminar que determinou a devolução imediata de um papagaio ao seu antigo detentor, sem ouvir o IBAMA ou consultar os laudos que ensejaram a apreensão. Esse caso é exemplificativo do decisionismo corrente na jurisprudência ambiental brasileira, mencionada também no anexo C.

A decisão pautou-se em meras opiniões do magistrado, à revelia da lei e dos laudos técnicos. Desconsiderou a inadequação do tratamento dispensado ao animal (maus tratos) e concluiu erroneamente que não se tratava de animal ameaçado de extinção, o que, no seu entender, legitimaria a guarda doméstica. Foi categórico quanto à inexistência de conexão com o tráfico e à inexistência de riscos em face da devolução do animal ao seu antigo lar.

Nesse caso, o IBAMA recorreu da decisão rechaçando categoricamente todos os fundamentos arrolados. A abordagem adotada demonstrou o "âmbito da norma", por meio de aspectos jurídicos e extrajurídicos: juntou fotografia da gaiola diminuta e imunda em que se encontrava o animal, descreveu os maus tratos que havia sofrido, a melhora nas suas condições de saúde, o risco de morte decorrente do estresse de nova readaptação, decorrente da devolução determinada pelo magistrado. Essa abordagem concretizadora veiculou uma série de aspectos que não constam do texto normativo, mas explicitam a realidade subjacente à norma, ou seja, o âmbito extrajurídico da norma.

Quanto ao âmbito jurídico da norma, o IBAMA demonstrou uma série de incorreções empreendidas pelo magistrado em sua interpretação. Contrariamente ao afirmado pelo juiz, tratava-se, sim, de espécime ameaçado, mas tal dado era irrelevante para configurar a infração. Explicitou-se o conteúdo gramatical do texto normativo, o qual foi desconsiderado pelo julgador de primeiro grau.

Quanto ao tráfico, argumentou o IBAMA que a falta de comprovação de origem lícita comprovada constituía indício de que aquele animal proviera do tráfico. Juntou, assim, imagens e dados relativos ao tráfico de papagaios, ilustrando a crueldade e ameaça à biodiversidade que decorrem dessa prática criminosa.

Em vinte e quatro horas, o TRF4 reformou a decisão, conferindo efeito suspensivo ao agravo, o que impediu a devolução do papagaio e sua provável morte por estresse. A decisão não apresentou fundamento ecossistêmico, à luz do pensamento complexo, mas tomou em consideração o texto normativo e o âmbito da norma, com resultado efetivamente concretizador.

O segundo caso analisado, o Caso Cornélia, demonstra uma forte resistência às questões ambientais fundamentada na manutenção do costume e em preconceitos antropocêntricos, desvinculados de premissas científicas elementares.

Tratava-se de uma industrial catarinense que possuía um imenso viveiro de aves silvestres e exóticas, quase todas de origem ilegal. A sentença, após longas digressões doutrinárias sobre o Estado de Direito Ambiental, concluiu que a multa deveria ser anulada e que a conduta do IBAMA era injurídica, haja vista que os animais eram "*tratados de forma equiparável aos seres humanos*". Afirmou, ainda, tratar-se de um "*costume arraigado*" na região e que pro isso a autuação do IBAMA seria algo desproporcional. O recorte de realidade feito pelo magistrado baseou-se não em questões ambientais, mas na sua opinião de que tratar animais silvestres e exóticos *como humanos* seria algo positivo e que isso legitimaria a sua guarda.

Esse caso teve imensa repercussão midiática, não apenas em Santa Catarina, mas a nível nacional, incluindo notícia na Folha de São Paulo e noticiário televisivo. A mídia considerou a decisão uma louvável mudança de posicionamento, que franquearia a todos a guarda doméstica de animais silvestres.

No seu recurso, utilizando-se da abordagem concretizadora sugerida neste trabalho (petição constante do anexo b), o IBAMA demonstrou o "âmbito da norma", no sentido de que o melhor tratamento que pode ser conferido às aves é a manutenção em seu *habitat* natural, sendo dispensáveis laços afetivo com seres humanos. O IBAMA também refutou o fundamento da sentença de que não haveria ofensa ao bem jurídico ambiental, demonstrando o comprometimento à biodiversidade decorrente da guarda ilegal de animais silvestres (conexões com o tráfico de animais) e exóticos (possibilidade de contaminação biológica).

O processo foi remetido ao tribunal e rapidamente julgado. Por ocasião do julgamento, teve um voto vencido no sentido de manter a multa ambiental, mas permitir a guarda dos animais pela infratora, haja vista o conteúdo cultural do cativeiro de animais silvestres. No entanto, o voto vencedor deu-se em sentido diverso, sob o fundamento de que permitir a posse dos animais implicaria premiar a infratora: a multa seria o preço da regularização da infração. Entendeu que não existem razões para flexibilizar a legislação ambiental e rechaçou as conclusões feitas, com base no senso comum, pelo magistrado de primeiro grau.

O voto vencedor fez a pertinente diferenciação entre a aplicação da lei penal geral e da lei ambiental no que tange aos instrumentos do crime, demonstrando a incorreta destinação dada pela sentença apelada, numa demonstração clara de que os institutos tradicionalmente conhecidos não se aplicam ao Direito Ambiental.

A decisão de primeiro grau foi reformada por maioria. Nesse caso, além de concretizar o conteúdo ambiental da norma, os fundamentos da decisão contemplaram, de fato, a complexidade ambiental. Diversos aspectos apontados no voto vencedor demonstram efetiva compreensão acerca do bem jurídico tutelado.

O Caso da Defensoria Pública foi assim denominado por se tratar, de fato, de um réu representado pela DPU, bem como por veicular da argumentação clássica da DPU que, nesses casos, invoca a pobreza, a *ignorantia legis* e a insignificância como causas excludentes da responsabilização. Como os demais casos analisados, este também é emblemático, haja vista que traduz entendimento aceito por setores do Judiciário.

A infração ambiental consistiu no cativeiro doméstico de sete aves silvestres.

A decisão liminar de primeiro grau, da lavra da Juíza Federal da Vara Federal Ambiental de Florianópolis, determinou a suspensão da exigibilidade da multa ambiental. Não houve, é certo, um efeito ambiental direto, decorrente de tal decisão, haja vista que a mesma não determinou a devolução das aves. No entanto, os fundamentos da decisão mereceram análise porque veiculam o esvaziamento da norma ambiental.

Nesse caso, a juíza entendeu que a conduta não era lesiva e era merecedora de perdão judicial. Aceitou o argumento da ignorância do infrator em relação à ilicitude do ato, bem como o da hipossuficiência.

Essa decisão não gera um dano ambiental direto e irreversível, pois tem caráter pecuniário (suspensão da multa), mas tem efeitos deletérios em termos de educação ambiental, passando à sociedade a ideia de que a mera alegação de ignorância da lei e hipossuficiência podem ilidir a infração ambiental. O caso é paradigmático porque veicula raciocínio adotado tanto pela Defensoria Pública da União, quanto da Juíza Federal Substituta da Vara Ambiental de Florianópolis. Além disso, não se trata de posicionamento isolado, mas de argumento aceito e difundido no Poder Judiciário.

O recurso ao pensamento complexo permitiria à juíza de primeiro grau e ao tribunal perceber que não se trata, tão somente, de uma multa, mas de uma mensagem, com efeito multiplicativo negativo, de que a guarda doméstica ilegal de aves é permitida pelo Poder Judiciário. Em termos leigos, o que vale é o resultado: buscou-se o Judiciário e a multa foi suspensa. Os amigos, parentes e vizinhos do infrator terão acesso a essa mensagem. E o hábito de manter aves em cativeiro se perpetuará, com a chancela judicial. Se a questão fosse vista sob outro prisma, estar-se-ia iniciando um processo de conscientização e educação ambiental, tal qual ocorreu, por exemplo – e guardadas as devidas proporções – com o uso de cinto de segurança, a lei seca e a educação no trânsito. A certeza da aplicação das multas é um desestímulo ao cometimento de novas infrações.

Esse caso ainda não foi julgado pelo Tribunal porque, aparentemente, não representa uma medida irreversível e urgente. No entanto, o agravo de instrumento, transformado em agravo retido, foi novamente convertido em agravo de instrumento, o que sinaliza para uma mudança de posicionamento quanto ao mérito.

O quarto caso é aquele em que a necessidade de uma visão complexa se afigura ainda mais evidente. Trata-se do Caso do Plantel. Nesse processo, houve a apreensão de todos os pássaros de um plantel, sendo que alguns dos pássaros estavam anilhados (teoricamente, em situação regular) e outros estavam sem anilhas (ilegais). Assim o magistrado manteve a multa ambiental, mas determinou ao IBAMA que indenizasse o infrator no valor de R$ 500,00 (quinhentos) reais por ave que estivesse em situação regular.

O IBAMA recorreu da decisão demonstrando que o magistrado utilizou-se de um pensamento tipicamente cartesiano, pautado na racionalidade jurídica tradicional, ao determinar que o IBAMA indenizasse o infrator pelo fato de ter apreendido aves teoricamente "regulares".

O raciocínio do magistrado foi semelhante àquele que se faria com um carregamento de televisores: televisores com nota seriam legais e sem nota seriam ilegais. Os televisores com nota não poderiam ser apreendidos e o agente público teria agido em desconformidade com a lei ao apreendê-los.

No entanto, o pensamento complexo (respaldado pelo texto normativo, que foi desconsiderado pelo julgador), inerente inclusive ao aspecto orgânico (trata-se de um conjunto de seres vivos), indica que as aves dentro de um plantel não são objetos estanques, tais quais os televisores: elas nascem, reproduzem-se e morrem.

A existência de aves teoricamente 'regulares' em um plantel possibilita conferir aparência regular à introdução de aves irregulares (oriundas do tráfico, da subtração da natureza), forjando-se novos nascimentos.

Além disso, um outro reflexo do pensamento cartesiano e do uso dos institutos jurídicos tradicionais verificado na decisão é que, diferentemente dos televisores (ou de qualquer objeto passível de apropriação), as aves não são propriedade do detentor. O criador possui apenas uma autorização para tê-las em sua posse; ao fazer uso indevido da autorização, ele perde esse Direito. Não há, portanto, mais quaisquer aves ditas "regulares", pois o criador deixou de sê-lo, perdeu o Direito a ter aves, anilhadas ou não, em sua posse. O uso do pensamento cartesiano permite fragmentar o plantel, isolar o objeto de estudos, desconsiderando tratar-se de organismos vivos e desconsiderando, também, que os animais não são propriedade do seu detentor.

Assim, lançando mão de uma argumentação concretizadora e vinculada ao pensamento complexo, atenta tanto ao texto normativo, quanto ao âmbito da norma, o IBAMA conseguiu reverter a decisão de primeiro grau no TRF4 em um mês e meio, ou seja, curtíssimo período de tempo.

Percebeu-se, nos processos analisados, que a utilização da argumentação tradicional não conduziu a resultados favoráveis à proteção ambiental. Com a mudança de abordagem, os provimentos judiciais foram revertidos pelo Tribunal. Houve, portanto, nos casos analisados, a demonstração de que a mudança na argumentação pode influenciar na forma (e até mesmo no tempo) de julgamento dos processos ambientais.

Os casos apresentados são uma pequena amostra daquilo que se pode fazer para demonstrar a complexidade que subjaz às interações ecológicas, a qual não é contemplada pela tradicional abordagem formalista, que se forja à luz do conceito kelseniano de norma e da consequente subsunção lógico-dedutiva.

É preciso partir para o processo criativo de construção da norma jurídica, proposto por Müller, que permite levar a realidade ao bojo do texto normativo. Somente assim será possível, ao operador do Direito, a compreensão dos institutos jurídico-ambientais.

Contudo, a utilização de instrumentos de concretização da norma ambiental constitui apenas uma proposta, um caminho ao qual muitos outros podem (e devem) ser acrescidos, de forma dialógica e contínua. A educação ambiental que se busca fazer por meio do processo é parte de um contexto muito mais amplo, que deve atingir a toda a sociedade, a cada um dos seus membros, indistintamente. No final das contas, toda a humanidade é corresponsável pela concretização do conteúdo ambiental da norma, desde as ações diárias que impliquem a redução da pegada ecológica até o efetivo exercício da cidadania ambiental (direitos ambientais) e ecológica (deveres ambientais). Muitas são as possibilidades.

A demonstração da realidade que subjaz à norma ambiental tem grande poder de esclarecimento e efeito multiplicador. Mesmo acerca dos mais singelos temas. E pode ser feita em qualquer espaço. Não depende de um processo judicial e não deve ficar restrita à Academia. A autora deste trabalho pôde experienciar esse fato em diversas ocasiões. Certa feita, tomando um táxi, foi indagada pelo taxista: – A senhora trabalha com meio ambiente, né? Ante a resposta afirmativa, o taxista relembrou uma corrida de táxi que tempos atrás havia feito com a Autora. Lembrouse de uma conversa sobre meio ambiente, em que a Autora havia se referido às árvores como "o ar condicionado do planeta" e havia alertado sobre a importância das abelhas e fim da cadeia alimentar. O taxista afirmou que à noite, ao chegar a casa, havia contado as histórias aos filhos, que as ouviram atentamente e interessaram-se pelo tema.

Em outra oportunidade, a Autora proferiu uma palestra na sede de do IBGE em Santa Catarina para os procuradores federais do interior do estado, acerca da cobrança de multas ambientais (executivo fiscal). A palestra foi elaborada nos termos da concretização defendida neste trabalho (linguagem clara, uso de exemplos, uso de metáforas, gráficos, desenhos, imagens etc.), com o objetivo de demonstrar o conteúdo ambiental da norma. Ao final da palestra, recebeu os cumprimentos da senhora da limpeza, naquela ocasião, responsável pelo cafezinho. A palestra era técnica e destinada especificamente a procuradores federais. Não era direcionada a estudantes ou ao público em geral. Contudo, Dona Aparecida não somente entendeu os temas propostos, mas entusiasmou-se com eles. Parece-nos, portanto, que os efeitos da concretização da norma podem ultrapassar os limites autoimpostos pelo Direito. A concretização da norma ambiental a todos aproveita: é tarefa de todos e todos são os destinatários.

Do ponto de vista teórico, este trabalho abre perspectivas para um aprofundamento maior. À Economia Ecológica podem-se acrescentar estudos sobre Justiça Ambiental. As digressões acerca da Sociedade de Risco podem ser enriquecidas com a perspectiva de Marcuse a acerca do Homem Unidimensional (em Ideologia da Sociedade Industrial). O tema central, ou seja, a concretização da norma, ganhará corpo com estudos à luz da hermenêutica filosófica de Hans Gadamer, assim como dos jogos de linguagem de Wittgenstein e do pragmatismo de Charles S. Peirce. A própria metódica estruturante de Müller comporta incursões mais demoradas e sua adaptação à seara ambiental. As Teorias da Argumentação podem incrementar os estudos aqui iniciados. Da mesma, a obra de Humberto Maturana permitirá reflexões mais agudas quanto à complexidade. Também em Maturana/Varella podem-se buscar subsídios à sensibilização ecológica. Os mecanismos de concretização do conteúdo ambiental da norma, por sua vez, podem se valer de recursos da Educação Ambiental. E, em se tratando de Educação, podese também utilizar a grande contribuição de Paulo Freire para a construção dos fundamentos da alfabetização ecológica. Há, ainda, importantes elementos que podem ser acrescentados pela epistemologia ambiental de Enrique Leff. A obra de Fritjof Capra, por sua vez, pode contribuir nos estudos acerca do holismo e da interdependência.

Infinitos caminhos se abrem em termos de fundamentação. Esses temas não tiveram espaço neste trabalho, mas podem ser explorados futuramente, na elaboração de uma tese, ou mesmo em estudos independentes, não institucionais. Por essa razão, lançou-se mão de uma bibliografia recomendada.

Quanto à prática, a análise que aqui se fez abre espaço para um mergulho em outras decisões judiciais ambientais, sobre temas diversos, em processos que já foram (e que ainda serão!) objeto de contraposição recursal à luz da perspectiva concretizadora aqui proposta. Outros eixos temáticos podem ser desenvolvidos a partir das construções teóricas ora alinhavadas.

Acredita-se, finalmente, que este trabalho tenha apresentado uma contribuição importante por haver reunido teoria e prática, apontando alguns caminhos para solucionar um problema real, urgente e relevante.

Os fundamentos desta pesquisa estão lançados e impulsionarão a autora, ou a quem possa interessar, na busca de novas formas de concretização da norma ambiental. O que se pretende, com este trabalho, é que ele sirva de estímulo a novos voos, acadêmicos ou não. Que por meio dele se possa ir além, na construção de um mundo mais equilibrado e consciente de que todos os seres estão interconectados e que essa interdependência deve pautar uma abordagem jurídicoambiental consistente e efetiva.

REFERÊNCIAS

ANDRIOLI, Antônio Inácio. Utopia e Realidade. **Revista Espaço Acadêmico**, Maringá, n. 56, p.11-10, jan. 2006. Mensal. Disponível em: <http://www.espacoacademico.com.br/056/56andrioli.htm>. Acesso em: 19 maio 2012.

ARRUDA Jr., Edmundo Lima de; GONÇALVES, Marcus Fabiano. **Fundamentação Ética e Hermenêutica**: Alternativas para o Direito. Florianópolis: CESUSC, 2002.

AYALA, Patryck de Araújo. **Devido Processo Ambiental e o Direito Fundamental ao Meio Ambiente.** Rio de Janeiro: Lumen Juris, 2011.

BECK, Ulrich. **Sociedade de Risco:** rumo a uma outra modernidade. São Paulo: Ed. 34, 2010.

BOLSAS dos EUA deixam de negociar US$ 117 bi por dia com Sandy. **Valor Econômico**: online, 30 out 2012. Disponível em: <http://www.valor.com.br/financas/2886522/bolsas-dos-eua-deixam-de-negociar-us117-bi-por-dia-com-sandy#ixzz2MCTK4nls>. Acesso em: 30 out. 2012.

BONAVIDES, Paulo. **Curso de Direito Constitucional.** 5. ed. São Paulo: Malheiros, 1994.

_____. 25. ed. São Paulo: Malheiros, 2010.

BOULDING, Kenneth Ewart. **Análise econômica.** Rio de Janeiro (RJ): Fundo de Cultura, 1967.

BRASIL. Constituição (1988). **Constituição da República Federativa do Brasil:** promulgada em 5 de outubro de 1988. Disponível em: <http://www.planalto.gov.br/ ccivil_03/constituicao/constituiçao.htm>. Acesso em: 19 nov. 2011.

_____. **Decreto-lei nº 4.657, de 4 de setembro de 1942.** Disponível em: <http://www.planalto.gov.br/ccivil_03/decreto-lei/Del4657.htm>. Acesso em: 25 fev. 2013.

_____. **Decreto nº 3.179, de 21 de setembro de 1999.** Dispõe sobre a especificação das sanções aplicáveis às condutas e atividades lesivas ao meio ambiente, e dá outras providências. Disponível em: <http://www.planalto.gov.br/ccivil_03/decreto/D3179.htm>. Acesso em: 19 nov. 2011.

_____. **Decreto Nº 6.514, de 22 de julho de 2008.** Disponível em: <http://www.planalto.gov.br/ccivil_03/_Ato2007-2010/2008/Decreto/D6514.htm>. Acesso em: 20 ago. 2011.

_____. IBAMA. **Instrução Normativa IBAMA nº 14** , de 15 de maio de 2009. Disponível em: http://www.ibama.gov.br Acesso em: 20 dez. 2012.

_____. Justiça Estadual de Santa Catarina. **Procedimento do Juizado Especial Cível/Juizado Especial Cível Autos nº 082.11.000694-3,** Antenor Cirtoli versus Komlog Importação Ltda, 22 fev 2013. Disponível em: <http://www.tj.sc.gov.br> Acesso em: 05 mar. 2013.

____. **Lei nº 5.197, de 3 de janeiro de 1967.** Dispõe sobre a proteção à fauna e dá outras providências. Disponível em: <http://www.planalto.gov.br/ccivil_03/leis/L5197.htm>. Acesso em: 20 dez. 2012.

____. **Lei nº 5.869, de 11 de janeiro de 1973.** Código de Processo Civil. Disponível em: <http://www.planalto.gov.br/ccivil_03/leis/L5869compilada.htm>. Acesso em: 25 jan. 2013.

____. Justiça Federal de Santa Catarina. **Ação Ordinária nº 500012313.2010.404.7210:** DNIT *versus* Odogar Arsenio Lohman, 2010. Disponível em: <http://www.jfsc.jus.br>. Acesso em: 01 fev. 2013.

____. Justiça Federal de Santa Catarina. **Ação Ordinária nº 501344040.2012404.7200:** AGE do Brasil SA *versus* IBAMA, 2012a. Disponível em: <http://www.jfsc.jus.br>. Acesso em: 01 mar. 2013.

____, Justiça Federal de Santa Catarina. **Ação Ordinária Nº 500086383.2010.404.7205.** Deoclécio Brick Filho e Rosani Brick *versus* IBAMA. Juiz Federal Adamastor Nicolau Turnes, 2012i. Disponível em: <http://www.jfsc.gov.br>. Acesso em: 07 jan. 2013.

____. Justiça Federal de Santa Catarina. **Ação Ordinária nº 500277960.2012.404.7213.** Levi José Lenzi e Velci Lenzi *versus* IBAMA. Juiz Federal Marcelo Roberto De Oliveira. 2012b. Disponível em: <http://www.jfsc.jus.br>. Acesso em: 02 jan. 2013.

____. Senado Federal. **Decreto nº 76.623, de 17 de novembro de 1975.** Disponível em: <http://www6.senado.gov.br/legislacao/ListaTextoIntegral.action?id=99173&norma=123073>. Acesso em: 03 jan. 2013.

____. Superior Tribunal de Justiça. **Recurso Especial nº 650.728/SC.** Relator: Herman Benjamin, 2007b. Disponível em: <http://www.stj.jus.br>. Acesso em: 06 jan. 2013.

____. Superior Tribunal de Justiça. **Recurso Especial nº 1.233.484-RS** Relator: Hamilton Carvalhildo. Julgado em 14.02.2011. Disponível em: <http://www.stj.jus.br>. Acesso em: 06 jan. 2013.

____. Tribunal Regional Federal da 4ª Região, **AI 2006.04.00.037294**, 2007a Rel. Des. Federal Luiz Carlos de Castro Lugon. Disponível em: <http://www.trf4.jus.br>. Acesso em: 01 jan. 2013.

____. Tribunal Regional Federal da 4ª Região. **Agravo de Instrumento nº 5014591-10.2012.404.000.** IBAMA *versus* Levi José Lenzi e Velci Lenzi. Relator 2012c. Disponível em: <http://www.jfsc.jus.br>. Acesso em: 02 jan. 2013.

____. Justiça Federal de Santa Catarina. Ação Ordinária nº **5005767-30.2011.404.7200**,Cornélia Conrad Lowndes *versus* IBAMA, 2012e. Disponível em: <http://www.jfsc.jus.br>. Acesso em: 03 jan. 2013.

____. Tribunal Regional Federal da 4ª Região. Apelação Cível nº **500576730.2011.404.7200.** IBAMA *versus* Cornélia Conrad Lowndes, 2012f. Disponível em: <http://www.jfsc.jus.br>. Acesso em: 03 jan. 2013.

____. Justiça Federal de Santa Catarina. **Ação Ordinária nº 502097350.2012.404.7200.** Cláudio Lemos *versus* IBAMA. 2012g. Disponível em: <http://www.jfsc.jus.br>. Acesso em: 03 jan. 2013.

____. Justiça Federal de Santa Catarina. **Ação Ordinária nº 501585071.2012.404.7200** Luiz Carlos da Silva *versus* IBAMA. 2012h. Disponível em: <http://www.jfsc.jus.br>. Acesso em: 03 jan. 2013.

____. Tribunal Regional Federal da 4ª Região, **APELREEX nº 2007.71.10.006938-0,** 4ª Turma, Rel. Desembargador Federal Valdemar Capeletti, D.E. 09/06/09. Disponível em: <http://www.trf4.jus.br>. Acesso em: 01 jan. 2013. ____. Tribunal Regional Federal da 4ª Região, **AC 5007908-65.2010.404.7100**, Quarta Turma, Relator p/ Acórdão Jorge Antonio Maurique, D.E. 20/06/2012, 2012j. Disponível em: <http://www.trf4.jus.br>. Acesso em: 01 jan. 2013.

____. Tribunal Regional Federal da 4ª Região, **AC 5006451-95.2010.404.7100**, Quarta Turma, Relator p/ Acórdão Jorge Antonio Maurique, D.E. 08/06/2012, 2012l. Disponível em: <http://www.trf4.jus.br>. Acesso em: 01 jan. 2013.

____. Tribunal Regional Federal da 4ª Região, **AC 5017607-89.2010.404.7000**, Terceira Turma, Relatora p/ Acórdão Maria Lúcia Luz Leiria, D.E. 09/03/2012, 2012m. Disponível em: <http://www.trf4.jus.br>. Acesso em: 01 jan. 2013.

____. Tribunal Regional Federal da 4ª Região, **AC 5019678-21.2011.404.7100**, Terceira Turma, Relator p/ Acórdão Fernando Quadros da Silva, D.E. 21/06/2012, 2012. Disponível em: <http://www.trf4.jus.br>. Acesso em: 03 out. 2012.

____. Tribunal Regional Federal da 4ª Região, **AC 2008.71.10.003660-0,** Quarta Turma, Relator Jorge Antonio Maurique, D.E. 06/10/2010, 2010b. Disponível em: <http://www.trf4.jus.br>. Acesso em: 03 out. 2012.

____. Tribunal Regional Federal da 4ª Região **AG 5001106-11.2010.404.0000**, Quarta Turma, Relator p/ Acórdão Sérgio Renato Tejada Garcia, D.E. 19/10/2010, 2010c. Disponível em: <http://www.trf4.jus.br>. Acesso em: 03 out. 2012.

CALANZANI, José João. **Metáforas jurídicas:** conceitos básicos de Direito através do processo pedagógico da metáfora. 2. ed. Belo Horizonte: Fórum, 2009.

CAMARGO, Ricardo Antônio Lucas. **Custos dos Direitos e Reforma do Estado**. Porto Alegre, RS: Sérgio Antônio Fabris, 2008.

____. **Economia Política para o Curso de Direito.** Porto Alegre: Sergio Antonio Fabris, 2012.

CANOTILHO, José Joaquim Gomes; LEITE, José Rubens Morato (org.). **Direito Constitucional Ambiental Brasileiro.** São Paulo: Saraiva, 2007.

CECHIN, Andrei; VEIGA, José Eli. O fundamento central da Economia Ecológica. in: MAY, Peter (org.) **Economia do meio ambiente:** teoria e prática, 2. ed., RJ: Elsevier/Campus, **2010**. Disponível em: <http://www.zeeli.pro.br/Novo/Arquivos/Capitulos/2010/O-fundamento_central_Economia_Ecologica.aspx>. Acesso em: 17 maio 2012.

50 MILHÕES de americanos serão atingidos por furacão Sandy, estima governo. **Folha de S. Paulo**, São Paulo, 28 out 2012. Disponível em: <http://www1.folha.uol.com.br/mundo/1176841-50-milhoes-de-americanos-seraoatingidos-por-furacao-sandy-estima-governo.shtml>. Acesso em: 30 out. 2012.

CINZAS de vulcão chileno podem trazer riscos para a saúde. **Jornal Nacional,** Rio de Janeiro,19.10.11. Disponível em: <http://g1.globo.com/jornalnacional/noticia/2011/10/cinzas-de-vulcao-chileno-podem-trazer-riscos-parasaude.html>. Acesso em: 05 mar. 2013.

DALY, Herman. **Steady-State and Growth Concepts for the Next Century**. In: Archibugi, Franco (org.); Nijkamp, Peter (org). Economy and Ecology: Towards

Sustainable Development. Dordrecht: Kluwer Academic Publishers, 1989.

____. **Crescimento Sustentável? Não, Obrigado.** In: Ambiente & Sociedade. Jul-dez; ano/vol. 7. Número 002. Associação Nacional de Pós-graduação e Pesquisa em Ambiente e Sociedade. Campinas, 2004.

DAÏSHI, Yoka. **Shodoka O Canto do Satori Imediato:** O Texto Sagrado Essencial do Zen. São Paulo: Pensamento, 2000. Tradução e Comentários de Taïsen Deshimaru Roshi. Tradução para o português: Sônia Carneiro Leão.

DERANI, Cristiane. **Direito Ambiental Econômico.** São Paulo: Saraiva, 2009.

DESCARTES, René. **Discurso do Método.** São Paulo: Martins Fontes, 2009.

FARIAS, Cristiano Chaves de; ROSENVALD, Nelson. **Direito civil:** teoria geral. 6. ed. Rio de Janeiro: Lumen Juris, 2007.

FERREIRA, Heline Sivini. **Desvendando os organismos transgênicos**: As interferências da sociedade de risco no Estado de Direito Ambiental Brasileiro. Rio de Janeiro: Forense Universitária, 2010.

FIGUEIREDO, Guilherme José Purvin de. **A Propriedade no Direito Ambeintal.** 4.ed. São Paulo: RT, 2010.

____. **Curso de Direito Ambiental.** 4.ed. São Paulo: RT, 2011.

FONSECA, Edson Pires da. **O Direito como espaço de lutas:** a teoria constitucional como ferramental de trabalho do jurista orgânico. Florianópolis, SC, 2006. 1 v. Dissertação (Mestrado) – Universidade Federal de Santa Catarina, Centro de Ciências Jurídicas. Programa de Pós-Graduação em Direito, 2006.

FONTOURA, João Fábio Silva da. **Positivismo jurídico e pós-positivismo à luz da metódica estruturante.** 2009. 153 f. Dissertação (Mestrado em Direito) – Centro de Ciências Jurídicas, Universidade Federal de Santa Catarina, Florianópolis, 2009.

FURACÃO Sandy causou US$ 29,4 bi em destruições em Nova Jersey. **G1 Mundo,** Rio de Janeiro, 24 nov. 2012 a. Disponível em: <http://g1.globo.com/mundo/noticia /2012/11/furacao-sandy-causou-us294-bi-em-destruicoes-em-nova-jersey.html>. Acesso em: 28 fev. 2013.

FURACÃO Sandy deixa 8,1 milhões de casas sem energia nos EUA **Reuters Brasil**, 30 out 2012b Disponível em: <http://br.reuters.com/article/worldNews/idBRSPE89T06K20121030>. Acesso em: 28 fev 2013.

FURACÃO Sandy transforma Nova York em cidade fantasma. **BBC Brasil**: online, 29 out 2012c. Disponível em: <http://www1.folha.uol.com.br/bbc/1177100-furacaosandy-transforma-nova-york-em-cidade-fantasma.shtml>. Acesso em: 28 fev. 2013.

GANME, Antônio. **Tráfico de Animais Silvestres e Fiscalização**. In: Seminário Aspectos Legais e Ambientais na Conservação da Fauna Silvestre. São Paulo. 15 out. 2009. Apresentação em PowerPoint.

GORE, Albert. **Uma Verdade Inconveniente**. O que devemos saber (e fazer) sobre o aquecimento global. Barueri: Manole, 2006.

GOMES, Nestor Castilho. **A teoria da norma de Friedrich Müller:** reflexos na metódica jurídica. 2009. 132 f. Dissertação (Mestrado em Direito) – Centro de Ciências Jurídicas, Universidade Federal de Santa Catarina, Florianópolis, 2009.

GUATTARI, Felix. **As três Ecologias.** 21 ed. Campinas: Papirus, 2012.

HANH, Thich Nhat. **A essência dos ensinamentos de Buda.** Tradução: Ana Lobo. Rio de Janeiro: Rocco, 2001.

____. **Interdependência.** Disponível em: <http://www.caminhodomeio.org/Espiritualidade/interdependencia.htm>. Acesso em: 22 maio 2011.

____. **Old Path White Clouds:** Walking in the footsteps of Buddha. 4. ed. New Delhi, India: Full Circle, 2004.

HERMAN Daly deixa o Banco Mundial e prega o abandono ao livre comércio. Agirazul, 01 jan. 2012. Tradução: Carlos Gustavo Tornquist. Disponível em: <http://www.agirazul.com/eds/ed10/daly.htm>. Acesso em: 19 maio 2012.

HERRIGEL, Eugen. **O Caminho Zen.** São Paulo: Pensamento, 1993.

____. **A Arte Cavalheiresca do Arqueiro Zen.** Tradução: J.C. Ismael. São Paulo: Pensamento, 1997.

JUSTIÇA anula multa e manda que aves fiquem com a dona em SC. **Folha de São Paulo**, São Paulo, 28 mar. 2012, Cotidiano. Disponível em: <http://www1.folha.uol.com.br/cotidiano/1054732-justica--anula-multa-e-manda-queaves-fiquem--com-a-dona-em-sc.shtml>. Acesso em: 01 jan. 2013.

KAPLEAU, Philip. **Os três pilares do Zen:** Ensinamento Prática Iluminação. Tradução: Abadia de Nossa Senhora das Graças. Belo Horizonte: Itatiaia, 1978.

KELSEN, Hans. **Teoria pura do Direito.** Tradução: J. Cretella Jr. e Agnes Cretella.8. ed. São Paulo: RT, 2012.

KERN, Anne Brigitte; MORIN, Edgar. **Terra-Pátria.** 5. ed. Porto Alegre: Sulina, 2005.

KURT LO, Vincent. **Problemas de Animais Silvestres em Cativeiro Doméstico Irregular e Programa de Reintrodução do IBAMA/SP**. In: Seminário Aspectos Legais e Ambientais na Conservação da Fauna Silvestre. São Paulo. 15 out. 2009. Apresentação em PowerPoint.

LEITE, José Rubens Morato; AYALA, Patryck de Araújo. **Direito Ambiental na Sociedade de Risco.** Rio de Janeiro: Forense Universitária, 2002.

____. 2. ed. Rio de Janeiro: Forense Universitária, 2004.

LESSIG, Lawrence. **Cultura Livre**. Disponível em: <http://www.rau-tu.unicamp.br/ nou-rau/softwarelivre/document/?view=144>. Acesso em: 05 jun. 2011.

____. **Free Culture**: How Big Media Uses Technology and the Law to Lock Down Culture and Control Creativity. Penguin Press, 2004. Disponível em: <http://freeculture.cc/freecontent/>. Acesso em: 05 jun. 2011.

LOLO, Manuel Antón. El desarollo sostenible y el nuevo pensamiento de la complejidad: un modo nuevo de pensar la sostenabilidad. In: **Revista Futuros**, n. 20, 2008, v. VI. Disponível em: <http://www.revistafuturos.info>. Acesso em: 20 out. 2012.

LUTZEMBERGER, José. **Manual de Ecologia:** Do Jardim ao Poder. v. 1. Porto Alegre. L&PM, 2004.

____. **Fim do Futuro? Manifesto Ecológico Brasileiro.** Porto Alegre: Movimento/UFRGS, 1977.

MARTINS, Giorgia Sena. Estudo de Caso: O Interesse de Agir nas Ações Civis Públicas Ambientais. In: BENJAMIN, Antonio Herman; FIGUEIREDO, Guilherme Jose Purvin de. **Direito Ambiental e as Funções Essenciais à Justiça:** O papel da Advocacia de Estado e da Defensoria Pública na Proteção do Meio Ambiente. São Paulo: RT, 2011. p. 829-855.

____. Atividades Forenses: Apelação Cível interposta na Ação Ordinária 500086382.2010.404.72.05. **Revista de Direitos Difusos**, São Paulo, v. 56, p.139-153, dez. 2012.

____. A Sociedade de Risco como Fundamento do Paradigma da Interdependência na Proteção Ambiental Internacional. In: MENEZES, Wagner (coord.). **Estudos de Direito Internacional:** anais do IX Congresso Brasileiro de Direito Internacional. Vol. XXI. Curitiba, Juruá, 2011, p. 373-382.

MARTINS, Giorgia Sena; VENÂNCIO, Daiana Seabra. **Resíduos Tóxicos na Costa da Somália**: A sociedade de risco aqui e agora. In: VI SIMPÓSIO DANO AMBIENTAL NA SOCIEDADE DE RISCO. Florianópolis, set 2011. **Anais....** p. 492- 517. ISSN 2179--1279

MARTINS, Giorgia Sena; VEIGA, Carine Rocha; MUÑIZ, Ana Álvarez. **Crimes contra o Meio Ambiente, Crimes contra a Humanidade.** In: VI SIMPÓSIO DANO AMBIENTAL NA SOCIEDADE DE RISCO. Florianópolis, set 2011. **Anais....** p. 466- 491. ISSN 2179-1279.

MELLO, Celso Antônio Bandeira de. **Curso de Direito Administrativo.** 17. ed. São Paulo: Malheiros, 2004.

MENEZES, Cacau. Já sabiámos. **Diário Catarinense.** 01 mar. 2012. Disponível em <http://www.sc.gov.br/clipping_ssp/coluna_int.asp?str_data=01/03/2012>. Acesso em: 12 jan. 2013

____. Aves exóticas. **Diário Catarinense**, Florianópolis. 16 fev. 2012. Disponível em: <http://wp.clicrbs.com.br/cacaumenezes/2012/02/16/aves--exoticas/?topo= 67,2,18,,38,67>. Acesso em: 12 jan. 2013.

METÁFORAS (Comp.). **Sorte ou Azar.** Disponível em: <www.metaforas.com.br>. Acesso em: 20 maio 2012.

MORIMOTO, Ísis Akemi. **Educação Ambiental em Fauna.** In: Seminário Aspectos Legais e Ambientais na Conservação da Fauna Silvestre. São Paulo. 15 out. 2009. Apresentação em PowerPoint.

MORIN, Edgar. **A cabeça bem feita:** Repensar a Reforma, Reformar o Pensamento. Rio de Janeiro: Bertrand Brasil, 2004.

____, **Ciência com consciência.** 11. ed. Rio de Janeiro: Bertrand Brasil, 2008.

____, **Introdução ao Pensamento Complexo.** 5. ed. Lisboa: Instituto Piaget, 2008.

____, **Para onde vai o mundo?** 2. ed. Petrópolis, RJ: Vozes, 2010.

____, **Os Sete Saberes necessários à Educação do Futuro**. 9. Ed. São Paulo: Cortez, 2004.

MÜLLER, Friedrich. **Metodologia do Direito Constitucional.** 4ª Ed. São Paulo: RT, 2011a.

____,**O Novo Paradigma do Direito**: Introdução à teoria e metódica estruturantes. 2. ed. São Paulo: RT, 2009.

____, **Quem é o Povo.** A questão fundamental da democracia. 6. ed. São Paulo: RT, 2011b.

____, **Teoria Estruturante do Direito**. 3. ed. São Paulo: RT, 2012.

NÚMERO de mortos por tempestade Sandy passa de 25 em EUA e Canadá. G1 Mundo, 30 out 2012. Disponível em: <http://g1.globo.com/mundo/noticia/2012/10/sandy-deixa-mais-de-8--milhoes-decasas-sem-eletricidade-nos--eua.html>. Acesso em: 30 out. 2012.

OLIVEIRA, Roney. Prefácio. In: CALANZANI, José João. **Metáforas jurídicas:** conceitos básicos de Direito através do processo pedagógico da metáfora. 2. ed. Belo Horizonte: Fórum, 2009.

OST, François. **A Natureza à margem da lei:** Ecologia à prova do Direito. Lisboa: Instituto Piaget, 1995.

PARETO, Vilfredo. **Manual de Economia politica.** São Paulo: Abril Cultural, 1984.2v.

PEREZ, Oren. **Ecological sensitivity and global legal pluralism:** rethinking the trade and environmental conflict. Oregon: Hart Publishing, 2004.

PLATÃO. **A República.** São Paulo: Hemus, 1970.

POINCARE, Henri. **A ciência e a hipótese.** Brasília: Ed. Universidade de Brasília, 1984.

____. **Ensaios fundamentais.** Rio de Janeiro (RJ) PUC-Rio, 2008.

PORTANOVA, Rui. **Motivações Ideológicas da Sentença.** 5. ed. Porto Alegre: Livraria do Advogado, 2003.

POSNER, Richard A. **A failure of capitalism:** the crisis of '08 and the descent into depression. Cambridge: Harvard University Press, 2009.

____. **How judges think.** Cambridge: Harvard University Press, 2010a.

____. **The crisis of capitalism democracy.** Cambridge: Harvard University Press, 2010b.

REID, Constance. **Hilbert.** New York: Copernicus Springer-verlag, 1996.

RUSSEL, Bertrand. **The Autobiography of Bertrand Russell**; 1872-1914. London: G. Allen and Unwin, 1967.

RELATÓRIO da ONU prevê colapso ambiental em 2050. **R7 Notícias,** Rio de Janeiro,14.03.13. Disponível em: http://noticias.r7.com/tecnologia-eciencia/fotos/desastres-naturais-provocaram-prejuizos-de-us-138-bilhoes-em-201220130314.html. Acesso em: 14 mar. 2013.

SAMUELSON, Paul Anthony. **Fundamentos da analise econômica.** São Paulo: Nova Cultural, 1997.

SANDY deixa cenário pós-apocalíptico em Nova York. BBC Brasil, 30 out 2012. 2012a. Disponível em: <http://www.bbc.co.uk/portuguese/noticias/2012/10/121030_sandy_ny_ac.shtml>. Acesso em: 30 out. 2012.

SANDY causa mais de 15,7 mil cancelamentos de voos em todo o mundo. BBC Brasil, 30 out 2012. 2012b. Disponível em: <http://www.bbc.co.uk/portuguese/noticias/2012/10/121030_atraso_voo_sandy_as.s html>. Acesso em: 30 out. 2012.

SANTOS, Rodrigo Mioto dos. **Método, racionalidade e legitimidade da decisão judicial:** uma análise a partir da teoria estruturante de Friedrich Müller. 2006. 125 f. Dissertação (Mestrado em Direito) – Centro de Ciências Jurídicas, Universidade Federal de Santa Catarina, Florianópolis, 2006.

SANTOS, Miguel Bernardino dos. **A Criação Amadorista/Sisspass.** In: Seminário Aspectos Legais e Ambientais na Conservação da Fauna Silvestre. São Paulo. 15.10.2009. Apresentação em PowerPoint.

SAVIGNY, Friedrich Karl Von. **Metodología Jurídica.** Tradução de J.J. Santa-Pinter. Buenos Aires: Ediciones Depalma, 1979.

SCHOPENHAUER, Arthur. **A Arte de escrever.** Porto Alegre: L&PM, 2005

SEINO, Jury Patrícia M. **Categorias de Fauna em Cativeiro.** In: Seminário Aspectos Legais e Ambientais na Conservação da Fauna Silvestre. São Paulo. 15 out. 2009. Apresentação em PowerPoint.

SQUARISI, Dad; SALVADOR, Arlete. **A arte de escrever bem**: um guia para jornalistas e profissionais do texto. São Paulo: Contexto, 2004.

TAIBO, Carlos. **Decrescimento, Crise e Capitalismo.** Santiago de Compostela: Estaleiro, 2010.

TANAHASHI, Kazuaki (Org.). **Escritos do Mestre Dogen:** A lua numa gota de orvalho. Tradução: Sônia Regis. São Paulo: Siciliano, 1993.

VEIGA, José Ely da; ZATZ, L. **Desenvolvimento sustentável, que bicho é esse?** Campinas: Autores Associados, 2008.

WITTGENSTEIN, Ludwig. **Investigações filosóficas.** São Paulo: Nova Cultural, 1999. 207p (Os pensadores)

____. **Tractatus logico-philosophicus.** São Paulo: Nacional, 1968

Bibliografia Recomendada

ABELHA, Marcelo. **Ação Civil Pública e Meio Ambiente**. 3. ed. Rio de Janeiro: Forense Universitária, 2009.

ALCERAD, Henri; MELLO, Cecília Campello do Amaral; BEZERRA, Gustavo das Neves. **O que é Justiça Ambiental.** Rio de Janeiro: Garamond, 2009.

ALTEMANI, Renato Lisboa. **O princípio da precaução e as normas da OMC:** o caso EC-Biotech. 2009. 200 p. Dissertação (Mestrado em Direito) – Centro de Ciências Jurídicas, Universidade Federal de Santa Catarina, Florianópolis, 2009.

ANDRADE, Fábio Martins de. **O dilema do Supremo Tribunal Federal**. Considerações sobre o consequencialismo e a modulação temporal. Jus Navigandi, Teresina, ano 14, n. 2147, 18maio 2009 . Disponível em: <http://jus.com.br/revista/texto/12796>. Acesso em: 15 jan. 2013.

ANDRESEN, Steinar; SKJAERSETH. Science and technology from agenda setting to implementation. In: BODANSKY, Daniel; BRUNNÉE, Jutta; HEY, Ellen. **The OXFORD handbook of international environmental law**. OXFORD University Press Inc., New York, 2007, p. 182-204.

ATIENZA, Manuel. **As razões do Direito: teorias da argumentação jurídica**. 3. ed. São Paulo: Landy, 2003

AYALA, Patryck de Araújo. **Direito e incerteza:** a proteção jurídica das futuras gerações no Estado de Direito Ambiental. 2002. Dissertação (Mestrado em Direito) – Centro de Ciências Jurídicas, Universidade Federal de Santa Catarina, Florianópolis, 2002.

AZEVEDO, Plauto Faraco de. **Ecocivilização.** Ambiente e Direito no Limiar da Vida. 2. ed. São Paulo: RT, 2008.

BARCELOS, Valdo. **Educação Ambiental:** Sobre princípios, metodologias e atitudes. Petrópolis: Vozes, 2008.

BECK, Ulrich. **Liberdade ou Capitalismo.** São Paulo: Editora Unesp, 2003. ____. **Living in The World Risk Society.** In: A Hobhouse Memorial Public Lecture. London: British Journal of Sociology Centennial Professor & London School of Economics and Political Science, 2006.

____. **World at Risk.** Cambridge: Polity, 2009.

____; GIDDENS, Anthony; LASH, Scott. **Modernização Reflexiva**: política, tradição e estética na ordem social moderna. São Paulo: ABDR, 1997.

BELCHIOR, Germana Parente Neiva. **Hermenêutica Jurídica Ambiental**. São Paulo: Saraiva, 2009.

BENJAMIN, Antônio Herman. Constitucionalização do Ambiente e Ecologização da Constituição Brasileira. In: CANOTILHO, José Joaquim Gomes; LEITE, José Rubens Morato (org.). **Direito Constitucional Ambiental Brasileiro**. São Paulo: Saraiva, 2007.

BIANCHI, Patrícia. **Eficácia das Normas Ambientais.** São Paulo: Saraiva, 2010.

____. **A (in) eficácia do Direito ao meio ambiente ecologicamente equilibrado no Brasil.** 2007. 513 p. Tese (Doutorado em Direito) – Centro de Ciências Jurídicas, Universidade Federal de Santa Catarina, Florianópolis, 2007.

BRANCO, Samuel Murgel. **Ecossistêmica:** Uma abordagem integrada do problemas do meio ambiente. 2 ed. São Paulo: Edgard Blücher, 1999

CALLENBACH, Ernest. **Ecologia.** Trad. Dinah de Abreu Azevedo. São Paulo: Peirópolis, 2011.

CAPRA, Fritjof. **A teia da vida.** São Paulo: Cultrix, 1996.

____. **As conexões ocultas:** ciência para uma vida sustentável. Trad. Marcelo Brandão Cipolla. São Paulo: Cultrix, 2005.

____. **O ponto de mutação.** Trad. Newton Roberval Eichemberg. São Paulo: Editora Cultrix, 2000.

____. **Sabedoria Incomum.** Trad. Carlos Afonso Malferrari. São Paulo: Editora Cultrix, 1988.

____; STEINDL-RAST, David. **Pertencendo ao Universo.** Explorações nas fronteiras da ciência e da espiritualidade. Trad. Newton Roberval Eichemberg. São Paulo: Editora Cultrix/Amana, 2000 (?).

CHIAVARAVALOTTI, Rafael Morais; PÁDUA, Cláudio Valadares. **Escolhas Sustentáveis:** Discutindo biodiversidade, uso da terra, água e aquecimento global. São Paulo: Urbana, 2011.

CROSBY, Alfred W. **Germs, Seeds and Animals:** studies in ecological history. New York, M.E. Sharpe, 1993.

DALY, Herman. **Steady-State and Growth:** Concepts for the Next Century. In: ARCHIBUGI, F. ; NIJKAMP, P. Economy and Ecology: Towards Sustainable Development. Dordrecht, The Netherlands: Klwer Academic Publishers, 1989.

____. **Big Idea: A Stady-State Economy.** Disponível em: <http://www.adbusters.org/magazine/81/steady_state_economy.html>. Acesso em: 13 nov. 2011.

____. **Crescimento Sustentável? Não, Obrigado.** Tradução: Vicente Rosa Alves. Disponível em: <http://www.scielo.br/pdf/asoc/v7n2/24695.pdf>. Acesso em: 11 nov. 2011.

____; FARLEY, Joshua. **Economia Ecológica:** Princípios e Aplicações. Lisboa: Instituto Piaget, 2008.

DIAMOND, Jared. **Armas, germes e aço:** os destinos das sociedades humanas. 13. ed. Rio de Janeiro: Record, 2011.

____. **Colapso:** como as sociedades escolhem o fracasso ou o sucesso. 7. ed. Rio de Janeiro: Record, 2010.

DIAS, Genebaldo Freire. **Dinâmicas e Instrumentação para Educação Ambiental.** São Paulo: Gaia, 2010.

DOBSON, Andrew. **Justice and the environment**: conceptions of environmental sustentability and dimensions of social justice. Oxford: Oxford University Press, 1998.

____. **Citzenship and Environment**. Oxford: Oxford University Press, 2003.

____. **Green Political Thought**. 4. ed. Nova York, Routledge, 2007.

DOBROWOLSKI, Samantha Chantal. **A Justificação do Direito e Sua Adequação Social:** Uma abordagem a partir da teoria de Aulis Aarnio. Porto Alegre: Livraria do Advogado, 2002.

FAGÚNDEZ, Paulo Roney Ávila. **Direito e holismo**: introdução a uma visão jurídica de integridade. São Paulo: LTr, 2000.

____. **O Direito e a hipercomplexidade.** São Paulo: LTr, 2003.

FARIS, Stephan. **Mudança Climática.** Forecast. Rio de Janeiro: Elsevier, 2009.

FELIPE, Sônia T. **Por uma questão de princípios:** Alcance e limites da ética de Peter Singer em defesa dos animais. Florianópolis: Fundação Boiteux, 2003.

FERRACINI, Myrtha Wandersleben. **Consciência e Educação Ambiental:** Um quase experimento do Curso de Direito da UFSC. Dissertação (Mestrado em

Direito) – Centro de Ciências Jurídicas, Universidade Federal de Santa Catarina, Florianópolis, 2009.

FERRAZ Jr., Tércio Sampaio. **Introdução ao Estudo do Direito:** Técnica, Decisão, Dominação. 2. ed. São Paulo: Atlas, 1995.

FERREIRA, Maria Leonor Paes Cavalcanti. **Uma análise do Procedimento do Registro de Agrotóxicos como forma de assegurar o Direito Fundamental ao Meio Ambiente Ecologicamente Equilibrado na Sociedade de Risco**. 2009. Dissertação (Mestrado em Direito) – Centro de Ciências Jurídicas, Universidade Federal de Santa Catarina, Florianópolis, 2009.

FENSTERSEIFER, Tiago. **Direitos Fundamentais e Proteção do Ambiente:** A dimensão ecológica da dignidade humana no marco jurídico-constitucional do Estado Socioambiental de Direito. Porto Alegre: Livraria do Advogado, 2008.

FIGUEIREDO, Guilherme José Purvin et alii (org.). **Código Florestal 45 anos:** Estudos e Reflexões. Curitiba, PR: Letra da Lei, 2010.

FILOCHE, Geoffroy. **Ethnodéveloppement, Développement durable et droit en Amazonie.** Bruylant, Bruxelles, 2007, p. 25.

FREITAS, Vladimir de Passos (coord.). **Julgamentos Históricos do Direito Ambiental.** Campinas, SP: Millenium, 2010.

FUNDAÇÃO NICOLAS HULOT, **Ecoguia:** Guia Ecológico de A a Z. Trad. Mariana Nunes Ribeiro Echalar. São Paulo: Landy, 2008.

GADAMER, Hans Georg. **Hermenêutica em retrospectiva**. Petrópolis: Vozes, 2007. 3.v

____. **Verdade e método I**: traços fundamentais de uma hermenêutica filosófica. 10. ed. Petrópolis: Vozes; 2008. 631p.

____. **Verdade e método II**: complementos e índice. 2. ed. Petrópolis: Vozes; Bragança Paulista, SP: Editora Universitária São Francisco, 2004. 620p. (Pensamento humano)

GOLEMAN, Daniel. **Inteligência Ecológica.** O impacto do que consumimos e as mudanças que podem melhorar o planeta. Rio de Janeiro: Elsevier, 2009.

GONÇALVES, Carlos Walter. **Os (des)caminhos do Meio Ambiente.** São Paulo: Contexto, 2008.

GORDILHO, Heron José de Santana. **Abolicionismo Animal.** Salvador: Evolução, 2008.

GRAU, Eros Roberto. **Ensaio e Discurso sobre a Interpretação/Aplicação do Direito.** São Paulo: Malheiros, 2002.

HELFRICH, Jr. Harold W. (coord.). **A Crise Ambiental:** A luta do homem pra viver consigo mesmo. Trad. Cláudio Gilberto Froelich e Fernando de Castro Ferro. São Paulo, Melhoramentos, Ed. Da Universidade de São Paulo, 1974.

HISSA, Cássio Eduardo Viana. (org.) **Saberes Ambientais:** Desafios para o conhecimento disciplinar. Belo Horizonte: Editora UFMG, 2008.

JAMIESON, Dale. **Ética e Meio Ambiente. Uma introdução.** São Paulo: Editora Senac São Paulo, 2010.

KERRY, John; KERRY, Teresa Heinz. **Antes Que a Terra Acabe.** Um relato real dos desafios ambientais. São Paulo: Saraiva, 2008.

KISS, Alexandre, Introduction to International Environmental Law, 2nd Revised Edition, UNITAR, Geneva, Switzerland, 2005.

KRISHNAMURTI, J. **Sobre a Natureza e o Meio Ambiente**. São Paulo: Cultrix, 2000.

LAGO, Antônio; PÁDUA, José Augusto. **O que é Ecologia.** 9. ed. São Paulo: Brasiliense, 1989.

LARENZ, Karl. **Metodologia da Ciência do Direito.** 3. ed. Trad. José Lamego. Lisboa: Fundação Calouste Gulbenkian, 1997.

LEFF, Enrique. **Aventuras da Epistemologia Ambiental.** Da articulação da Ciência ao Diálogo de Saberes. Rio de Janeiro: Garamond, 2004.

____. **Discursos Sustentáveis.** São Paulo: Cortez, 2010.

____. **Ecologia, Capital e Cultura. Racionalidade Ambiental, Democracia Participativa e Desenvolvimento Sustentável.** Blumenau: Edifurb, 2000.

____. **Epistemologia Ambiental.** 5. ed. São Paulo: Cortez Editora, 2010-b.

LEITE, José Rubens Morato. **Sociedade de Risco e Estado.** CANOTILHO, José Joaquim Gomes; LEITE, José Rubens Morato (org.). Direito Constitucional Ambiental Brasileiro. São Paulo: Saraiva, 2007.

____. (org.). **Inovações em Direito Ambiental.** Florianópolis, Fundação Boiteux, 2000.

____; FERREIRA, H.S.; BORATTI, L.V. (org.). **Estado de Direito Ambiental:** Tendências. 2. ed. Rio de Janeiro: Forense Universitária: 2010.

____. **Dano ambiental:** do individual ao coletivo extrapatrimonial. 2. ed. São Paulo: RT, 2003.

____; AYALA, Patrick de Araújo. **Dano Ambiental.** Do individual ao coletivo extrapatrimonial. Teoria e prática. 3. ed. São Paulo: RT, 2010

____; ____. **Direito Ambiental na sociedade de risco.** Rio de Janeiro: Forense, 2002.

LE MONDE DIPLOMATIQUE BRASIL. **Alternativas a aquecimento global.** São Paulo: Instituto Paulo Freire, 2007.

____. **Reflexões sobre o consumo responsável.** São Paulo: Instituto Paulo Freire, 2008.

LEMOS, Patrícia Faga Iglecias. **Meio Ambiente e Responsabilidade Civil do Proprietário:** Análise do Nexo Causal. São Paulo: RT, 2008.

____. **Direito Ambiental:** Responsabilidade Civil e Proteção ao Meio Ambiente. 3 ed. São Paulo: RT, 2010.

LIMA, Martonio Mont'alverne Barreto; ALBUQUERQUE, Paulo Antonio de Menezes (Org.). **Direito e Política – Estudos Internacionais em Homenagem a Friedrich Müller.** Florianópolis: Conceito Editorial, 2006.

LORENZETTI, Ricardo Luiz. **Teoria Geral do Direito Ambiental.** Trad. Fábio Costa Morosini e Fernanda Nunes Barbosa. São Paulo: RT, 2010.

LOVELOCK, James. **A vingança de gaia.** Trad. Ivo Korytowski. Rio de Janeiro: Intrínseca, 2006.

LUHMANN, Niklas. **Risk**: a sociological theory. New York: Aldine de Gruyter, 1993

MACCORMICK, Neil. **Argumentação jurídica e teoria do Direito.** Tradução Waldéa Barcellos. São Paulo: Martins Fontes, 2006.

MACLEAN, Dorothy. **O Chamado das Árvores.** Trad. Equipe de voluntários da Irdin Editora. Carmo da Cachoeira, MG: Irdin, 2008.

MAGALHÃES, Vladimir Garcia. **Propriedade Intelectual.** Biotecnologia e Biodiversidade. São Paulo: Fiuza, 2011.

MARCUSE, Herbert. **A ideologia da sociedade industrial.** Rio de Janeiro: Zahar, 1967. 238p.

MASCARENHAS, Luciane Martins de Araújo. **Desenvolvimento Sustentável**: Estudo de Impacto Ambiental e Estudo de Impacto de Vizinhança. Curitiba, PR: Letra da Lei, 2008.

MATURANA, Humberto R.; VARELA G., Francisco. **De máquinas e seres vivos:**

autopoiese – a organização do vivo. 3. ed. Porto Alegre: Artes Medicas, 1997. 138p.

MATURANA, Humberto R.. **Da biologia à psicologia**. 3. ed. Porto Alegre: Artes Medicas, 1998. 200p.

MATURANA, Humberto R.; MAGRO, Cristina; GRACIANO, Miriam; VAZ, Nelson. **A ontologia da realidade**. Belo Horizonte: UFMG, 1997. 355 p. (Humanitas)

MATURANA, Humberto R.. **Emoções e linguagem na educação e na política**. Belo Horizonte: Ed. da UFMG, 1998. 98 p.

MATURANA, Humberto R.; MAGRO, Cristina; PAREDES, Victor. **Cognição, ciencia e vida cotidiana**. Belo Horizonte: UFMG, 2001. 203p. (Humanitas)

MATURANA, Humberto R.; VARELA, Francisco J.. **A árvore do conhecimento: as bases biológicas da compreensão humana**. São Paulo: Palas Athena, 2007. 288p.

MELO, Melissa Eli. **O dever jurídico de restauração ambiental:** percepção da natureza como projeto. 2008. Dissertação (Mestrado em Direito) – Centro de Ciências Jurídicas, Universidade Federal de Santa Catarina, Florianópolis, 2008.

MILARÉ, Édis. **Direito do Ambiente.** 5.ed. São Paulo: Revista dos Tribunais, 2007.

NALINI, Renato José. **Ética Ambiental.** 2. ed. Campinas, SP: Millenium, 2003.

NOSCHANG, Patricia Grazziotin. **A Política ambiental europeia e a responsabilidade por dano no âmbito da Diretiva 35/2004/CE :** desafios à preservação do meio ambiente. 2010. 317 p. Dissertação (Mestrado em Direito) – Centro de Ciências Jurídicas, Universidade Federal de Santa Catarina, Florianópolis, 2010.

NOSSO FUTURO COMUM. 2. ed. São Paulo: FGV, 1991.

OLIVECRONA, Karl. **Linguagem Jurídica e Realidade.** Tradução de Edson L. M. Bini.São Paulo: Quartier Latin, 2005.

PÁDUA, José Augusto (org.). **Desenvolvimento, Justiça e Meio Ambiente**. Belo Horizonte: Editora UFMG, 2009.

PALMER, Joy A. **50 Grandes Ambientalistas:** De Buda a Chico Mendes. São Paulo: Contexto, 2006.

PEIRCE, Charles S.; MOTA, Octanny Silveira da; HEGENBERG, Leonidas. **Semiótica e filosofia**. 3. ed. São Paulo: Cultrix, 1984. 164p.

PEIRCE, Charles S.. **Semiótica**. 4. ed. São Paulo: Perspectiva, 2010. 337p.

PENA-VEGA, Alfredo. **O Despertar Ecológico:** Edgard Morin e a Ecologia Complexa. Rio de Janeiro: Garamond, 2003.

PERELMAN, Chaïm; OLBRECHTS-TYTECA, Lucie. **Tratado da Argumentação:** A nova Retórica. Trad. Maria Ermantina Galvão G. Pereira. São Paulo: Martins Fontes, 1996.

PORTER, Gareth, BROWN, Janet Welsh; CHASEK, Pamela S, Global environmental politics. 3. ed. United States of America: Westview Press, 2000.

ROTHSCHILD, David de. **Manual Live Earth de Sobrevivência ao Aquecimento Global:** 77 táticas essenciais para frear a mudança climática ou sobreviver a ela. Trad. Alessandra Mussi Araújo e Alynie Azuma Rosenberg. Barueri, SP: Manole, 2007.

RUSSEL, Peter. **O despertar da Terra. O Cérebro Global.** São Paulo: Cultrix, 2008

SACHS, Ignacy. **Caminhos para o desenvolvimento sustentável.** Rio de Janeiro: Garamond, 2009.

_____. Desenvolvimento sustentável: do conceito à ação de Estocolmo a Joanesburgo. In: VARELLA, Marcelo Dias; BARROS-PLATIAU, Ana Flávia (orgs).

Proteção internacional do meio ambiente. Brasília: UNITAR, UniCEUB e UnB, 2009, p. 37-48.

____. **Estratégias de Transição para o Século XXI:** Desenvolvimento e Meio Ambiente. Trad. Magda Lopes. São Paulo: Studio Nobel/FUNDAP, 1993.

SALDANHA, Nelson. **Ordem e Hermenêutica:** Sobre as relações entre as formas de organização e o pensamento interpretativo, principalmente no Direito. Rio de Janeiro: Renovar, 1992.

SAMPAIO, José Marques. **Responsabilidade Civil e Reparação de Danos ao Meio Ambiente.** Rio de Janeiro: Lumen Juris, 1998.

SARLET, Ingo Wolfgang. (org.) **Estado Socioambiental e Direitos Fundamentais.** Porto Alegre: Livraria do Advogado, 2010.

____; FENSTERSEIFER, Tiago. **Direito Constitucional Ambiental**: Estudos sobre a Constituição, os Direitos Fundamentais e a Proteção do Meio Ambiente. São Paulo: RT, 2011.

SCHAPP, Jan. **Problemas Fundamentais da Metodologia Jurídica.** Tradução de Ernildo Stein. Porto Alegre: Sérgio Antônio Fabris, 1985.

SEN, Amartya Kumar. **Desenvolvimento como liberdade.** São Paulo (SP): Companhia de Bolso, 2010.

SILVA, Solange Teles da; CUREAU, Sandra; LEUZINGER, Márcia Diegues (Coord.). **Código Florestal:** Desafios e Perspectivas. São Paulo: Fiuza, 2010.

SILVA, Vasco Pereira da. Verde Direito: o Direito fundamental ao ambiente. In: DAIBERT, Arlindo (org). **Direito ambiental comparado**. Belo Horizonte: Fórum, 2008, p. 17-44.

STAMFORD, Artur. **Decisão Judicial:** Dogmatismo e Empirismo. Curitiba: Juruá, 2000.

STEIGLEIDER, Annelise Monteiro. **Responsabilidade Civil Ambiental**: As dimensões do Dano Ambiental no Direito Brasileiro. 2. ed. Porto Alegre: Livraria do Advogado, 2011.

SUSSMAN, Art. **Guia Prático para o Planeta.** São Paulo: Cultrix, 2008.

SUZUKI, D. T.. **Introdução ao Zen Budismo.** Rio de Janeiro: Civilização Brasileira, 1961. Tradução: Murilo Nunes de Azevedo.

TRIGUEIRO, André (coord.) **Meio Ambiente no Século 21.** 5. ed. Campinas, SP: Armazém do Ipê, 2008.

VAN BELLEN, Hans Michael. **Indicadores de Sustentabilidade:** Uma análise comparativa. Rio de Janeiro: Ed. FGV, 2005.

VASCONCELOS, Arnaldo. **Teoria Pura do Direito:** repasse crítico de seus principais fundamentos. Rio de Janeiro: Forense, 2003.

VASCONCELLOS, Maria José Esteves de. **Pensamento Sistêmico.** O novo paradigma da ciência. 9. ed. Campinas, SP: Papirus, 2002.

VEIGA, J. E. da. **Desenvolvimento sustentável**: o desafio do século XXI. Rio de Janeiro: Garamond, 2010.

____. **Mundo em Transe:** Do aquecimento Global ao Ecodesenvolvimento. Campinas, SP: Armazém do Ipê, 2009.

WARAT, Luis Alberto **Territórios Desconhecidos**: A procura surrealista pelos lugares do Abandono do sentido e da reconstrução da subjetividade. v. 1. Fundação Boiteux. Florianópolis, 2004ª.

____, Luis Alberto. **Epistemologia e Ensino do Direito**: O Sonho Acabou. v. 2. Fundação Boiteux. Florianópolis, 2004b.

____, Luis Alberto. **Surfando na Pororoca:** O ofício do mediador. v. 3. Fundação Boiteux. Florianópolis, 2004c.

____, Luis Alberto. **A Digna Voz da Majestade:** Linguística e Argumentação Jurídica, Textos Didáticos. v. 4. Fundação Boiteux. Florianópolis, 2004d.

WILSON, Edward O. **A Criação: Como Salvar a Vida na Terra.** São Paulo: Companhia das Letras, 2008

ANEXO A – Peça processual exemplificativa da concretização da norma ambiental (Apelação Caso Cornélia) (cap. 2 e item 3.2)

ADVOCACIA GERAL DA UNIÃO
PROCURADORIA GERAL FEDERAL
PROCURADORIA FEDERAL EM SANTA CATARINA

EXCELENTÍSSIMO SENHOR DOUTOR JUIZ FEDERAL DA 2ª VARA FEDERAL DA SUBSEÇÃO JUDICIÁRIA DE BLUMENAU

AÇÃO ORDINÁRIA Nº **5005767-30.2011.404.7200/SC**
AUTOR : CORNÉLIA CONRAD LOWNDES

"O homem é parte da natureza e sua guerra contra a natureza é inevitavelmente uma guerra contra si mesmo... Temos pela frente um desafio como nunca a humanidade teve, de provar nossa maturidade e nosso domínio, não da natureza, mas de nós mesmos."

Rachel Carson – 1962

O **Instituto Brasileiro do Meio Ambiente e dos Recursos Naturais Renováveis IBAMA**, já qualificado nos autos epigrafados, vem, neste ato representado pela Procuradoria Federal, vem à presença de Vossa Excelência, inconformado com a respeitável decisão constante do evento 86, interpor recurso de **APELAÇÃO**, pelas razões em anexo, requerendo o seu recebimento e processamento, nos moldes previstos na legislação processual vigente.

Pede deferimento.
Florianópolis, 20 de março de 2012.

Giorgia Sena Martins
Procuradora Federal PF/SC

ADVOCACIA-GERAL DA UNIÃO
PROCURADORIA-GERAL FEDERAL
PROCURADORIA FEDERAL EM SANTA CATARINA

EGREGIO TRIBUNAL REGIONAL FEDERAL DA 4ª REGIÃO
AÇÃO ORDINÁRIA Nº 5005767-30.2011.404.7200/SC

Causar dano à terra é demonstrar desprezo pelo Criador. O homem branco também vai desaparecer, talvez mais depressa do que as outras raças. Continua sujando a sua própria cama e há de morrer, uma noite, sufocado nos seus próprios dejetos.
Depois de abatido o último bisão e domados todos os cavalos selvagens, quando as matas misteriosas federem a gente, quando as colinas escarpadas se encherem de fios que falam, onde ficarão então os sertões? Terão acabado. E as águias? Terão ido embora. Restará dar adeus à andorinha da torre e à caça; o fim da vida e o começo pela luta pela sobrevivência.

Chefe Seattle

RAZÕES DE APELAÇÃO

Colenda Turma,

A decisão apelada, que anula auto de infração lavrado pelo IBAMA, permitindo **o cativeiro de animais silvestres** representa viés **retrógrado e antropocêntrico**, filiado ao senso comum, **desvinculado dos estudos científicos**. A sentença, em descompasso com seu tempo, desconsidera a necessidade de proteção à biodiversidade e não leva em conta as interações ecológicas.

A sentença apelada, embora cite boa doutrina no que tange ao Estado de Direito Ambiental, demonstra não haver compreendido minimamente o seu significado. A conclusão do magistrado e não se coaduna com qualquer princípio ou regra ambientalmente consagrado – e se divorcia dos cânones do direito administrativo.

A premissa adotada pelo magistrado é de que o cativeiro ilegal de animais silvestres somente será punido se houver CRUELDADE. Do contrário, tem-se o direito amplo e irrestrito de manter viveiros em casa com animais silvestres, desde que sejam tratados como "humanos" **(como se isso fosse uma coisa muito boa para os animais!!!!)**.

Ou seja, para o Magistrado, **a lei ambiental não vale**. O que vale é o costume de aprisionar animais e trata-los como humanos!

Felizmente não é esse o entendimento dominante nesse Egrégio TRF4, tribunal dotado de discernimento, clareza e suficiente sensibilidade ambiental.

Ora, a ser consagrado o entendimento do magistrado, **qualquer pessoa pode mante em casa 26 espécimes da fauna silvestre (e uma da fauna exótica) sem autorização** – porque o poder de polícia, nesse caso, seria "desproporcional"! **O tráfico de animais fica liberado.** Chancelado tal entendimento, revogam-se as leis de proteção à fauna!

A sentença, embora extensa, analisa o caso concreto em **cinco parágrafos** – que serão detidamente analisados.

Contudo, antes de adentrar ao mérito propriamente dito – e trazer à colação diversos arestos dessa Corte, cabe demonstrar o contexto criminoso e cruel que envolve o cativeiro de aves silvestres – o qual foi tristemente chancelado pela decisão recorrida.

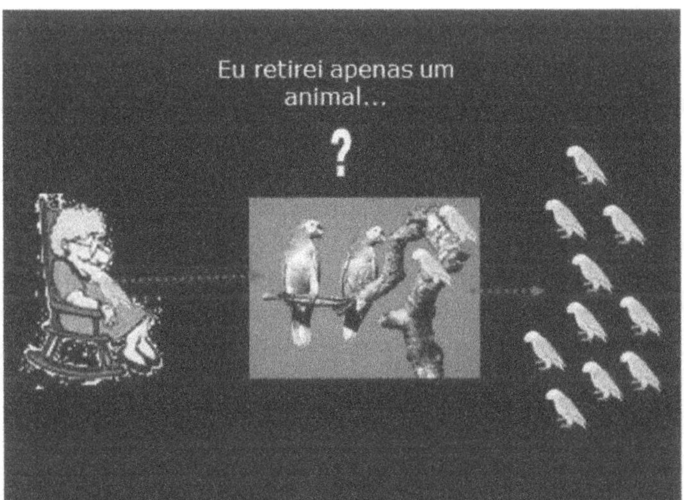

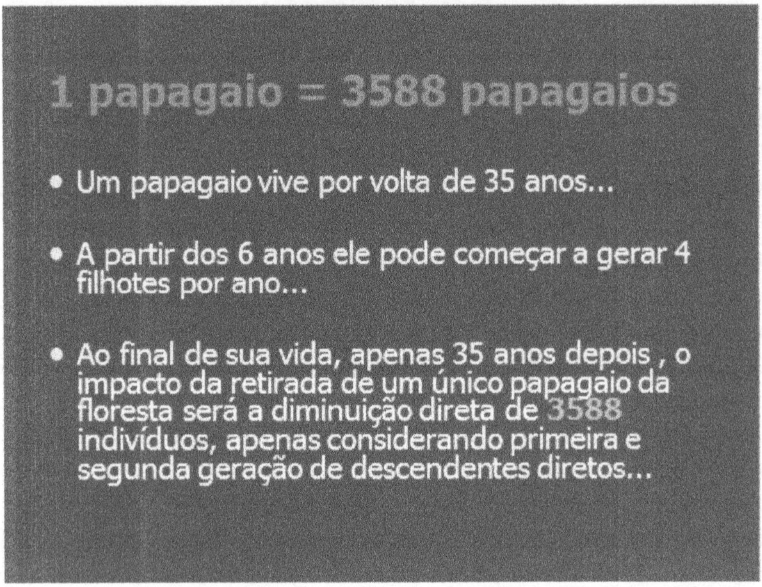

Retirar animal silvestre da natureza é crime (Art. 29, Lei 9605/98) e mantê-lo em cativeiro, além de crime, é covardia porque se retira do animal o direito de se reproduzir, de escolher seu próprio alimento, retira-se de uma ave o mais básico dos direitos: o direito de voar.

É lamentável que, nos dias de hoje, tenhamos de enfrentar decisões judiciais que consideram o cativeiro ilegal de aves da fauna nativa brasileira como um "costume arraigado" que merece ser mantido. Trata-se, em verdade, de uma das mais graves afrontas à biodiversidade, com consequências extremamente danosas para todo o planeta. Há que se ter em mente a **importância ecológica de cada ser e o encadeamento de todas as relações dentro de um ecossistema**.

Cada ave retirada da natureza implica a morte direta e imediata de outras aves: os filhotes que deixam de ser alimentados. Além disso, os papagaios (e os psitacídeos em geral) são monogâmicos – têm um único parceiro por toda a vida – e procuram sempre os mesmos locais para se reproduzir.[1]

A retirada desses animais da natureza implica **comprometimento da biodiversidade**. As aves são responsáveis pela dispersão de sementes. A vida, em todas as suas formas, depende da preservação de cada espécie.

Além disso, há que se ter em mente a realidade do **TRÁFICO DE ANIMAIS**. Animais que não têm sua procedência legal comprovada ou foram retirados da natureza pelo próprio possuidor (caça ilegal) ou são oriundos do tráfico. Não há alternativa.

Ou seja, os animais mantidos ilegalmente em cativeiro **são animais oriundos do tráfico** ou da **captura ilegal**. Não são animais que se reproduziram em cativeiro (do contrário, seriam "legalizados", teriam anilhas, não seriam objeto de apreensão do IBAMA).

São animais covardemente retirados da natureza para fomentar o tráfico de animais, **o terceiro negócio ilícito mais lucrativo do mundo**, perdendo apenas para o tráfico de drogas e armas.

[1] http://grep.globo.com/Globoreporter/0,19125,VGC0-2703-18898-5-311110,00.html acesso em 20.03.2012.

E nós podemos acrescentar: – Porque há decisões judiciais que permitem o cativeiro doméstico ilegal de aves silvestres!!!!

Nenhuma das fotos a seguir colacionadas **se refere às aves que são objeto da autuação discutida nestes autos**. São fotos ilustrativas da realidade do tráfico de animais. Servem para demonstrar a crueldade subjacente ao tráfico.

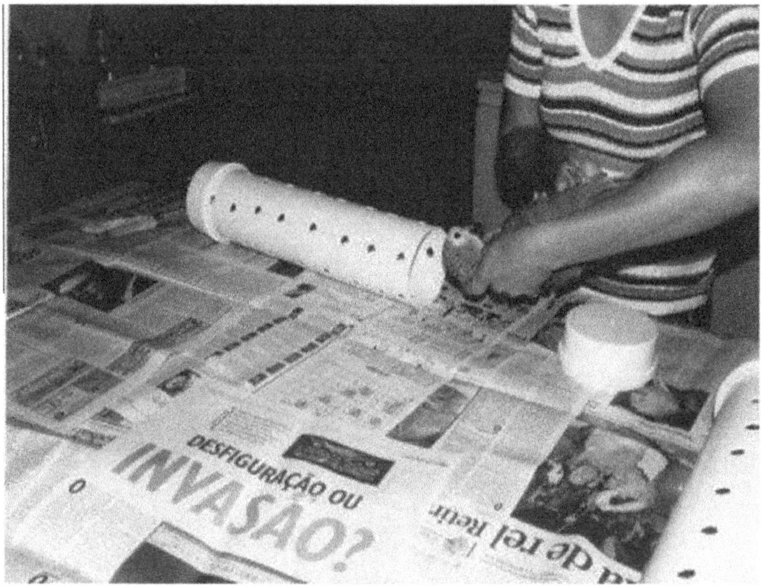

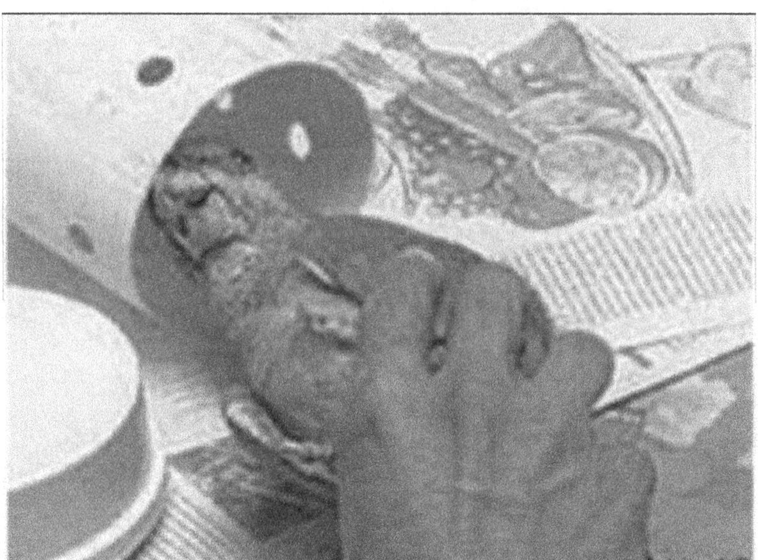

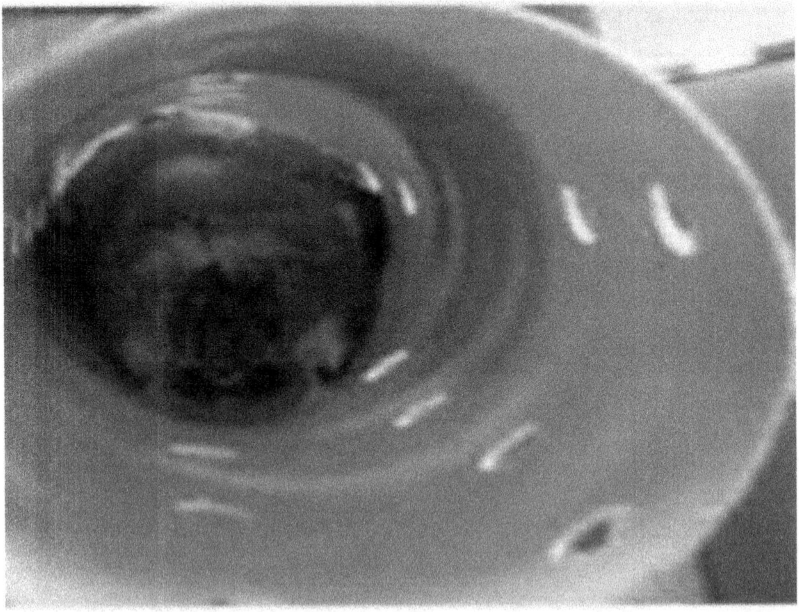

A foto acima demonstra uma prática comum do tráfico: a quebra do esterno dos papagaios, para que eles não façam barulho.

A manutenção de animais silvestres em cativeiro **incentiva que mais animais sejam capturados, mutilados, transportados de forma cruel** (os métodos usado pelo tráfico são de uma crueldade tamanha que a cada dez animais retirados da natureza, um (quando muito!) consegue chegar vivo ao seu destino.

Muitos morrem por asfixia. Outros chegam **a tal ponto de stress**, que se **auto-mutilam,** como se pode verificar na imagem abaixo.

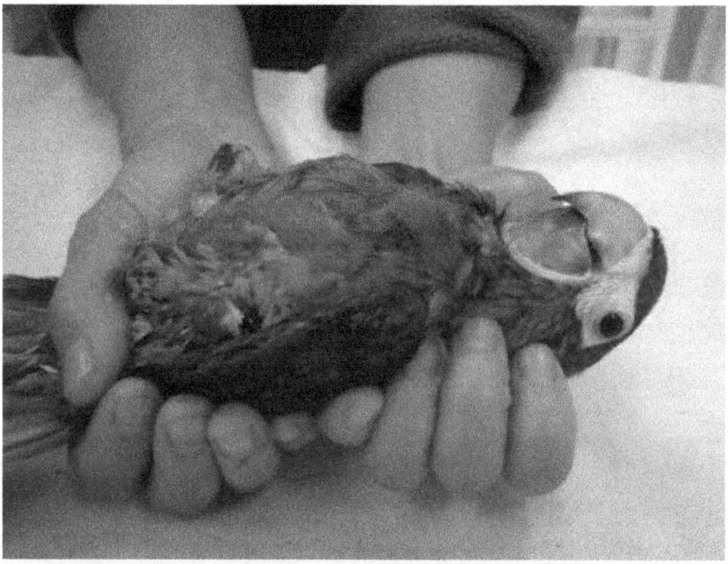

Menos de 10% dos pássaros traficados chegam vivos ao seu destino. A grande maioria, morre pelo caminho...

Os pássaros silvestres criados ilegalmente são, muitas vezes, retirados cruelmente de seus ninhos, transportados de maneira precária, escondidos em caminhões, carros, caixas, etc, sujeitos a sofriemento extremo. A maioria deles **morre pelo caminho**. Depois disso tudo, os sobreviventes são trancafiados em gaiolas para que os criadores tenham o prazer mórbido de ouvir seu canto triste.

Mas a imagem final que resta ao Julgador é a de um singelo criador de passarinhos multado "exageradamente" pelo IBAMA. Nesse momento, fica esquecida a crueldade e truculência que significam subtrair de um pássaro a sua liberdade e trancafia-lo em uma gaiola ínfima, longe da floresta em que vivia. Esquecidas (porque nunca mostradas), são as condições em que os pássaros foram subtraídos de seu *habitat*. Esquecida a enorme importância ecológica de cada ave para o ecossistema em que vive.

Enquanto os criadores ilegais de aves de fauna silvestre continuarem a ser tratados com benevolência, a Mata Atlântica continuará a ser destruída. "*Coitadinhos*" não são os criadores, como uma análise simplista faz parecer. "*Coitadinhos*" são os pássaros confinados e privados do seu *habitat natural*. Lesados somos todos nós, toda a humanidade que tem o planeta cada vez mais destruído – muitas vezes com a chancela daqueles que tem o poder de coibir essa destruição.

A **preservação da Mata Atlântica está umbilicalmente ligada à manutenção de sua fauna.** Cada espécime retirado da Mata Atlântica gera desequilíbrio naquele ecossistema, conduzindo à sua extinção. Hoje restam menos de 6% da Mata Atlântica, cuja destruição tem caráter exponencial e ritmo alarmante. Cada gesto de preservação tem importância crucial.

Impende ter, aqui, a consciência da **interdependência** de todas as coisas, sem a qual não é possível entender a ecologia nem a Lei Ambiental:

> *"Para uma mesa existir, precisamos de madeira, de um carpinteiro, de tempo, de habilidade e de muitas outras causas. E cada uma destas causas precisa de outras causas para existir. A madeira precisa da floresta, do brilho do sol, da chuva e assim por diante. O carpinteiro precisa de seus pais, de desjejum, de ar fresco e assim por diante. E cada uma dessas coisas, por sua vez, tem de ser trazida por outras condições. Se continuarmos a olhar deste modo, veremos que nada foi deixado de fora. Tudo no cosmos veio junto para nos trazer a mesa. Olhando mais profundamente para o brilho do sol, para as folhas da árvore e para as nuvens, poderemos ver a mesa. O um pode ser visto no todo e o todo pode ser visto no um. Uma causa nunca é suficiente para trazer um efeito. Uma causa precisa, ao mesmo tempo, ser um efeito, e cada efeito deve ser também a causa de alguma outra coisa." (Thich Nhat Hahn, indicado para o Prêmio Nobel da Paz por Martin Luther King)*

Impende salientar, ainda, **o caráter teleológico da norma**, que tem por objetivo cumprir o dever constitucional de defender e preservar o Meio Ambiente para as gerações presentes e futuras.

Cada infrator ambiental que se vale de um acordo/decisão benevolente (ou "piedoso") leva consigo **e difunde a mensagem de que se pode infringir a lei ambiental e que isso "não dá em nada"**. Cada benesse concedida a um infrator ambiental tem efeito multiplicativo e, por via oblíqua, conivente com a degradação ambiental.

Cada infração ambiental, por menor que possa parecer aos olhos leigos, é um **crime contra a humanidade** e tem repercussões que vão muito além do que o senso comum (muitas vezes, míope) consegue "enxergar". Não há infrações menores, que possam ser relevadas.

Como já exposto, um papagaio retirado da natureza, **em duas gerações apenas, implica a privação – por parte do ambiente – de mais de 4000 papagaios** – considerando-se que essa ave vive cerca de 35 anos. No caso dos autos, foram 27 aves.

Ademais, a multa ambiental deve ter, sempre, o condão de desestimular o cometimento da infração, sob pena de se transformar em mera "taxa de degradação ambiental". A multa ambiental deve ser suficientemente alta, de modo que não valha a pena degradar. Ou seja, a multa ambiental tem finalidade pedagógica e profilática, com o objetivo de evitar novas infrações ambientais.

O bem jurídico fundamental – Meio Ambiente – deve prevalecer como vetor de interpretação capaz de produzir a conclusão que salvaguarde o valor fundamental do meio ambiente sobre pretensões individuais.

O Governo Federal vem empreendendo esforços em campanhas de conscientização, buscando evitar que a população, tal qual fez o Magistrado em sua sentença, considere "normal" o cativeiro de aves silvestres. A ideia é trazer à população educação ambiental. Não é porque é um “hábito arraigado” que sua prática deve ser mantida e assegurada pelo Judiciário – mesmo que contra lei!

Abaixo, alguns cartazes de divulgação de campanhas oficiais de proteção à fauna:

II – Das Flagrantes Impropriedades da Sentença Apelada

A sentença reconhece a inexistência de qualquer vício no auto de infração lavrado pelo IBAMA, mas mesmo assim adentra ao mérito administrativo para anular a autuação, em flagrante desrespeito ao Princípio da Separação dos Poderes! Cabe transcrever excerto da decisão apelada:

> *Certo, **não houve vício de forma a ser reconhecido**, logo, o devido processo ambiental, sob o prisma formal, restou obedecido. Houve oportunidade para a apresentação de defesa, sua análise pela autoridade processante, oportunidade para apresentação de substrato probatório, tudo como se percebe da leitura dos documentos juntados por ocasião da propositura da demanda, e, ainda, daqueles que se fizeram acompanhar da contestação. [grifo nosso]*
>
> *No entanto, de outro lado, tem-se franca e irremissível mácula à concepção material do due process (art. 5º, LV, CF), diante da uso desproporcional do poder de polícia ambiental. Isso porque, diante dos elementos trazidos ao processo, da prova produzida na audiência, e, por fim, da base empírica que se trouxe à baila, a autoridade ambiental valorou equivocadamente e de modo flagrantemente excessivo o fato que veio a sofrer, por parte dela, autuação.*

Pergunta-se: em que consiste a desprorcionalidade?! É desproporcional cumprir a lei e a Constituição da República? Existe, por parte do Poder Judiciário, essa margem de julgamento que negue **vigência completa à lei e à Constituição?**

Note-se que o Magistrado simplesmente anulou a multa ambiental! O argumento da "desproporcionalidade" conduz à completa impunidade do infrator – fazendo com que um fato criminoso torne-se lícito – por decisão judicial!

O magistrado simplesmente negou vigência ao texto legal e constitucional.

Desde logo cabe rechaçar a **indevida ingerência** no mérito administrativo, **tese já consagrada pelo Superior Tribunal de Justiça**. Nesse sentido, cabe citar o [1] **RECURSO ESPECIAL Nº 1.233.484**, datado de 2011, que assenta ser defeso ao Judiciário intervir na aplicação/conversão da multa ambiental. Cabe citar referido precedente:

> *É que, uma vez respeitados os parâmetros mínimo e máximo estabelecidos na legislação de regência para fixação da multa, o que, ao que se tem, ocorreu na espécie, não cabe ao Poder Judiciário substituir o administrador no exercício de seu poder discricionário acerca da conveniência e oportunidade da escolha da sanção a ser aplicada.*
>
> *[...]*
>
> *Com efeito, o mérito do ato administrativo é o produto de um juízo de valor realizado pela autoridade pública, quanto às vantagens e consequências, as quais deverão ser levadas em conta como pressuposto da atividade administrativa. Assim, em se tratando de aplicação da multa por infração à legislação ambiental, não cabe ao Poder Judiciário intervir.*

No bojo do Recurso Especial nº 1.233.484 acima mencionado, foram citados dois outros arestos que chancelam a discricionariedade do administrador público na aplicação da multa, o primeiro deles, especificamente em matéria ambiental e o segundo referente à aferição de bombas de combustível. Ambos merecem ser citados porque afastam a indevida ingerência judicial na fixação de multas:

> *[...]*
> *3. A multa fora estabelecida dentro dos parâmetros legais, correspondente à 0,04% do valor máximo permitido, com base nos fundamentos apresentados pelo órgão competente, não havendo que falar em violação pelo acórdão a quo dos dispositivos legais invocados.*
>
> *4. Cabe ao administrador público, em virtude do seu poder discricionário, aferir a gravidade das condutas e a culpabilidade do agente, bem como a razoabilidade da sanção imposta, sendo, portanto, inviável que o Poder Judiciário venha a reduzir ou substituir a penalidade aplicada.*
> *[...]*
> *(AgRg no Ag nº 1.261.699/SC, Rel. Ministro BENEDITO GONÇALVES, PRIMEIRA TURMA, DJe 26/11/2010).*
>
> *[...]*
> *4. Os atos da Administração Pública devem sempre pautarse por determinados princípios, entre os quais está o da legalidade. Por esse princípio, todo e qualquer ato dos agentes administrativos deve estar em total conformidade com a lei e dentro dos limites por ela traçados.*
> *5. A aplicação de sanções administrativas, decorrente do exercício do poder de polícia, somente se torna legítima quando o ato praticado pelo administrado estiver previamente definido pela lei como infração administrativa.*
> *[...]*
> *7. Hipótese em que a autoridade administrativa, na fixação do valor da multa, observou os limites definidos no art. 9º da Lei 9.933/99. Não cabe ao Poder Judiciário adentrar o mérito do ato administrativo.*
> *8. "Nos atos discricionários, desde que a lei confira à administração pública a escolha e valoração dos motivos e objeto, não cabe ao Judiciário rever os critérios adotados pelo administrador em procedimentos que lhe são privativos, cabendo-lhe apenas dizer se aquele agiu com observância da lei, dentro da sua competência" (RMS 13.487/SC, 2ª Turma, Rel. Min. Humberto Martins, DJ de 17.9.2007).*
> *9. Recurso especial desprovido."*
> *(REsp 983245/RS, Rel. Ministra DENISE ARRUDA, PRIMEIRA TURMA, julgado em 09/12/2008, DJe 12/02/2009).*

Embora a decisão seja extensa, sua fundamentação, de fato **relacionada ao caso concreto** é bastante **sucinta** e consta de apenas **cinco parágrafos.** Os dois primeiros parágrafos já foram citados acima: o Magistrado inicia aduzindo a inexistência de vício formal. No segundo parágrafo, adjetiva o ato como desproporcional.

Em seguida, analisa as infrações ambientais em três singelos parágrafos, **eivados de preconceitos antropocêntricos e achismos divorciados da realidade científica subjacente às questões faunísticas.**

No primeiro deles, faz equivocada análise acerca da introdução de espécimes exóticas – **condicionando a materialidade da infração à existência de transação comercial – hipótese JAMAIS prevista na legislação ambiental** de regência:

> *Inicialmente, ao fundamentar o auto de infração com fulcro no art. 25 do Dec. 6.514/08 ('Introduzir espécime animal no País, ou fora de sua área de distribuição natural, sem parecer técnico oficial favorável e licença expedida pela autoridade ambiental competente), à luz de ilações e sem lastro em qualquer circunstância autorizadora que impusesse fosse reconhecida a incidência da norma. Com efeito, na peça contestatória (evento 26 – fl. 4), a defesa jurídica do IBAMA narra que 'Foi informado pelos funcionários da residência que o animal teria sido adquirido de João Luiz Tomazzeli, preso e autuado em abril de 2010 pelo comércio ilegal de fauna silvestre exótica introduzida ilegalmente no País'. A par de se apresentar pouco crível a afirmação, uma vez que causa espécie que 'funcionários da residência' tivessem ciência de tais elementos, as Notas Fiscais colacionadas, seja no evento 01, seja no evento 26, evidenciam que em momento algum houve transação comercial de animais da fauna silvestre celebrada entre a parte autora e sociedade empresária ou empresário individual com domicílio estrangeiro.*

O Magistrado faz uma análise equivocada do que seja a introdução de espécie exótica sem autorização. Ora, a manutenção de espécie exótica em cativeiro depende de evidente autorização. Aquele que estiver de posse de espécie exótica sem autorização que respalde estará incidindo na infração prevista no art. 25 do Dec. 6.514/08.

Essa medida tem caráter fitossanitário e objetiva proteger a fauna e a flora nacional, bem como a economia, os rebanhos, as exportações....

É preciso haver controle da introdução de animais exóticos no país – sob pena de dizimar a fauna local por conta da contaminação biológica e desequilíbrio do ecossistema.

Qualquer pessoa que chegue no país, por terra, água ou ar, com um único espécime de fauna exótica não autorizada estará incorrendo na infração. Não precisa fazer transações comerciais para cometer o ilícito! Não conseguimos vislumbrar de que dispositivo legal o magistrado extraiu tal ilação!

Ao tratar do cativeiro ilegal de aves silvestres, o erro da sentença mostra-se ainda mais gritante, pois o Magistrado vincula a ilegalidade da conduta com a prática de crueldade – citando o texto constitucional!!!!! Cabe citar o parágrafo da sentença ora mencionado:

> *Por outro lado, em relação ao eventual cometimento do ilícito administrativo prefigurado no art. 24 do Decreto nº 6.514/08 (Matar, perseguir, caçar, apanhar, coletar, utilizar espécimes da fauna silvestre, nativos ou em rota migratória, sem a devida permissão, licença ou autorização da autoridade competente, ou em desacordo com a obtida), tem-se que deve o tipo ser lido com a acuidade necessária, dentro da juridicidade que se expôs. Nesta senda, a instrução processual demonstrou que a autora não agiu, tal como facilmente se deduz da Constituição da República, premida por '**práticas que coloquem em risco sua função ecológica, provoquem a extinção das espécies ou submetam os animais à crueldade**'.*

Ora, o texto constitucional é expresso no sentido de vedar práticas que coloquem em risco **sua função ecológica, provoquem a extinção das espécies ou submetam os animais à crueldade'.**

O cativeiro ilegal – oriundo do tráfico e captura ilegal – constitui ato que coloca em risco a função ecológica da fauna e contribui substancialmente para a extinção das espécies (juntamente com outros fatores, como a destruição dos habitats.

O que não se pode é condicionar toda e qualquer infração à fauna à constatação de maus tratos. Maus tratos é um crime específico, bem como uma infração ambiental! O cativeiro ilegal é outro tipo penal e administrativo. A introdução de espécies exóticas é um terceiro tipo. Não se pode confundir os institutos.

Por fim, a sentença se supera no que tange a impropriedades, preconceitos e uso do senso comum e atecnia: o Magistrado afirma que o cativeiro ilegal é **costume arraigado e** que as fotos demonstram que **há uma estrutura física** adequada ao cativeiro ilegal, assistência de médico veterinário e que **isso afasta qualquer prejuízo ao bem jurídico ambiental protegido**!!!! E, por fim, afirma que **as aves são tratadas de forma equiparável aos humanos!!!!** Cite-se:

> *Antes, o que se tem, e ao juízo não é dado desconsiderar a realidade em que atua no exercício da judicatura, é a manutenção de animais de estimação, domésticos ou domesticados, no seio do lar, **costume este arraigado** no âmbito desta Subseção Judiciária e nos Municípios que a compõem. Ao contrário do que diz o réu, o fato da autora ter pretendido regularizar o 'Projeto de Criador Conservacionista Cornélia Conrad Lowndes' não pode depor em seu desfavor, não sendo razoável entender-se que todo aquele que venha a procurar a autarquia ambiental o faça no esteio de uma suposta ilicitude não demonstrada. Além disso, as fotos tiradas pelo agente ambiental por ocasião da diligência, bem demonstram que há **estrutura física adequada**, bem assim fitossanitária (assistência por profissional habilitado – médico veterinário), a **afastar qualquer prejuízo que venha a atingir o bem jurídico-ambiental protegido**. Aliás, a prova em audiência demonstrou que as aves objeto da lide são tratadas de forma equiparável aos seres humanos.*

É importante salientar que essa sentença teve IMENSA REPERCUSSÃO NA MÍDIA – culminando por incentivar a prática de novas infrações – pois as reportagens veiculadas acabam por fazer a população acreditar que essa é a postura da Justiça Federal – e que podem, assim, capturar aves da natureza ou comprar aves ilegais – pois terão o apoio e o respaldo do Judiciário!!!

II – Da Ilicitude da Conduta: Cativeiro Ilegal de Fauna Silvestre – Sentença Contra Legem

O fato é que de forma alguma se sustentam ou procedem as afirmações constantes da sentença. Com efeito, não há qualquer dispositivo de lei que ampare os pedidos por ela formulados. Muito contrário, a legislação existente dispõe exatamente no sentido da impossibilidade jurídica da pretensão de se ter um animais silvestres irregulares em residência particular.

Primeiramente, e longe de ser um **"mero detalhe"**, é importante enfatizar que **a vontade soberana dos representantes do povo brasileiro, eleitos para compor o Congresso Nacional, tornaram não apenas ilícita, mas criminosa,** a conduta de se criar animais silvestres sem origem lícita e sem licença. Isso foi feito por meio da edição da Lei 9.605/98.

Não apenas isso, mas a mesma Lei 9.605/98 prevê que os animais silvestres criados em cativeiro clandestino devem ser ou soltos no seu habitat natural, ou, pelo menos, entregues a jardins zoológicos ou criadores autorizados. Esses preceitos estão encerrados nos arts. 25 e 29 da Lei 9.605/98:

Aliás, ao dispor nesse sentido, a legislação ordinária nada mais fez do que dar cumprimento a valores consagrados na Constituição, notadamente no artigo 225 da Carta da República.

Além disso, a Lei nº 5.197/67 determina que todo animal silvestre é propriedade do Estado. É ilegal a posse por particulares destes animais, sem origem comprovada, sendo que **a legislação, vigente há quase quarenta anos, não prevê hipótese que regularize tal conduta.** Com efeito, o artigo 1º da Lei 5.197/67 dispõe nos termos seguintes:

> *"Art. 1º – Os animais de quaisquer espécies, em qualquer fase de seu desenvolvimento e que vivem naturalmente fora do cativeiro, constituindo a fauna silvestre, bem como seus ninhos, abrigos e criadouros naturais são propriedades do Estado, sendo proibida a sua utilização, perseguição, destruição, caça ou apanha."*

Sendo assim, e se os animais silvestres nativos são propriedade do Estado, significa que a autora é usurpadora, e que é direito do IBAMA, em nome do Estado, reaver esses animais de quem injustamente os detenha, conforme assegura o artigo 1.228 do Código Civil, que possui a redação seguinte:

"Art. 1.228. O proprietário tem a faculdade de usar, gozar e dispor da coisa, e o direito de reavê-la do poder de quem quer que injustamente a possua ou detenha."

Portanto, para que fosse legal a sua posse, os animais teriam de ter sido adquirido de criadouros comerciais (regulamentados pela Portaria IBAMA nº 118N, de 15/11/97) ou de comerciantes de espécimes da fauna silvestre (regulamentados pela Portaria nº 117-N, de 15/10/97), sendo que em ambos os casos é necessário o registro do estabelecimento perante o IBAMA. Há, ainda necessidade de apresentação da nota fiscal de compra do animal, para comprovar a sua origem lícita.

Os animais em disputa, no entanto, têm origem ilícita, oriundos da captura ou tráfico clandestinos de animais silvestres.

Se o animal disputado tivesse origem lícita e licenciada, estaria devidamente anilhado, com anilha fechada e numerada, fornecida pelo IBAMA, e que identifica o criadouro de origem. O anilhamento, aliás, só pode ser feito enquanto o animal é ainda muito pequeno. Isso representa uma garantia quanto ao fato de o animal ter nascido em cativeiro, e não ter sido capturado na natureza. Não foi o que ocorreu no caso concreto, em que os animais foram encontrados sem qualquer licença válida, que comprove ter nascido o animal em criadouro regular.

Simples, portanto, a questão posta nestes autos. Estando irregular a posse dos animais em questão, era obrigatória a autuação, sob pena de improbidade administrativa das autoridades ambientais. E ocorre que o animais em questão eram de origem clandestina, sem licença, com certeza absoluta capturados covardemente de seu *habitat.*

Aliás, a praxe e o costume vigente dos traficantes de animais é de retirar esses pobres papagaios ainda filhotes e recém nascidos, normalmente ainda sem plumagem, dos ninhos em que se abrigam, sob os cuidados de seus pais.

III – DOS PRINCÍPIOS DA RESERVA LEGAL E DA SEPARAÇÃO DOS PODERES

Em primeiro lugar, com o máximo acatamento e respeito, o IBAMA pede vênia para recordar que **ao Poder Judiciário cabe, como é óbvio, fazer cumprir a Lei, e não desafiá-la e nem descumpri-la, muito menos estimular e fomentar o seu descumprimento pela população.**

Claro que o Judiciário é livre para, se assim entender, julgar inconstitucionais de forma incidental, os dispositivos de lei invocados e transcritos acima. Mas, se o fizer, deve fazê-lo de forma aberta e declarada e não de modo velado. Com efeito, a respeito da declaração "velada" de inconstitucionalidade, o STF editou a súmula vinculante 10. Dita súmula, é bem evidente, aplica-se apenas aos Tribunais e não a juízos monocráticos. Mas, ainda assim, é uma sinalização importante do STF, a respeito da necessidade de se fundamentarem apropriadamente as decisões judiciais.

Além disso, sabe-se que a função e o papel do Poder Judiciário não é criar normas, mas sim fazer valer as leis criadas pelo Congresso Nacional, **sob pena de violação ao princípio da Separação dos Poderes.** Da mesma forma, sabe-se que ninguém será obrigado a fazer ou deixar de fazer algo senão em virtude de lei, **sob o risco de maltrato ao princípio da reserva legal.** Esses princípios constitucionais, é bom que se recorde, foram tão caros ao constituinte originário que os erigiu à condição de cláusulas pétreas.

Por isso mesmo que a sentença não entendesse que é caso de inconstitucionalidade da Lei 9.605/98, deveria apontar e indicar claramente em sua fundamentação qual é ou são os dispositivos legais que supostamente sustentam o suposto direito subjetivo dos autores de criarem animais silvestres em cativeiro doméstico.

A ausência de indicação de suposto dispositivo legal que ampare esse também suposto direito subjetivo implica ou em violação ao artigo 93, IX da Constituição, ou, pelo menos, em ofensa aos princípios da Reserva Legal e da Separação dos Poderes. Ou uma coisa ou outra.

IV – DAS CONSEQUÊNCIAS E EFEITOS PRÁTICOS DE DECISÕES JUDICIAIS QUE AUTORIZAM A CRIAÇÃO DE ANIMAIS SILVESTRES POR PARTICULARES.

Impõe-se desmistificar a suposta "desimportância" do presente processo. Ao contrário do que pode parecer à primeira vista, não se está discutindo aqui apenas o destino de alguns poucos animais.

Há cerca de oito ou dez anos, não havia sequer ações judiciais a respeito deste assunto. A autoridade do IBAMA e da lei era respeitada, dado o texto explícito desta. Apreensões de papagaios pelo IBAMA sempre ocorreram rotineiramente em todo o Brasil, mas nem por isso costumavam gerar processos judiciais.

Hoje, no entanto, vê-se que a lei e a ordem estão desmoralizadas. Um belo dia, algum aventureiro, sem nada a perder, ingressou em juízo com um pedido *contra legem* de, em nome de um costume irracional, poder permanecer com o seu "animal de estimação", e uma decisão judicial irrefletida acolheu o pedido. E a notícia se espalhou...

Como consequência, o que se vê hoje é que a cada dia crescem a quantidade de processos com objeto idêntico ao da presente ação e se avolumam decisões judiciais que concedem do beneplácito do Judiciário para uma conduta proibida pela lei e pela Constituição, além de tipificada como crime. Há um efeito multiplicador assustador.

Claro, há também muitas decisões favoráveis ao IBAMA, consoante se demonstrará. Mas o saldo final, de qualquer forma, é de centenas de animais devolvidos aos seus captores, que ficam privados da possibilidade de se reproduzirem e de cumprirem seu papel nos ciclos da natureza. Mas mesmo assim o efeito de tais decisões judiciais não é apenas esse.

Há ainda outro efeito, que é o de divulgar, no meio social, **o sentimento de impunidade, de que a lei não possui valor e de desmoralizar as autoridades do IBAMA e a seriedade do seu trabalho.** E de passar um sinal claro para todas as pessoas que desejam ter um papagaio – de que elas podem adquiri-los livremente de traficantes de animais, porque o Judiciário dará um "jeitinho". De tal forma que, mesmo que o IBAMA descubra, nada poderá fazer a respeito.

Portanto, em última análise, decisões a antecipação de tutela proferida nestes autos, de determinar a entrega do animal aos autores corresponde a precedente perigoso, fomento à ilegalidade e fermento para o tráfico de animais silvestres, que, lado a lado com a destruição de *habitats* é a principal causa de extinção de espécies no Brasil. Sim, pois qualquer interessado em adquirir um papagaio de traficantes de animais, mais que relute em fazê-lo por saber que se trata de conduta ilegal, se sentirá encorajado a desafiar a lei e a comprar um desses animais, ao saber que sua conduta contará com o beneplácito do Poder Judiciário.

Sim, decisões como a antecipação de tutela significam exatamente um fomento e incentivo ao tráfico de animais. Não por outro motivo o IBAMA vem detectando um aumento na quantidade de apreensões desses animais nos últimos dois anos.

O lugar dos animais silvestres é na natureza, onde possuem, todos eles, um papel a cumprir para o equilíbrio do meio-ambiente. As aves em geral, por exemplo, têm o papel, entre outros de favorecer a reprodução de espécies vegetais de cujas frutas ele se alimenta, ao evacuar as sementes dessas frutas nos mais variados lugares, disseminado-as. Além de servir de alimento para predadores, que, sem suas presas, fatalmente, voltam-se contra as criações de animais domésticos.

Aliás, a respeito do aspecto de um animal cumprir o seu papel na natureza, invoca novamente o IBAMA, o artigo 225, §1º, VII da Constituição, que explicitamente proíbe e veda condutas que influenciem negativamente nesses processos e ciclos naturais, ao dispor nos seguintes termos:

> *"Art. 225. Todos têm direito ao meio ambiente ecologicamente equilibrado, bem de uso comum do povo e essencial à sadia qualidade de vida, impondo-se ao Poder Público e à coletividade o dever de defendê-lo e preservá- lo para as presentes e futuras gerações.*
> *§ 1º – Para assegurar a efetividade desse direito, incumbe ao Poder Público:*
> *I – preservar e restaurar os processos ecológicos essenciais e prover o manejo ecológico das espécies e ecossistemas;*
> *[...]*
> *VII – proteger a fauna e a flora, vedadas, na forma da lei, as práticas que coloquem em risco sua função ecológica, provoquem a extinção de espécies ou submetam os animais a crueldade."*

Portanto, lugar de ave silvestre é na natureza, e não na residência de particulares, suprindo carências afetivas ou servindo de muleta emocional. Depressão se cura com antidepressivos ou terapia de apoio, não com a companhia de um papagaio. Os papagaios na posse do embargado, estão impedidos de reproduzirem-se e de conviver com outros de sua espécie, bem como de cumprir *o seu papel na natureza.*

Não se pode permitir que se erija o suposto direito individual de se permanecer com a posse de animal obtido de forma clandestina acima do direito difuso da humanidade a uma natureza preservada e sã.

E não se pode, principalmente, fomentar e estimular, no Brasil, a perniciosa e danosa cultura de impunidade que campeia e permeia todo o tecido social. Da favela ao Senado.

Não bastasse isso, existe uma gama imensa de animais domésticos que podem servir de companhia para o possuidor (periquitos, cachorro, gato, peixe, etc). Por que tem a pessoa que apanhar um animal silvestre? Puro capricho, capricho que não merece guarida.

VI – DA JURISPRUDÊNCIA AMBIENTAL DO TRF4

Felizmente, a despeito de todo o show de horrores narrado, o IBAMA também tem conseguido obter decisões judiciais favoráveis a tese aqui defendida, como se pode observar das ementas que se traz à baila, todas do TRF da 4ª Região:

"AGRAVO DE INSTRUMENTO Nº 2009.04.00.018397-3/RS MEIO AMBIENTE. APREENSÃO DE ANIMAIS SILVESTRES SEM LICENÇA. FISCALIZAÇÃO LEGAL.

A restituição dos animais silvestres sem licença, sem que a conduta da fiscalização tenha se evidenciado ilegal, absurda ou desproporcionada, desmoraliza o regular exercício do poder de polícia e gera consciência de impunidade no meio social. (AI n° 2009.04.00.018397-3, 4ª

Turma, Rel. Juiz Fed. Jorge Antonio Maurique, D.E. 29/06/10)"

> *"ADMINISTRATIVO E AMBIENTAL. POSSE DE ANIMAL SILVESTRE (PAPAGAIO). IRREGULARIDADE.*
>
> *Seria desarrazoado relegar a um segundo plano o bem estar do animal, a importância da educação ambiental e da preservação das espécies (com expressa previsão legal, visando também coibir o tráfico ilícito), tão-somente em nome de possível laço afetivo de animal silvestre com a parte autora.*
>
> *A Lei n° 5.197/67, que tratava da proteção à fauna, em seu artigo 3° já proibia o comércio (e via de consequência a guarda irregular) de espécimes da fauna silvestre, excetuando apenas "os espécimes provenientes de criadouros devidamente legalizados". Assim, não havendo qualquer prova quanto a aquisição lícita da*

ave, presume-se que a mesma se deu ao arrepio da lei." (Apelação/Reexame Necessário n° 2006.71.00.008012-9/RS, 3ª Turma, Rel. Desembargador Federal Fernando Quadros da Silva, D.E. 20/05/10)"

"ADMINISTRATIVO. AÇÃO ORDINÁRIA. APREENSÃO DE PÁSSARO. OBSERVAÇÃO AO ADEQUADO ANILHAMENTO DO ANIMAL. A restituição do pássaro, sem que a conduta da fiscalização tenha se evidenciado ilegal, absurda ou desproporcionada, desmoraliza o regular exercício do poder de polícia e gera consciência de impunidade no meio social. Anilha irregular."
(APELREEX n°
2007.71.10.006938-0, 4ª Turma, Rel. Desembargador Federal Valdemar Capeletti, D.E. 09/06/09)"

ADMINISTRATIVO. IBAMA. APREENSÃO DE PAPAGAIOS. MANDADO DE SEGURANÇA. LIMINAR. AGRAVO DE INSTRUMENTO. Lugar de animais silvestres não é dentro de gaiolas ou viveiros, onde, na maioria das vezes, adquirem comportamento completamente fora de seus padrões naturais e servem, nos mais das vezes, como mero adorno para deleite inexplicável dos seres humanos.
(TRF 4ª Região, Quarta Turma; AI 2006.04.00.001389-6/RS, Rel. Des. Federal
VALDEMAR CAPELETTI, DJU 25/10/2006)."

DIREITO AMBIENTAL. POSSE DE ANIMAIS SILVESTRES. PAPAGAIO E CATURRITA. IRREGULARIDADE.
A Lei nº 9.605/98 proíbe expressamente a utilização, perseguição, destruição, caça ou apanha de animais silvestres.
Devem ser vistas com reserva as alegações de que os animais são bem tratados no cativeiro e/ou estão com a família há muito tempo. Tais assertivas merecem interpretação restritiva, sempre condicionada à prova, em cada caso concreto, de que seja o melhor para o animal, sob pena de tornar inócua a legislação protetora da fauna, e, ainda, conceder argumento para incentivar a prática ilegal. (TRF 4ª Região, Quarta Turma; AC 2007.71.10.005959-3. Relator Alexandre Gonçalves Lippel, D.E. 06/07/2009).
1)
2)
3)
"ADMINISTRATIVO. ANIMAL SILVESTRE MANTIDO CLANDESTINAMENTE EM POSSE DE PARTICULAR. PAPAGAIO VERDADEIRO (AMAZONA AESTIVA).

BUSCA E APREENSÃO PELO INSTITUTO BRASILEIRO DO MEIO AMBIENTE E DOS RECURSOS RENOVÁVEIS – IBAMA. ESPÉCIE SILVESTRE DE PAPAGAIO MAIS AMEAÇADA DE EXTINÇÃO. SUCUMBÊNCIA INVERTIDA.
Apelação conhecida e provida."
(AC nº 2002.71.02.005309-6, 3ª Turma, Rel. Desembargador Federal Carlos Eduardo Thompson Flores Lenz, D.E. 22/11/07).

AÇÃO ORDINATÓRIA. DECLARAÇÃO DE INEXISTÊNCIA DE DÉBITO. Como referiu o MPF "mesmo considerando-se verdadeiras as alegações do autor, subsiste a ilicitude da conduta praticada. O procedimento mais adequado em situações como as do caso, em que animais silvestres são encontrados ou doados à alguém é a comunicação aos órgãos ambientais para que sejam tomadas as medidas cabíveis, inclusive com a reinserção dessas espécies ao seu ambiente natural." (fl. 150) Mesmo que assim fosse, ou seja, os animais não fossem caçados pelo autor, o fato de os manter em cativeiro, transformando aves com hábitos silvestres em animais domésticos, contrariando a legislação aplicável, que exige a readaptação da espécie ao seu habitat natural. (art. 1º da Lei 5197/67)
(TRF 4ª R., 3ª T., AC 2001.71.13.001787-2/RS, Rel. Juíza VÂNIA HACK DE ALMEIDA, DJU 15/03/2006)"

Do Pedido

Diante do exposto, o IBAMA pugna pela **reforma da decisão**, dando pela completa improcedência dos pedidos deduzidos pelo autor, reconhecendo-se a higidez da autuação lavrada pelo IBAMA.

Confia e espera que esse Egrégio Tribunal dará provimento a este apelo, de modo a **salvaguardar a biodiversidade e, assim, a dignidade da vida humana, garantindo a todos os seres – das gerações presentes e futuras – um Meio Ambiente ecologicamente equilibrado.**

PEDE DEFERIMENTO.

Florianópolis, 20 de março de 2012.
Giorgia Sena Martins
Procuradora Federal
OAB/SC 10.909

ANEXO B – Acórdão do Tribunal Regional Federal da 4ª Região (TRF4) referente a Organismos Geneticamente Modificados (cap. 2)

AGRAVO DE INSTRUMENTO Nº 2006.04.00.037294-0/PR
RELATOR : Des. Federal LUIZ CARLOS DE CASTRO LUGON
AGRAVANTE : UNIÃO FEDERAL
ADVOGADO : Luis Antonio Alcoba de Freitas
AGRAVADO : NELSON JOSÉ KONZEN
ADVOGADO : Cassio Lisandro Telles

EMENTA

AGRAVO DE INSTRUMENTO. PLANTIO DE SEMENTES GENETICAMENTE MODIFICADAS. DECRETO Nº 5.891/06.

A Lei nº 11.105/05 estabelece normas de segurança e mecanismos de fiscalização de atividades que envolvam organismos geneticamente modificados, tendo como diretrizes o estímulo ao avanço científico na área de biossegurança e biotecnologia, a proteção à vida e à saúde humana, animal e vegetal, e a observância do princípio da precaução para a proteção do meio ambiente (art. 1º).

Ao analisar-se o art. 36 da referida lei, verifica-se que a autorização concedida aos produtores rurais para a safra 2004/2005 foi feita para todo o território nacional, sem restrição a nenhum Estado brasileiro, tampouco concedendo vantagem específica a qualquer deles. Tem-se, então, que a intenção do legislador ao editar a norma foi em caráter geral, sem prever que pudesse ser feita alguma diferenciação ou discriminação entre os Estados Federados.

A situação criada pelo Decreto nº 5.891/06, embora invoque como fundamento legal a Lei nº 11.105/05, distancia-se da temática dessa normatização, pois tem em mira apenas o aspecto comercial e econômico dos produtores do extremo sul, não existindo na medida indicativos de segurança biológica que não fossem válidos para os demais Estados, fugindo portanto das diretrizes fundamentais da legislação em referência, fundamentalmente baseada no estímulo ao avanço científico na área de biossegurança e biotecnologia, a proteção à vida e à saúde humana, animal e vegetal, e a observância do princípio da precaução para a proteção do meio ambiente (art. 1º, Lei nº 11.105/05).

ACÓRDÃO

Vistos e relatados estes autos em que são partes as acima indicadas, decide a Egrégia 3ª Turma do Tribunal Regional Federal da 4ª Região, por unanimidade, negar provimento ao agravo de instrumento, prejudicado o pedido de reconsideração, nos termos do relatório, votos e notas taquigráficas que ficam fazendo parte integrante do presente julgado.

Porto Alegre, 13 de novembro de 2007.

Des. Federal Luiz Carlos de Castro Lugon

Relator

Documento eletrônico assinado digitalmente pelo(a) **Des. Federal Luiz Carlos de Castro Lugon, Relator**, conforme MP nº 2.200-2/2001 de 24/08/2001, que instituiu a Infra-estrutura de Chaves Públicas Brasileira – ICP-Brasil, e Portaria do TRF4R nº 195 de 16 de dezembro de 2004 (DJU de 24/12/2004 pg. 25). A autenticidade do documento pode ser conferida no site https://www.trf4.gov.br/trf4/processos/verifica.php informando o código verificador **1969338v3** e, se solicitado, o código CRC **9C7EBE32**.

Informações adicionais da assinatura:

Signatário (a): LUIZ CARLOS DE CASTRO LUGON

Nº de Série do Certificado: 32303035303430373135313533313032

Data e Hora: 27/11/2007 12:04:50

AGRAVO DE INSTRUMENTO Nº 2006.04.00.037294-0/PR
RELATOR : Des. Federal LUIZ CARLOS DE CASTRO LUGON
AGRAVANTE : UNIÃO FEDERAL
ADVOGADO : Luis Antonio Alcoba de Freitas
AGRAVADO : NELSON JOSÉ KONZEN
ADVOGADO : Cassio Lisandro Telles

RELATÓRIO

Trata-se de agravo de instrumento interposto em face de decisão que antecipou os efeitos da tutela para reconhecer ser inconstitucional a autorização de plantio de soja geneticamente modificada resistente a glifosato somente aos produtores do Rio Grande do Sul, bem assim presente o perigo de dano irreparável, cabível a antecipação de tutela pretendida, estendendo ao autor a aplicação do art. 2º do Decreto nº 5.891/06 e permitindo, de conseqüência, o plantio das sementes descritas no Auto de Infração nº 003/1497/2006.

Alega a parte agravante que deve ser reformada a decisão, pois ela provoca grave risco à ordem econômica e social ao abrir precedente perigoso contrário aos interesses da política de controle e fiscalização de sementes geneticamente modificadas utilizadas nas lavouras de soja, tendo legislado positivamente o Julgador no momento em que estendeu a exceção legal aos produtores de soja do Estado do Paraná, negando vigência ao art. 2º da Constituição Federal. Alega que a decisão parte de premissa equivocada, pois os produtores de sementes do Estado do Rio Grande do Sul, ao contrário dos produtores paranaenses, não teriam sementes certificadas suficientes para atender à demanda dos agricultores, não se podendo falar, então, em ferimento ao princípio da isonomia. Afirma, ainda, que as normas impugnadas estabeleceram uma série de restrições e limitações ao uso de organismos geneticamente modificados, não cabendo, no caso, uma interpretação extensiva de direito – o Poder Judiciário, então, somente poderia retirar a eficácia do dispositivo, sem jamais poder criar novos direitos subjetivos a quem quer que seja.

Indeferido o efeito suspensivo.

A União Federal, ora agravante, formulou pedido de reconsideração.

Sem contra-razões, vieram os autos para julgamento.

É o relatório. Peço dia.

Des. Federal Luiz Carlos de Castro Lugon
Relator

Documento eletrônico assinado digitalmente pelo(a) **Des. Federal Luiz Carlos de Castro Lugon, Relator**, conforme MP nº 2.200-2/2001 de 24/08/2001, que instituiu a Infra-estrutura de Chaves Públicas Brasileira – ICP-Brasil, e Portaria do TRF4R nº 195 de 16 de dezembro de 2004 (DJU de 24/12/2004 pg. 25). A autenticidade do documento pode ser conferida no site https://www.trf4.gov.br/trf4/processos/verifica.php informando o código verificador **1969336v4** e, se solicitado, o código CRC **DFD517DE**.

Informações adicionais da assinatura:

Signatário (a):	LUIZ CARLOS DE CASTRO LUGON
Nº de Série do Certificado:	32303035303430373135313533313032
Data e Hora:	27/11/2007 12:05:01

AGRAVO DE INSTRUMENTO Nº 2006.04.00.037294-0/PR
RELATOR : Des. Federal LUIZ CARLOS DE CASTRO LUGON
AGRAVANTE : UNIÃO FEDERAL
ADVOGADO : Luis Antonio Alcoba de Freitas
AGRAVADO : NELSON JOSÉ KONZEN
ADVOGADO : Cassio Lisandro Telles

VOTO

O Decreto nº 5.891/06, que originou a insurgência posta na ação, assim dispõe, *verbis*:

Art. 1º O Ministério da Agricultura, Pecuária e Abastecimento adotará as medidas destinadas à substituição, por sementes produzidas em conformidade com os ditames da Lei no 10.711, de 5 de agosto de 2003, de grãos de soja geneticamente modificada tolerante a glifosato reservados para uso próprio pelos produtores rurais do Estado do Rio Grande do Sul, para o plantio da safra 2006/2007.

(...)

Art. 2º Fica prorrogada para a safra 2006/2007, exclusivamente no Estado do Rio Grande do Sul, a autorização de que trata o art. 36 da Lei no 11.105, de 24 de março de 2005, vedada nova prorrogação.

A Lei nº 11.105/2005, a seu turno, assim dispõe em seus artigos 35 e 36:

Art. 35. Ficam autorizadas a produção e a comercialização de sementes de cultivares de soja geneticamente modificadas tolerantes a glifosato registradas no Registro Nacional de Cultivares – RNC do Ministério da Agricultura, Pecuária e Abastecimento.

Art. 36. Fica autorizado o plantio de grãos de soja geneticamente modificada tolerante a glifosato, reservados pelos produtores rurais para uso próprio, na safra

2004/2005, sendo vedada a comercialização da produção como semente. (Vide Decreto nº 5.534, de 2005)

Parágrafo único. O Poder Executivo poderá prorrogar a autorização de que trata o caput deste artigo.

Da leitura dos dispositivos legais acima, verifica-se que o decreto executivo, usando da prerrogativa dada pela Lei de Biossegurança, prorrogou a autorização do plantio de grãos de soja geneticamente modificada, reservados para uso próprio dos produtores rurais, para a safra 2006/2007, sendo vedada a comercialização da produção como semente.

Ocorre que, no entanto, prorrogou o benefício concedido pela Lei ordinária apenas aos produtores rurais do Estado do Rio Grande do Sul, autorizando apenas aos agricultores deste Estado o direito de trocar os grãos de soja geneticamente modificada, reservados para uso próprio, por sementes produzidas em conformidade com os ditames da Lei nº 10.711/03, sob o fundamento de que no RS não haveria disponibilidade de sementes certificadas e fiscalizadas suficientes para atender toda a área de plantio do Estado para a safra 2006/2007.

A Lei nº 11.105/05, por sua vez, estabelece normas de segurança e mecanismos de fiscalização de atividades que envolvam organismos geneticamente modificados, tendo como diretrizes o estímulo ao avanço científico na área de biossegurança e biotecnologia, a proteção à vida e à saúde humana, animal e vegetal, e a observância do princípio da precaução para a proteção do meio ambiente (art. 1º).

Ao analisar-se o art. 36 da referida lei, verifica-se que a autorização concedida aos produtores rurais para a safra 2004/2005 foi feita para todo o território nacional, sem restrição a nenhum Estado brasileiro, tampouco concedendo vantagem específica a qualquer deles. Tem-se, então, que a intenção do legislador ao editar a norma foi em caráter geral, sem prever que pudesse ser feita alguma diferenciação ou discriminação entre os Estados Federados. O disposto no parágrafo único, igualmente, não prevê que, ao ser prorrogada a autorização de plantio para outra safra, possam ser feitas restrições de qualquer natureza; ou seja, a Lei de Biossegurança, quando autorizou o plantio de grãos geneticamente modificados reservados pelo agricultores para uso próprio em relação à safra 2004/2005, não previu qualquer diferenciação entre os Estados da federação, não cabendo, agora, pretender o Executivo, através de decreto, criar situação de discrímen entre os Estados da Federação não prevista anteriormente.

Nesse sentido, transcrevo trecho da decisão, proferida pelo MM. Juiz Federal Substituto, Dr. Rafael Webber, que assim analisou a questão:

> *19. Contraria a Lei nº 11.105/05, pois o art. 36, caput, ao autorizar o plantio de soja geneticamente modificada tolerante a glifosato, para a safra 2004/2005, o fez para todo o território nacional, sem ressalvas. Ao permitir a prorrogação prevista no caput, igualmente o parágrafo único não traz condicionantes.*
> *20. Assim, em um juízo preliminar, mostra-se ilegal a restrição constante do art. 2º do Decreto nº 5.891/06, permitindo apenas aos produtores do Estado do Rio Grande do Sul o plantio de variedades de soja transgênicas resistentes a glifosato. E, como é sabido, os atos regulamentes devem ater-se aos limites da Lei a que visam regulamentar.*
> *21. Por outro lado, o permissivo de plantio restrito ao Estado do Rio Grande do Sul ofende o princípio constitucional da igualdade, insculpido no art. 5º da Carta Magna.*

Tem-se, portanto, que a situação criada pelo decreto executivo extrapola seu poder regulamentador.

O exercício do poder regulamentar do Executivo, como previsto no art. 84, IV, da Constituição Federal, situa-se dentro do princípio da separação dos poderes, uma vez que não cabe ao Presidente da República estabelecer normas gerais criadoras de direitos e obrigações, por se tratar de função do Poder Legislativo. Dessa forma, não cabe ao decreto presidencial alterar disposição legal.

No caso dos autos, o poder normativo do decreto é limitado a prorrogar a autorização concedida pela Lei a outras safras, na forma prevista em seu parágrafo único. Assim é que o art. 2º do Decreto nº 5.891/06 contraria a disposição legal, contendo vício de ilegalidade, e só é válido na parte em que prorroga para a safra 2006/2007 a autorização prevista no art. 36, porquanto só poderia prorrogar aquilo que a lei autorizou; isto é, só pode prorrogar para outras safras a autorização, não podendo reduzir ou retirar direito de quem foi beneficiado com a lei, de modo que não poderia ter excluído o Estado do Paraná, ou qualquer outro, do benefício prorrogado.

Ademais, a situação criada pelo Decreto nº 5.891/06, embora invoque como fundamento legal a Lei nº 11.105/05, distancia-se da temática dessa normatização, pois tem em mira apenas o aspecto comercial e econômico dos produtores do extremo sul, não existindo na medida indicativos de segurança biológica que não fossem válidos para os demais Estados, fugindo portanto das diretrizes fundamentais da legislação em referência, fundamentalmente baseada no estímulo ao avanço científico na área de biossegurança e biotecnologia, a proteção à vida e à saúde humana, animal e vegetal, e a observância do princípio da precaução para a proteção do meio ambiente (art. 1º, Lei nº 11.105/05).

De resto, ressalto não identificar na liberação do plantio risco ao meio ambiente, visto que o plantio dessa variedade de semente de soja geneticamente modificada já foi efetuado em outras oportunidades no Estado do Paraná, não havendo notícia de dano ambiental.

Portanto, a discriminação imposta pelo Decreto nº 5.891/06 causará grave prejuízo ao autor, ora agravado, que não poderá utilizar suas sementes, tampouco trocá-las por sementes certificadas e registradas, como poderão fazer os agricultores gaúchos.

Ante o exposto, voto no sentido de negar provimento ao agravo de instrumento. Prejudicado o pedido de reconsideração.

É o voto.

Des. Federal Luiz Carlos de Castro Lugon
Relator

Documento eletrônico assinado digitalmente pelo(a) **Des. Federal Luiz Carlos de Castro Lugon, Relator**, conforme MP nº 2.200-2/2001 de 24/08/2001, que instituiu a Infra-estrutura de Chaves Públicas Brasileira – ICP-Brasil, e Portaria do TRF4R nº 195 de 16 de dezembro de 2004 (DJU de 24/12/2004 pg. 25). A autenticidade do documento pode ser conferida no site https://www.trf4.gov.br/trf4/processos/verifica.php informando o código verificador **1969337v3** e, se solicitado, o código CRC **7DC18FE6**.

Informações adicionais da assinatura:
Signatário (a): LUIZ CARLOS DE CASTRO LUGON
Nº de Série do
32303035303430373135313533313032
Certificado:
Data e Hora: 27/11/2007 12:04:56

ANEXO C – Sentença referente à Proteção do Patrimônio Genético (cap. 2)

AÇÃO ORDINÁRIA (PROCEDIMENTO COMUM ORDINÁRIO) Nº 5013440-40.2012.404.7200/SC

AUTOR: AGE DO BRASIL INDUSTRIA E COMERCIO LTDA
ADVOGADO: DANILO MARTELLI JÚNIOR
RÉU: INSTITUTO BRASILEIRO DO MEIO AMBIENTE E DOS RECURSOS NATURAIS RENOVÁVEIS - IBAMA
MPF: MINISTÉRIO PÚBLICO FEDERAL

SENTENÇA

Trata-se de ação ordinária em que se objetiva cancelar as multas impostas pelo IBAMA (no valor total de R$ 3.000.000,00). Afirma a autora inicialmente que, após receber os autos de infração (542953, 542954, 542955, 542956, 542957 e 542959) e os boletos de pagamento das multas, por suposta infração à Medida Provisória nº 2.186-16/01(que trata da proteção do patrimônio genético e ao conhecimento tradicional da flora e fauna nacionais), compareceu no órgão ambiental para se defender, mas não lhe foi dado acesso ao processo administrativo. Por esse motivo, alega afronta ao princípio da ampla defesa e contraditório. Em relação ao mérito, rebate o fato descrito como infração nos respectivos autos (art. 18 do Decreto 5.459/05), afirmando que apenas aquele que realiza a extração do produto pode responder pela infração, o que não ocorre no seu caso. Esclarece que 'os insumos (extraídos da flora brasileira) são adquiridos pela autora de terceiros e estes é que devem responder pela eventual infração'. Aduz que a legislação não exige de quem comercializa a repartição dos benefícios, mas tão somente de quem realiza a extração da flora brasileira. Além desses fundamentos, afirma que as multas devem ter seu valor reduzido, pois têm caráter confiscatório. Afirma que seu valor foi desproporcional ao obtido com o benefício da venda das seis espécies da flora brasileira (R$ 20.000,00). Como pedido sucessivo à declaração de inexistência de relação jurídica, requer a conversão da multa em aplicação em serviço de recuperação de áreas degradadas (art. 130, incisos I e II, do Decreto n. 6.514/08 e art. 68 da Instrução Normativa n. 14/2009). Requer, assim, em antecipação de tutela, que a ré seja impedida de inscrevê-la no CADIN e que suspenda a ação fiscal que poderá ser movida no curso da presente demanda. Ao final, requer:

3.1) o cancelamento da multa, tendo em vista que não houve acesso ao processo administrativo por culpa da ré;

3.2) o cancelamento da multa, haja vista que se embasa em notificação que apenas requer esclarecimentos, sendo que nenhum momento foi notificado para apresentar defesa, e, ainda, sem possuir qualquer fundamento legal;

3.3) a inexistência de relação jurídica, eis que a legislação não exige de quem comercializa a repartição dos benefícios e tão somente a quem realize a extração; 3.4) a multa aplicada como confiscatória.

4) no caso remoto, que Vossa Excelência, não declare a inexistência de relação jurídica, requer-se a redução da multa, porquanto não houve prejuízo ao meio ambiente e o ínfimo lucro da autora com a venda dos produtos, utilizando-se os princípios da proporcionalidade e razoabilidade.

Após intimada, a autora emendou a inicial para dar novo valor à causa e juntar novamente os documentos que estavam ilegíveis.

A tutela antecipada foi indeferida.

O IBAMA suscitou preliminar de inépcia da inicial. Alega que, embora se esteja enfrentando seis autos de infração que culminaram, cada um, em multa correspondente, a empresa autora, no pedido final, requer o cancelamento tão-somente de uma multa. Também noticia a falta de interesse de agir, pois não houve homologação de nenhuma multa, já que não findaram os processos administrativos, não tendo ocorrido ainda o julgamento dos autos de infração. Em relação a essa preliminar, ainda aventa a possibilidade de que as multas sofram abatimento de até 90%, caso seja regularizada a atividade junto ao CGEN. No mérito, esclarece que a repartição de benefícios decorrente do acesso ao patrimônio genético é uma espécie de 'Direito autoral' que se paga aos países detentores de biodiversidade e é meio eficaz de salvaguarda ambiental para as gerações presentes e futuras. Em relação ao caso específico dos autos, afirma que não houve cerceamento de defesa, pois foi conferida dilação de prazo à autora para se defender. Também aduz que não há previsão legal para apresentar defesa nas hipóteses de notificação para apresentar esclarecimentos e porque não foi ela (notificação) que originou os procedimentos administrativos para apuração de infrações ambientais. Explica que, para se exigir a repartição de benefícios resultantes da exploração econômica de produto ou de processo, não é necessário que haja coincidência 'entre aquele que acessa (busca atributos funcionais ou princípios ativos do patrimônio genético integrante da biodiversidade mediante pesquisa ou desenvolvimento tecnológico) e o que aufere benefícios pela exploração econômica de produtos ou processos resultantes do acesso original'. Segundo afirma, não se trata de penalizar aquele que primeiro descobriu o patrimônio genético, mas de penalizar aquele que realiza exploração econômica do componente, 'ainda que outrora descoberto'. Desse modo, aduz que a conduta da autora se subsume ao tipo ilícito previsto no art. 18 do Decreto n. 5.459, de 07-06-2005, pois 'ainda que utilizadora de resultado de acesso e desenvolvimento anteriores, realizados aparentemente por terceiros, obtém de fato benefícios econômicos que exigem compartilhamento conforme reza o Direito Brasileiro (..)'. Explica que 'o que a norma jurídica busca proteger é o patrimônio genético, cujo acesso sem autorização e cuja não repartição dos benefícios, per si, trazem risco ao meio ambiente e à sociedade e, por essa razão, merecem ser repreendidos'. Afasta, outrossim, o argumento de que a multa foi confiscatória, já que o valor mínimo para a infração leve é de R$ 250.000,00 e para as hipóteses de infração média e empresas de grande porte, como ocorreu no caso dos autos, o valor da multa corresponderá a duas vezes o valor da infração leve. Requer, ao final, o acatamento das preliminares e extinção do feito sem julgamento do mérito, ou, caso examinado o mérito, a improcedência da ação.

Em sua réplica, a autora refuta os argumentos trazidos na contestação, afirmando serinadmissível que se cobre a repartição dos benefícios daquele que apenas vende o produto. De outro lado, afirma que o valor da multa não está pautado no valor do benefício econômico (lucro auferido). Ressalta, ainda, que o pedido diz respeito a todas as seis multas, decorrentes dos seis autos de infração. A falta de interesse de agir, segundo alega, também cai por terra, pois embora a ré tenha alegado que o processo administrativo não foi ultimado, já está exigindo a multa, o que possibilita o acesso a juízo para enfrentá-la. Insurge-se contra alegação de que não houve malferimento à ampla defesa, pois não conseguiu obter as cópias do processo administrativo logo após a notificação, por não estar acessível.

É o relatório. Decido.

Inépcia da inicial

A inépcia da inicial já restou superada, uma vez que a autora esclareceu durante a instrução processual que sua insurgência era contra todas as multas e todos os autos de infração (em número de seis) que lhe foram impostos.

Falta de interesse processual

Em relação ao pedido de conversão de multa em prestação de serviços, de fato há falta de interesse processual, já que não há qualquer documento nos autos a demonstrar que houve a negativa por parte da autarquia em assim proceder.

Acolho, assim, a preliminar em relação ao pedido sucessivo de conversão da multa em prestação de serviços ambientais.

Mérito.

Conforme já acentuado na liminar:

Em desfavor da autora foram lavrados seis autos de infração, todos pelo mesmo fato, mas cada um por uma substância da flora diferente (açaí, maracujá, pequi, guaraná, jaborandi e andiroba). Consoante se lê em um dos Autos de Infração mencionados na inicial (n. 542953), o fato atribuído à autora na fiscalização foi o de: 'Deixar de repartir os benefícios resultantes da exploração econômica de produtos desenvolvidos a partir do acesso à amostra do patrimônio genético (E. Olerácea/Açaí) com quem de Direito, de acordo com o disposto na Medida Provisória n. 2.186/16/2001, referente ao processo IBAMA n. 02001.000856/2011-6.' A infração está descrita no Decreto n. 5.459, de 07-06-2005 (art. 18), o qual disciplina as sanções aplicáveis às condutas e atividades lesivas ao patrimônio genético ou ao conhecimento tradicional associado.

Esse decreto regulamentou o art. 30 da Medida Provisória n. 2.186-16/01, ainda vigente, que foi instituída para combater a biopirataria e está de acordo com a Convenção sobre Diversidade Biológica, aprovada no Brasil pelo Decreto Legislativo n. 2, de 03-02-1994. Analisando-se essa Medida Provisória, verifica-se que o principal objetivo da norma é proteger o patrimônio genético (flora/fauna). Para tanto, estabelecese o controle de acesso aos componentes e também ao conhecimento tradicional associado a esse patrimônio genético. Por fim, determina a repartição justa e equitativa dos benefícios resultantes da exploração dos componentes do patrimônio genético e do conhecimento tradicional associado.

O intuito é evitar que os princípios ativos dos componentes da nossa flora e fauna sejam apropriados, sem controle algum dos órgãos competentes nacionais, e acabem sendo patenteados por indústrias estrangeiras. Aliás, é o que ocorreu, por exemplo, com o cupuaçu, a andiroba e o jaborandi, plantas genuinamente brasileiras, cuja substância foi patenteada por outros países (Japão, França e Alemanha) e vêm sendo utilizada por indústrias farmacêuticas e cosméticas.

Com esse objetivo, todo acesso ao patrimônio genético deve seguir um rito específico, dependendo de análise e autorização prévia do Conselho de Gestão do Patrimônio Genético (CEGEN), consoante se lê no art. 2º da Medida Provisória já mencionada:

Art. 2o O acesso ao patrimônio genético existente no País somente será feito mediante autorização da União e terá o seu uso, comercialização e aproveitamento para quaisquer fins submetidos à fiscalização, restrições e repartição de benefícios nos termos e nas condições estabelecidos nesta Medida Provisória e no seu regulamento.

Esse controle prévio, a par de proteger a diversidade biológica, tem por objetivo evitar práticas nocivas ao meio ambiente e à saúde humana (art. 5º). Por conta disso, foram criadas normas disciplinadoras para a atividade de extração de material genético e para a utilização das culturas populares (conhecimento tradicional). Além do controle de acesso, caberá ao Conselho Gestor firmar, em nome da União, o Contrato de Utilização do Patrimônio Genético e de Repartição de Benefícios (art. 13), o qual será devidamente registrado após sua anuência (art. 15, inciso VII). Esse contrato é essencial para que o componente seja utilizado comercialmente (art. 16, § 4º).

Sobre a exploração econômica, revela ainda a Medida Provisória em seu art. 16, § 5º:

Art. 16. O acesso a componente do patrimônio genético existente em condições ***in situ*** *no território nacional, na plataforma continental e na zona econômica exclusiva, e ao conhecimento tradicional associado far-se-á mediante a coleta de amostra e de informação, respectivamente, e somente será autorizado a instituição nacional, pública ou privada, que exerça atividades de pesquisa e desenvolvimento nas áreas biológicas e afins, mediante prévia autorização, na forma desta Medida Provisória.*

(...)

§ 5º Caso seja identificado potencial de uso econômico, de produto ou processo, passível ou não de proteção intelectual, originado de amostra de componente do patrimônio genético e de informação oriunda de conhecimento tradicional associado, acessado com base em autorização que não estabeleceu esta hipótese, a instituição beneficiária obriga-se a comunicar ao Conselho de Gestão ou a instituição onde se originou o processo de acesso e de remessa, para a formalização de Contrato de Utilização do Patrimônio Genético e de Repartição de Benefícios.

Além da anuência do Conselho Gestor, a autorização do acesso dependerá, se for o caso (art. 16, § 9º): de anuência da comunidade indígena envolvida; do órgão competente (quando a área for protegida); do titular da área privada; do Conselho de Defesa Nacional (quando a área for indispensável à segurança nacional) e da autoridade marítima (quando o acesso se der em águas brasileiras, plataforma continental ou zona econômica exclusiva).

Em análise ao processo administrativo que acompanhou os autos, percebe-se que foram juntados (doc. PROCADM 2, evento 30) documentos que comprovam a compra de diversos tipos de extratos (calêndula, camomila, aloe vera, confrei, arnica, etc...) de outras empresas fornecedoras dessas substâncias (como por exemplo a Mapric, a Polytechno Indústria Química Ltda). Contudo, não foi apresentada a documentação referente a outras substâncias utilizadas em seus produtos (açaí, guaraná, andiroba, pequi, maracujá) nem tampouco referência aos seus fornecedores.

É o que se destacou no Relatório de Fiscalização realizado em 25/04/2012:

'2. Apesar de estar comprovado que a empresa comercializa/comercializou produtos que contém componentes das espécies supra-citadas, na listagem de extratos que seriam utilizados pela mesma não são relacionados aqueles obtidos das espécies Euterpe oleracea, Passifora SP Cariocar brasiliense, Paullinia cupana e Carapa SP, sendo citado apenas o jaborandi como espécie da flora brasileira.

3. Junto aos autos não há elementos que possam indicar o acesso ao patrimônio genético para fins de desenvolvimento tecnológico realizado pela empresa AGE DO BRASIL INDÚSTRIA E COMÉRCIO LTDA (AKÁKIA COSMÉTICOS)'.

Em relação ao Jaborandi, é preciso destacar que embora a empresa o tenha apontado entre as substâncias utilizadas por ela e também a empresa que o fornece ('De Aloe Química Fina e Comércio Ltda -PROCADM 2 – Evento 30), não trouxe nenhum documento referente a esse fornecimento, tal como fez com outras substâncias compradas dessa mesma empresa (como o *aloe vera* e a calêndula).

Desse modo, diante da ausência da prova do modo como obteve acesso ao patrimônio genético das substâncias da flora brasileira, a autora deve responder pelo art. 18 do Decreto 5.459/05:

Art. 18. Deixar de repartir, quando existentes, os benefícios resultantes da exploração econômica de produto ou processo desenvolvido a partir do acesso a amostra do patrimônio genético ou do conhecimento tradicional associado com quem de Direito, de acordo com o disposto na Medida Provisória n. 2.186-16, de 2001, ou de acordo com o Contrato de Utilização do Patrimônio Genético e de Repartição de Benefícios anuído pelo Conselho de Gestão do Patrimônio Genético:

Multa mínima de R$ 50.000,00 (cinqüenta mil reais) e máxima de R$ 50.000.000,00 (cinquenta milhões de reais), quando se tratar de pessoa jurídica, e multa mínima de R$ 20.000,00 (vinte mil reais) e máxima de R$ 100.000,00 (cem mil reais), quando se tratar de pessoa física.

Quanto à alegação de que as multas seriam confiscatórias, é preciso estabelecer a premissa que, para verificar se a sua fixação por parte do órgão administrativo exacerbou os requisitos legais (especialmente a Instrução Normativa n. 14/2009), seria preciso que a autora trouxesse aos autos, no mínimo, as provas de sua receita bruta (declarações de rendimentos anuais, por exemplo). Isso porque a Instrução Normativa n. 14/09 (em seu art. 9º, § 5º) define o porte das empresas jurídicas segundo sua receita bruta. A partir daí, se poderia fazer uma análise para verificar se a multa teria sido aplicada de acordo com as normas legais.

Assim, ausentes tais provas, é de se presumir a legalidade e legitimidade das multas impostas, descabendo nova fixação em juízo, o que, aliás, tem sido criticado pelo TRF da 4ª Região (TRF4, APELAÇÃO CÍVEL Nº 2004.72.03.000184-5, 4ª Turma, Des. Federal EDGARD ANTÔNIO LIPPMANN JÚNIOR, POR UNANIMIDADE, D.E. 27/11/2007).

Ante o exposto, acolho a preliminar de falta de interesse de agir em relação ao pedido de conversão da multa em prestação de serviços ambientais, extinguindo o feito sem julgamento do mérito, nos termos do art. 257, inciso VI, do CPC e, no mérito, JULGO IMPROCEDENTE o pedido, extinguindo o processo com julgamento de mérito, nos termos do art. 269, I, do Código de Processo Civil.

Condeno a autora ao pagamento de honorários advocatícios em favor do IBAMA, os quais fixo em R$ 5.000,00 (cinco mil reais) sobre o valor atualizado da causa, nos termos do art. 20, §§ 3º e 4º, do Código de Processo Civil.

Custas finais pela autora.

Sentença com registro eletrônico. Publique-se. Intimem-se.

Florianópolis, 21 de fevereiro de 2013.

Marcelo Krás Borges
Juiz Federal

Documento eletrônico assinado por **Marcelo Krás Borges, Juiz Federal**, na forma do artigo 1º, inciso III, da Lei 11.419, de 19 de dezembro de 2006 e Resolução TRF 4ª Região nº 17, de 26 de março de 2010. A conferência da **autenticidade do**

documento está disponível no endereço eletrônico http://www.jfsc.jus.br/gedpro/verifica/verifica.php, mediante o preenchimento do código verificador **5024533v4** e, se solicitado, do código CRC **73331895**.
Informações adicionais da assinatura:

Signatário (a): Marcelo Krás Borges
Data e Hora: 25/02/2013 15:43

ANEXO D – Decisão Liminar Caso do Papagaio do Mangue (item 3.1)

AÇÃO ORDINÁRIA (PROCEDIMENTO COMUM ORDINÁRIO) Nº 5002779-60.2012.404.7213/SC
AUTOR: LEVI JOSE LENZI
: VELCI LENZI
ADVOGADO : MAURICIO PROBST
RÉU: INSTITUTO BRASILEIRO DO MEIO AMBIENTE E DOS RECURSOS NATURAIS RENOVÁVEIS – IBAMA

DECISÃO (LIMINAR/ANTECIPAÇÃO DA TUTELA)

1. Cuida-se de ação pela qual se pretende, em sede de tutela antecipada, seja concedida '*a guarda doméstica provisória do papagaio aos Requerentes*', espécime este que restou apreendida pela parte requerida.

A teor do art. 273 do Código de Processo Civil, a antecipação dos efeitos da tutela jurisdicional invocada pressupõe a existência de prova inequívoca que permita convencimento acerca da verossimilhança alegação; atendido esse pressuposto, o deferimento do requerimento de tutela antecipada pode dar-se quando fique caracterizado abuso de Direito de defesa ou manifesto propósito protelatório da parte adversa, ou quando haja fundado receio de dano irreparável ou de difícil reparação ao Direito da parte requerente.

No caso *sub judice*, não se vislumbra indicativo concreto de abuso de Direito de defesa ou manifesto propósito protelatório da parte requerida.

Acerca da situação de receio de dano irreparável ou de difícil reparação ao Direito da parte, vale destacar, entrementes, que não basta a verificação sobre se dita situação se faz presente sob a ótica da parte requerente, para que então haja a antecipação dos efeitos da tutela; mais que isso, é preciso ponderação, também, sobre se ela, a situação de receio, não se faz presente, em mesma intensidade, sob a ótica da parte requerida, já que então estará autorizado o indeferimento do pedido de tutela antecipada em função do chamado '*perigo da situação inversa*' que é consagrado no § 2° do já mencionado art. 273 do Código de Processo Civil (nesse sentido: Tribunal Regional Federal da 4ª Região, Processo 9604105191, rel. Des. Fed. Vladimir Passos de Freitas, DJU 02.10.1996; TRF4, Processo 199804010295413, rel. Des. Fed. Marga Inge Barth Tessler, DJU 25.11.1998).

Por sinal, como bem assinala o emérito Min. Teori Albino Zavascki, '*a antecipação da tutela não pode ser concedida inaudita altera pars. A providência somente poderá ser dispensada quando outro valor jurídico, de mesma estatura constitucional que o Direito ao contraditório, puder ficar comprometido com a ouvida do adversário'* (Antecipação da Tutela. São Paulo: Saraiva, p.105/106).

In casu, ao que parece, a espécime *amazona amazonica*, apreendida pelo Instituto Brasileiro do Meio Ambiente e dos Recursos Naturais Renováveis, não consta da Convenção sobre o Comércio Internacional de Espécies da Flora e Fauna Selvagens como em Perigo de Extinção, conforme consulta ao sítio da referida organização: http://cites.org/eng/app/appendices.php. Vislumbra-se, com isso, plausibilidade fática e jurídica na alegação da parte autora de que a espécime apreendida não estaria ameaçada de extinção.

Ademais, ainda que a espécime apreendida seja de natureza silvestre, a sua guarda provisória pela parte autora não constitui medida irreversível ou que represente algum risco para o animal, já que, ao que se extrai dos autos, a parte autora já a mantinha sob a sua guarda desde longa data (aproximadamente 35 anos) e não há qualquer indicativo de que o animal era mantido em condições inadequadas.

A situação vivenciada não indica que o animal era alvo de maus-tratos ou de que haveria uma situação indicativa de tráfico de animais silvestres.

Ante o exposto, defiro o pedido de antecipação dos efeitos da tutela jurisdicional pleiteada para determinar que a parte requerida devolva à parte autora a espécime dela apreendida (auto de infração nº 714367; evento 1, AUTO11), no prazo máximo de 05 (cinco) dias, contados da intimação da presente decisão.

Registro que a parte autora deverá manter o animal na sua posse, assumindo a condição de fiel depositário deste, enquanto tramitar a presente demanda ou até que haja nova decisão judicial sobre a questão. Por cautela, registro também que a parte autora deverá continuar bem tratando o animal, mantendo-o em condições ambientais saudáveis e dispensando os devidos cuidados a sua saúde.

A presente decisão não exime a parte autora de ser fiscalizada pelos órgãos ambientais, que poderão aferir as condições em que a espécime se encontra.

2. Intime-se a parte requerida, pela via mais expedita, para que cumpra a presente decisão.

3. No caso dos autos, a parte autora postula a restituição dos valores pagos a título de multa, bem como indenização por dano moral em quantia não inferior a 40 salários mínimos. Valorou a causa em R$ 5.000,00.

Não se compreende o motivo pelo qual a indenização pleiteada é estimada e sugerida num determinado valor, e o valor da causa é atribuído em outro de bem menor expressão, desconsiderando o pleito de indenização.

Assim, determino a intimação dos autores para que, em 10 dias, façam adequação do valor atribuído à causa à real expressão econômica do pedido.

4. Adequado o valor da causa, cite-se a parte requerida, intimando-se-a da presente decisão e de que deverá, já com a resposta, especificar as provas que pretende produzir no processo, justificando a necessidade de produzi-las.

5. Intime-se também o Ministério Público Federal dos termos da presente decisão.

6. Após o prazo para resposta, oportunize-se réplica, cientificando a parte autora de que, no prazo da réplica, deverá especificar as provas que pretende produzir no processo, justificando a necessidade de produzi-las.

7. Depois, deverá ser oportunizada manifestação ao Ministério Público Federal, que também deverá ser instado a especificar as provas que pretende produzir no processo, justificando a necessidade de produzi-las.

8. Por fim, deverá o processo retornar concluso para análise.

9. Fica deferido o benefício da justiça gratuita aos autores.

Rio do Sul, 21 de agosto de 2012.

MARCELO ROBERTO DE OLIVEIRA
Juiz Federal Substituto na Titularidade Plena

Documento eletrônico assinado por MARCELO ROBERTO DE OLIVEIRA, Juiz Federal Substituto na Titularidade Plena, na forma do artigo 1º, inciso III, da Lei 11.419, de 19 de dezembro de 2006 e Resolução TRF 4ª Região nº 17, de 26 de março de 2010. A conferência da autenticidade do documento está disponível no endereço eletrônico http://www.jfsc.jus.br/gedpro/verifica/verifica.php, mediante o preenchimento do código verificador 4676014v10 e, se solicitado, do código CRC 82950D83.

Informações adicionais da assinatura:

Signatário (a): MARCELO ROBERTO DE OLIVEIRA
Data e Hora: 23/08/2012 18:47

ANEXO E – Acórdão Caso do Papagaio do Mangue (item 3.1)

AGRAVO DE INSTRUMENTO Nº 5014591-10.2012.404.0000/SC
RELATOR: FERNANDO QUADROS DA SILVA
AGRAVANTE: INSTITUTO BRASILEIRO DO MEIO AMBIENTE E DOS RECURSOS NATURAIS RENOVÁVEIS – IBAMA
AGRAVADO: LEVI JOSE LENZI
VELCI LENZI
ADVOGADO: MAURICIO PROBST
MPF: MINISTÉRIO PÚBLICO FEDERAL

RELATÓRIO

Cuida-se de agravo de instrumento, com pedido de efeito suspensivo, interposto contra decisão que deferiu a antecipação da tutela (evento 3 – DECLIM1) para determinar que o IBAMA devolva à parte autora o espécime dela apreendido, objeto do auto de infração nº 714367 (evento 1, AUTO11), no prazo máximo de 05 (cinco) dias, contados da intimação da decisão.

A decisão agravada foi proferida nos seguintes termos:

1. Cuida-se de ação pela qual se pretende, em sede de tutela antecipada, seja concedida 'a guarda doméstica provisória do papagaio aos Requerentes', espécime este que restou apreendida pela parte requerida.

A teor do art. 273 do Código de Processo Civil, a antecipação dos efeitos da tutela jurisdicional invocada pressupõe a existência de prova inequívoca que permita convencimento acerca da verossimilhança alegação; atendido esse pressuposto, o deferimento do requerimento de tutela antecipada pode dar-se quando fique caracterizado abuso de Direito de defesa ou manifesto propósito protelatório da parte adversa, ou quando haja fundado receio de dano irreparável ou de difícil reparação ao Direito da parte requerente.

No caso sub judice, não se vislumbra indicativo concreto de abuso de Direito de defesa ou manifesto propósito protelatório da parte requerida.

Acerca da situação de receio de dano irreparável ou de difícil reparação ao Direito da parte, vale destacar, entrementes, que não basta a verificação sobre se dita situação se faz presente sob a ótica da parte requerente, para que então haja a antecipação dos efeitos da tutela; mais que isso, é preciso ponderação, também, sobre se ela, a situação de receio, não se faz presente, em mesma intensidade, sob a ótica da parte requerida, já que então estará autorizado o indeferimento do pedido de tutela antecipada em função do chamado 'perigo da situação inversa' que é consagrado no § 2° do já mencionado art. 273 do Código de Processo Civil (nesse sentido: Tribunal Regional Federal da 4ª Região, Processo 9604105191, rel. Des. Fed. Vladimir Passos de Freitas, DJU 02.10.1996; TRF4, Processo 199804010295413, rel. Des. Fed. Marga Inge Barth Tessler, DJU 25.11.1998).

Por sinal, como bem assinala o emérito Min. Teori Albino Zavascki, 'a antecipação da tutela não pode ser concedida inaudita altera pars. A providência somente poderá ser dispensada quando outro valor jurídico, de mesma estatura constitucional que o Direito ao contraditório, puder ficar comprometido com a ouvida do adversário' (Antecipação da Tutela. São Paulo: Saraiva, p.105/106).

In casu, ao que parece, a espécime amazona amazonica, apreendida pelo Instituto Brasileiro do Meio Ambiente e dos Recursos Naturais Renováveis, não consta da Convenção sobre o Comércio Internacional de Espécies da Flora e Fauna Selvagens como em Perigo de Extinção, conforme consulta ao sítio da referida organização: http://cites.org/eng/app/appendices.php. Vislumbra-se, com isso, plausibilidade fática e jurídica na alegação da parte autora de que a espécime apreendida não estaria ameaçada de extinção.

Ademais, ainda que a espécime apreendida seja de natureza silvestre, a sua guarda provisória pela parte autora não constitui medida irreversível ou que represente algum risco para o animal, já que, ao que se extrai dos autos, a parte autora já a mantinha sob a sua guarda desde longa data (aproximadamente 35 anos) e não há qualquer indicativo de que o animal era mantido em condições inadequadas.

A situação vivenciada não indica que o animal era alvo de maus-tratos ou de que haveria uma situação indicativa de tráfico de animais silvestres.

Ante o exposto, defiro o pedido de antecipação dos efeitos da tutela jurisdicional pleiteada para determinar que a parte requerida devolva à parte autora a espécime dela apreendida (auto de infração nº 714367; evento 1, AUTO11), no prazo máximo de 05 (cinco) dias, contados da intimação da presente decisão.

Registro que a parte autora deverá manter o animal na sua posse, assumindo a condição de fiel depositário deste, enquanto tramitar a presente demanda ou até que haja nova decisão judicial sobre a questão. Por cautela, registro também que a parte autora deverá continuar bem tratando o animal, mantendo-o em condições ambientais saudáveis e dispensando os devidos cuidados a sua saúde.

A presente decisão não exime a parte autora de ser fiscalizada pelos órgãos ambientais, que poderão aferir as condições em que a espécime se encontra.

2. Intime-se a parte requerida, pela via mais expedita, para que cumpra a presente decisão.

3. No caso dos autos, a parte autora postula a restituição dos valores pagos a título de multa, bem como indenização por dano moral em quantia não inferior a 40 salários mínimos. Valorou a causa em R$ 5.000,00.

Não se compreende o motivo pelo qual a indenização pleiteada é estimada e sugerida num determinado valor, e o valor da causa é atribuído em outro de bem menor expressão, desconsiderando o pleito de indenização.

Assim, determino a intimação dos autores para que, em 10 dias, façam adequação do valor atribuído à causa à real expressão econômica do pedido.

4. Adequado o valor da causa, cite-se a parte requerida, intimando-se-a da presente decisão e de que deverá, já com a resposta, especificar as provas que pretende produzir no processo, justificando a necessidade de produzi-las.

5. Intime-se também o Ministério Público Federal dos termos da presente decisão.

6. Após o prazo para resposta, oportunize-se réplica, cientificando a parte autora de que, no prazo da réplica, deverá especificar as provas que pretende produzir no processo, justificando a necessidade de produzi-las.

7. Depois, deverá ser oportunizada manifestação ao Ministério Público Federal, que também deverá ser instado a especificar as provas que pretende produzir no processo, justificando a necessidade de produzilas.

8. Por fim, deverá o processo retornar concluso para análise.

9. Fica deferido o benefício da justiça gratuita aos autores. Rio do Sul, 21 de agosto de 2012.

Em suas razões, o IBAMA assevera que não poderia o magistrado *a quo, inaudita altera parte*, sem qualquer contraditório, decidir liminarmente sobre uma questão de fato e desconstituir a presunção de legalidade e legitimidade do seu ato administrativo, concluindo – à revelia dos fatos – que o papagaio era bem tratado, quando, de acordo com as provas dos autos ficou evidenciado que o animal, ao ser recolhido do cativeiro pela agente ambiental que procedeu à fiscalização e apreensão, era espécime em extinção vítima de maus tratos, porquanto estava desnutrido, sem condições de higiene e mantido em uma gaiola que o levaria à morte.

Refere, ainda que, conforme frisou a Analista Ambiental Gabriela Breda, *considerando que o animal está sendo mantido no Parque Ecológico Ingo Altemburg, a cerca de 200 km de Salete, e que o transporte constitui fator de estresse importante a este animal que ainda passa por processo de estabilização, é desaconselhável novo transporte nesse período'* e que *'papagaios são animais gregários e sua separação do grupo pode acarretar a morte'*, sendo que *'o animal está ambientado em grupo de animais da mesma espécie e é mantido sob constantes cuidados veterinários* (evento 1 – INIC1).

Em juízo de admissibilidade foi deferido o pedido de efeito suspensivo. Com contraminuta, vieram os autos conclusos para julgamento.

É o relatório. Em pauta.

Des. Federal FERNANDO QUADROS DA SILVA
Relator

Documento eletrônico assinado por **Des. Federal FERNANDO QUADROS DA SILVA, Relator**, na forma do artigo 1º, inciso III, da Lei 11.419, de 19 de dezembro de 2006 e Resolução TRF 4ª Região nº 17, de 26 de março de 2010. A conferência da **autenticidade do documento** está disponível no endereço eletrônico http://www.trf4.jus.br/trf4/processos/verifica.php, mediante o preenchimento do código verificador**5395658v2** e, se solicitado, do código CRC **9058D539**.

Informações adicionais da assinatura:
Signatário(a): Fernando Quadros da Silva
Data e Hora: 07/11/2012 19:47

AGRAVO DE INSTRUMENTO Nº 5014591-10.2012.404.0000/SC
RELATOR: FERNANDO QUADROS DA SILVA
AGRAVANTE: INSTITUTO BRASILEIRO DO MEIO AMBIENTE E DOS RECURSOS NATURAIS RENOVÁVEIS - IBAMA
AGRAVADO: LEVI JOSE LENZI
VELCI LENZI
ADVOGADO: MAURICIO PROBST
MPF: MINISTÉRIO PÚBLICO FEDERAL

VOTO

Quando da análise do pedido de efeito suspensivo, foi proferida a seguinte decisão:

Observando os documentos que instruem a inicial, notadamente as fotos juntadas, tem-se que, quando da concessão da tutela referida, não estavam presentes requisitos necessários, como a verossimilhança nas alegações da parte requerente e o fundado receio de dano irreparável ou de difícil reparação, ao menos naquele momento inicial de cognição processual, sendo que, ao contrário, tem-se que atualmente o animal encontra-se bem cuidado e adaptado ao novo habitat, diferentemente da situação do cativeiro de onde foi apreendido.

Considerando-se a presunção de legitimidade dos atos administrativos praticados (evento 1 - PROCADM4) fundados com base no disposto na Lei n.º 9.605/98 e no Decreto n.º 6.514/08, no ponto em que tratam sobre a guarda de espécime silvestre, tem-se que, de fato, o autor praticou a infração ambiental, justificando-se o auto de infração e o termo de apreensão e lavrados, bem como a transferência do animal para o Parque Ecológico Ingo Altemburg, em Ituporanga/PR, onde recebeu os devidos cuidados, diante dos maus tratos recebidos.

A corroborar a alegação dos maus tratos, tem-se o ofício emitido pelo Parque Ecológico Ingo Altemburg, no qual está registrado que o animal estava muito estressado e recebia alimentação inadequada em seu antigo cativeiro, pois o mesmo não ingeria os alimentos corretos à espécie, e que, no local onde atualmente se encontra recuperou seu peso e está socializado em recinto com demais papagaios, em um recinto apropriado (evento 1 - OFIC2).

Diante disso, e de acordo com a legislação de regência tenho que está presente a verossimilhança nas alegações do agravante.

Ademais, em consonância com os precedentes deste Tribunal Regional Federal no sentido de que a vida e sobrevivência do animal é que devem ser preservadas, tenho como devidamente justificado o receio de dano irreparável ou de difícil reparação, eis que a ave está na iminência de voltar ao seu antigo dono, e ser retirada de local onde, conforme demonstrado, já está ambientada.

Assim sendo, a teor do disposto no artigo 558 do CPC, defiro o pedido de efeito suspensivo.

Comunique-se, com urgência, o MM. Juízo a quo.

Intimem-se as partes, sendo os agravados também para responder o presente recurso no prazo legal.

Não vejo razão para alterar o entendimento inicial, cuja fundamentação integro ao voto.

Ante o exposto, voto no sentido de dar provimento ao agravo de instrumento.

Des. Federal FERNANDO QUADROS DA SILVA
Relator

Documento eletrônico assinado por Des. Federal FERNANDO QUADROS DA SILVA, Relator, na forma do artigo 1º, inciso III, da Lei 11.419, de 19 de dezembro de 2006 e Resolução TRF 4ª Região nº 17, de 26 de março de 2010. A conferência da autenticidade do documento está disponível no endereço eletrônico http://www.trf4.jus.br/trf4/processos/verifica.php, mediante o preenchimento do código verificador5395659v2 e, se solicitado, do código CRC 5A768305.

Informações adicionais da assinatura:
Signatário(a): Fernando Quadros da Silva
Data e Hora: 07/11/2012 19:47

AGRAVO DE INSTRUMENTO Nº 5014591-10.2012.404.0000/SC
RELATOR: FERNANDO QUADROS DA SILVA
AGRAVANTE: BRASILEIRO DO MEIO AMBIENTE E DOS RECURSOS NATURAIS RENOVÁVEIS - IBAMA
AGRAVADO: LEVI JOSE LENZI
VELCI LENZI
ADVOGADO: MAURICIO PROBST
MPF: MINISTÉRIO PÚBLICO FEDERAL

EMENTA

ADMINISTRATIVO. AGRAVO DE INSTRUMENTO. IBAMA. APREENSÃO DE AVE SILVESTRE. DEVOLUÇÃO DE GUARDA DOMÉSTICA. DESCABIMENTO.

Concedido efeito suspensivo à decisão que determinou ao IBAMA a devolução de ave silvestre ao antigo dono uma vez existir fundado receio de dano irreparável face aos comprovados maus tratos infligidos ao animal verificados quando da sua apreensão.

ACÓRDÃO

Vistos e relatados estes autos em que são partes as acima indicadas, decide a Egrégia 3ª Turma do Tribunal Regional Federal da 4ª Região, por unanimidade, dar provimento ao agravo de instrumento, nos termos do relatório, votos e notas taquigráficas que ficam fazendo parte integrante do presente julgado.

Porto Alegre, 07 de novembro de 2012.

Des. Federal FERNANDO QUADROS DA SILVA
Relator

Documento eletrônico assinado por Des. Federal FERNANDO QUADROS DA SILVA, Relator, na forma do artigo 1º, inciso III, da Lei 11.419, de 19 de dezembro de 2006 e Resolução TRF 4ª Região nº 17, de 26 de março de 2010. A conferência da autenticidade do documento está disponível no endereço eletrônico http://www.trf4.jus.br/trf4/processos/verifica.php, mediante o preenchimento do código verificador5395660v3 e, se solicitado, do código CRC C3F59A6D.

Informações adicionais da assinatura:
Signatário(a): Fernando Quadros da Silva
Data e Hora: 07/11/2012 19:47

ANEXO F – Sentença Caso Cornélia (item 3.2)

AÇÃO ORDINÁRIA (PROCEDIMENTO COMUM ORDINÁRIO) Nº 5005767-30.2011.404.7200/SC
AUTOR: CORNÉLIA CONRAD LOWNDES
ADVOGADO: EVERALDO LUÍS RESTANHO
CÉZAR POLETTO JÚNIOR
RODRIGO PITREZ DE OLIVEIRA
RÉU: INSTITUTO BRASILEIRO DO MEIO AMBIENTE E DOS RECURSOS NATURAIS RENOVÁVEIS - IBAMA

SENTENÇA

I - RELATÓRIO

Trata-se de ação, ajuizada inicialmente na Subseção Judiciária de Florianópolis, em que CORNÉLIA CONRAD LOWNDES pretende provimento judicial que declare 'a nulidade do Auto de Infração nº 659205 e, consequentemente, do Auto de Apreensão nº 499499, em relação apenas às cinco aves que hoje permanecem sob a posse da Requerente, quais sejam, 2 *Ecletus roratus* (papagaios), 1 *Cacatua alba* e 2 *Cacatua roseicapilla* (...)'. Segundo narra, em 15 de setembro de 2010, houve a lavratura de auto de infração pelo IBAMA, ocasião em que foi imputado à autora o cometimento dos ilícitos administrativos descritos nos artigos 24 e 25, I e II, ambos do Decreto nº 6.514/08. Alega, em suma, que as condutas que lhe são atribuídas não condizem com os tipos citados, bem assim que o procedimento administrativo adotado solapou os princípios do contraditório e da ampla defesa, rechaçando, ainda, a circunstância alegada pela autoridade de que houver maus tratos nas espécies que se encontravam sob seus cuidados. Juntou documentos (evento 01).

O processo foi declinado para este Juízo, que, após a emenda da inicial, postergou a análise do pleito antecipatório para depois da resposta (evento 16).

Citado, o IBAMA apresentou contestação (evento 26), pugnando pela improcedência do pedido, diante, a seu sentir, da regularidade da autuação levada a efeito.

Houve réplica (evento 33).

No evento 42 foi concedida parcialmente a tutela de urgência pleiteada, medida que sofreu a interposição de agravo de instrumento pelo IBAMA, com efeito suspensivo negado (evento 51).

Houve a produção de prova testemunhal (evento 74), com posterior apresentação de alegações finais pelas partes (eventos 79 e 82).

É o relatório. Decido.

II - FUNDAMENTAÇÃO

- O Estado Constitucional Ambiental

O debate trazido ao presente processo materializa discussão travada na doutrina pós-positivista de Direito ambiental, que preconiza a *prevalência do meio ambiente* como condição necessária e indispensável à manutenção da vida humana e que fomenta a criação de Estados Constitucionais Ambientais.

A ideia do Estado Ambiental é *transnacional*, que não guarda limitações fronteiriças ou territoriais, já que a tutela e a proteção ambiental exigem atuação conjunta de todos os atores globais, independentemente da origem, da bandeira ou de local.

A sustentabilidade ambiental está na ordem de todos os temas e de todos os modelos estatais e não estatais pós-modernos e, como lembra JJ GOMES CANOTILHO *'além de ser um Estado de Direito, um Estado democrático, um Estado social, deve também modelar-se como Estado ambiental'* (*Direito público ao ambiente*, Coimbra: Faculdade de Direito de Coimbra, 1995, p. 22).

A noção de estado constitucional ambiental pretende implantar uma *'nova relação entre o homem e a natureza e criar mecanismos que permitam por em prática as ferramentas necessárias para fazer realidade a essa nova relação.'* (GÓMES, Luis Fernando Macías. El derecho del cambio climático: Un nuevo paradigma del derecho. *Revista de Direito Ambiental*, ano 15, n. 58, abr-jun 2010, p. 267, tradução livre).

VICENTE BELLVER CAPELLA define o Estado Ambiental *'como a forma de Estado que se propõe a aplicar o princípio da solidariedade econômica e social para alcançar um desenvolvimento sustentável, orientado a buscar a igualdade substancial entre os cidadãos, mediante o controle jurídico do uso racional do patrimônio natural.'* (*Ecologia: de las razones a los derechos*. Granada: Ecorama, 1994, p. 248).

Neste contexto, também importa ser lembrado que o art. 225 da Constituição da República Federativa do Brasil estabelece que o meio ambiente ecologicamente equilibrado é *Direito*e bem de uso comum do povo, *essencial* à sadia qualidade de vida.

É o que a doutrina classifica de Direito fundamental de terceira dimensão/geração, pois se trata de bem de titularidade difusa e transindividual - é de um de todos ao mesmo tempo - e irrenunciável.

E, como Direito fundamental, não pode o Estado deixar de proteger adequadamente o meio ambiente, sob pena de violação ao princípio da proporcionalidade. Vale dizer, se o art. 225 da Constituição estabelece que o meio ambiente é Direito fundamental, o Estado deve praticar todos os atos necessários à sua tutela, caso contrário haverá 'insuficiência de proteção' ou 'proibição de déficit' (*Untermassverbot*).

JJ GOMES CANOTILHO afirma que *'existe um defeito de protecção quando as entidades sobre quem recai um dever de protecção (Schtzpflicht) adoptam medidas insuficientes para garantir uma protecção constitucionalmente adequada dos Direitos fundamentais.'* (*Direito constitucional e teoria da constituição*, Coimbra: Almedina, 7ª ed. 6ª reimp., 2003, p. 273).

Na perspectiva de INGO W. SARLET e TIAGO FENSTERSEIFER *'o atual perfil constitucional do Estado (Socioambiental) de Direito brasileiro, delineado pela Lei Fundamental de 1988, dá forma a um Estado 'guardião e amigo' dos Direitos fundamentais, estando, portanto, todos os poderes e órgãos estatais vinculados à concretização dos Direitos fundamentais, especialmente no que guardam uma direta relação com a dignidade da pessoa humana. [...] Assim, em maior ou menor medida, todos os Poderes Estatais, representados pelo Executivo, pelo Legislativo e pelo Judiciário (incluindo, no âmbito das atribuições as funções essenciais à Justiça), estão constitucionalmente obrigados, na forma de deveres de proteção e promoção ambiental, a atuar, no âmbito de sua esfera constitucional de competências, sempre no sentido de obter a maior eficácia e efetividade possível dos Direitos e deveres fundamentais ecológicos.'* (Breves considerações sobre os deveres de proteção do Estado e a garantia da proibição de retrocesso em matéria ambiental, *Revista de Direito Ambiental*, n. 58, 2010, p. 48).

A não adoção de medidas de proteção ambiental pelos entes/órgãos estatais caracteriza violação ao *mínimo existencial* à preservação da vida e ao ambiente ecologicamente equilibrado (art. 225 da CRFB).

Faço esta digressão para demonstrar a importância da questão ambiental trazida ao presente processo.

– Controle judicial dos atos da Administração Pública.

Aqui também se discute o controle judicial da administração pública materializado nos atos praticados pelo IBAMA.

Não se desconhece que o exercício do poder de polícia pela Administração Pública é prerrogativa que visa a salvaguardar o interesse público.

Certo, essa restrição ao uso e ao gozo de bens, de atividades e de Direitos individuais, tal como preconiza o conceito estipulado pelo art. 78 do CTN, em tudo aplicável à espécie, configura, em verdade, concreção evidente da prevalência do interesse público sobre o privado.

Em consagrada lição, Celso Antônio Bandeira de Mello (**Curso de Direito Administrativo,** 14ª Ed., São Paulo: Malheiros: 2004), leciona: o regime jurídico-administrativo assentase, de um lado, na supremacia do interesse público sobre o privado, de outro, na indisponibilidade desses interesses pela Administração. Aquele, a conflagrar os poderes administrativos (*prerrogativas*), este, a significar os Direitos do cidadão-administrado. Essa assertiva, contudo, deve ser lida sem os olhos postos no presente.

De fato, a partir da ordem constitucional vigente, a centralidade do princípio da dignidade da pessoa humana e a dimensão objetiva dos Direitos fundamentais, cuja normatividade não se lhes há de negar, consagraram valores e, para além disso, convolaram-se em bens jurídicos. Assim, à dogmática jurídica salvaguardaram um *quid* de eticidade necessária, de modo que a leitura do que vem a ser *interesse público* não pode se dar em comiseração ou desprezo a essa realidade.

Sob esse aspecto, Peter Häberle, citado por Humberto Ávila, destacou:

*'**A diferenciação das atuais relações de interesses públicos e privados apresenta profundas transformações.** Do desenvolvimento do primado do interesse público (...) está o Judiciário a reforçar os interesses privados para **uma ponderação diferenciada, orientada para o caso particular e para a constituição.** A 'jurisprudência do bem particular' (Privatwohlrechtsprechung) torna-se uma parte – indireta – da 'jurisprudência do bem comum' (Gemeinwohlrechtsprechung)'. (ÁVILA, Humberto. Repensando o 'Princípio da Supremacia do Interesse Público sobre o Particular'. **Revista Eletrônica sobre a Reforma do Estado (RERE)**, Salvador, Instituto Brasileiro de Direito Público, nº 11, setembro/outubro/novembro, 2007. Disponível na Internet: http://www.Direitodoestado.com.br/rere.asp. Acesso em 10 de fevereiro de 2012)*

A partir do que, mais adiante, concluiu o próprio Humberto Ávila:

*'**Não se está a negar a importância jurídica do interesse público.** Há referências positivas em relação a ele. O que deve ficar claro, porém, é que, mesmo nos casos em que ele legitima uma atuação estatal restritiva específica, **deve haver uma ponderação relativamente aos interesses privados e à medida de sua restrição. É essa ponderação para atribuir máxima realização dos Direitos envolvidos o critério decisivo para a atuação administrativa.** E antes que esse critério seja delimitado, não há cogitar sobre a referida supremacia do interesse público sobre o particular.' (ÁVILA, Humberto. Repensando o 'Princípio da Supremacia do Interesse Público sobre o Particular'. **Revista Eletrônica sobre a Reforma do Estado (RERE)**, Salvador, Instituto Brasileiro de Direito Público, nº 11, setembro/outubro/novembro, 2007.*

Disponível na Internet: http://www.Direitodoestado.com.br/rere.asp. Acesso em 10 de fevereiro de 2012)

Nessa ordem de ideias, portanto, a defesa do *interesse público*, pela Administração Pública, não se dá sem limites, notadamente no campo do poder de polícia.

Importante ressaltar que a validez do poder de polícia passa pela verificação da presença dos seus atributos, a saber: a discricionariedade, a autoexecutoriedade e a coercibilidade, tudo, evidentemente, ancorado na obediência de uma legalidade (*juridicidade*).

Sobre esta questão, Aloísio Zimmer Júnior estabelece os contornos em que se realiza a prerrogativa em análise:

*'A existência desse princípio [legalidade] impede o administrador público, por exemplo, de praticar todos os atos que simplesmente não estejam proibidos por lei. O seu agir depende do impulso da lei, e, em face disso, não basta inexistir a proibição: é preciso ordem ou autorização legal – **com exceção dos verdadeiros limites do exercício do poder de polícia, ordinariamente variáveis diante da gravidade de uma demanda real** –, porque nem sempre a lei esgota a extensão dos procedimentos necessários para o resguardo completo do interesse público.' (in **Curso de Direito Administrativo**, 3ª edição, São Paulo: Editora Método, 2009, p. 178)*

A discricionariedade é a peculiar nota a ser destacada do poder de polícia, porquanto ao impor ao agente público competente certa dose de liberdade para uma valoração adequada, o faz de modo a que aja imbuído de acordo com *'a gravidade de uma demanda real'*.

Para tanto, deve atuar estribado em respeito ao devido processo administrativo, em sua feição também material, de onde emana uma proporcionalidade que implique no reconhecimento da necessidade, da adequação e de uma ponderação que não venha a nulificar o núcleo essencial dos demais bens jurídicos em jogo, dentro de uma ótica que empreste unidade à Constituição.

Esse agir discricionário, na prática do poder de polícia, não se confunde com eventual conduta que venha a compactuar e aquiescer com a condescendência e permissividade diante de prementes ou visíveis ilicitudes.

Antes, o que se tem, é que também a autoridade não se encontra – como sói afirmar-se –, vinculada a um juízo silogístico puro, abstrato e que não lhe dê margem alguma à interpretação.

Mostra-se superada, de há muito, a parêmia *in claris non fit interpretatio,* o que equivale dizer: a própria lógica de subsunção, no confronto da premissa maior com a premissa menor, e, *a fortiori*, na conclusão de que tenha havido efetiva incidência do preceito primário, a impor, após tal colorido, a consequência jurídica previamente cominada, todo este processo metodológico, em suma, não se resume *'à mera aplicação mecanicista da lei'*.

No ponto, destaca-se o autorizado magistério de Almiro do Couto e Silva, citado por Gustavo Binenbojm:

'(...) a noção de que a Administração Pública é meramente aplicadora das leis é tão anacrônica e ultrapassada quanto a de que o Direito seria apenas um limite para o administrador. *Por certo, não prescinde a Administração Pública de uma autorização legal para agir, mas, no exercício da competência legalmente definida,* ***têm os agentes públicos, se visualizado o Estado em termos globais, um dilatado campo de liberdade para desempenhar a função formadora, que é hoje universalmente reconhecida ao Poder Público.'*** *(BINENBOJM, Gustavo. A Constitucionalização do Direito Administrativo no Brasil: um inventário de avanços e retrocessos.* ***Revista Eletrônica sobre a Reforma do Estado (RERE),*** *Salvador,*

Instituto Brasileiro de Direito Público, nº 13, março/abril/maio, 2008, Disponível na Internet: http://www.Direitodoestado.com.br/rere.asp. Acesso em 10 de fevereiro de 2012).

Em outras palavras, o respeito ao princípio da legalidade pela autoridade administrativa deve ir além à obediência, pura e simples, da lei. A constitucionalização do Direito administrativo exige do intérprete/aplicador a atenção ao conceito da *juridicidade*, a significar que a base principiológica que justifica sua conduta parta da Constituição, notadamente, dos Direitos fundamentais que nela se encontrem instituídos. Nesse sentido, diz Gustavo Binenbojm:

'Deve ser a Constituição, seus princípios e especialmente seu sistema de Direitos fundamentais, o elo de unidade a costurar todo o arcabouço normativo que compõe

o regime jurídico administrativo. A superação do paradigma da legalidade administrativa só pode dar-se com a substituição da lei pela Constituição como cerne da vinculação administrativa à juridicidade. *' (BINENBOJM, Gustavo. A Constitucionalização do Direito Administrativo no Brasil: um inventário de avanços e retrocessos.* ***Revista Eletrônica sobre a Reforma do Estado (RERE)****, Salvador, Instituto Brasileiro de Direito Público, nº 13, março/abril/maio, 2008, Disponível na Internet: http://www.Direitodoestado.com.br/rere.asp. Acesso em 10 de fevereiro de 2012).*

É justamente essa juridicidade, estribada na Constituição, que impossibilita dar contornos absolutos à dicotomia atos discricionários e atos vinculados. Ora, incontroversa a conclusão de que toda função administrativa, além do cumprimento dos atos normativos legais e infra-legais, inarredavelmente encontra-se sujeita a emprestar eficácia ao ordenamento constitucional como um todo.

Afinal, lembra Juarez Freitas, na defesa do Direito fundamental à boa Administração Pública, *'O 'mérito' (referente ao campo dos juízos de conveniência ou de oportunidade) não é diretamente controlável, mas o demérito e a antijuridicidade o serão, inescapavelmente.'* (*in* **Discricionariedade Administrativa e o Direito Fundamental à Boa Administração Pública**, 2ª Ed., São Paulo: Malheiros, 2009).

Nesse contexto, a garantia da inafastabilidade da jurisdição (art. 5º, XXXV, CF) não pode significar haja espaço imune ao controle jurisdicional (*judicial review*). Todas essas premissas permitem estabelecer os contornos atuais em que operam todos os agentes estatais, inapelavelmente, quer o façam na condição de legisladores, de juízes ou de administradores.

– O poder de polícia ambiental e o devido processo ambiental.

O IBAMA, no exercício de suas atribuições institucionais e valendo-se do seu imanente poder de polícia, procedeu à lavratura, em 15 de setembro de 2010, do Auto de Infração nº 659205 e, ainda, do Auto de Apreensão nº 499499 em desfavor da ora autora (evento 01 – ANEXOS PET7 e ANEXOS PET8).

As condutas atribuídas à autora são tipificadas nos arts. 24 e 25 do Decreto nº 6.514/08, que contam com a seguinte redação:

'Seção III

Das Infrações Administrativas Cometidas Contra o Meio Ambiente

Subseção I

Das Infrações Contra a Fauna

Art. 24. ***Matar, perseguir, caçar, apanhar, coletar, utilizar espécimes da fauna silvestre, nativos ou em rota migratória, sem a devida permissão, licença ou autorização da autoridade competente, ou em desacordo com a obtida:***

Multa de:

I – R$ 500,00 (quinhentos reais) por indivíduo de espécie não constante de listas oficiais de risco ou ameaça de extinção;

II – R$ 5.000,00 (cinco mil reais), por indivíduo de espécie constante de listas oficiais de fauna brasileira ameaçada de extinção constante ou não da Convenção de Comércio Internacional das Espécies da Flora e Fauna Selvagens em Perigo de Extinção – CITES.

§ 1o As multas serão aplicadas em dobro se a infração for praticada com finalidade de obter vantagem pecuniária.

§ 2o Na impossibilidade de aplicação do critério de unidade por espécime para a fixação da multa, aplicar-se-á o valor de R$ 500,00 (quinhentos reais) por quilograma ou fração.

§ 3o Incorre nas mesmas multas:

I – quem impede a procriação da fauna, sem licença, autorização ou em desacordo com a obtida;

II – quem modifica, danifica ou destrói ninho, abrigo ou criadouro natural; ou

III – quem vende, expõe à venda, exporta ou adquire, guarda, tem em cativeiro ou depósito, utiliza ou transporta ovos, larvas ou espécimes da fauna silvestre, nativa ou em rota migratória, bem como produtos e objetos dela oriundos, provenientes de criadouros não autorizados, sem a devida permissão, licença ou autorização da autoridade ambiental competente ou em desacordo com a obtida.

§ 4o No caso de guarda doméstica de espécime silvestre não considerada ameaçada de extinção, pode a autoridade competente, considerando as circunstâncias, deixar de aplicar a multa, em analogia ao disposto no § 2o do art. 29 da Lei no 9.605, de 1998.

§ 5o No caso de guarda de espécime silvestre, deve a autoridade competente deixar de aplicar as sanções previstas neste Decreto, quando o agente espontaneamente entregar os animais ao órgão ambiental competente.

§ 6o Caso a quantidade ou espécie constatada no ato fiscalizatório esteja em desacordo com o autorizado pela autoridade ambiental competente, o agente autuante promoverá a autuação considerando a totalidade do objeto da fiscalização.

§ 7o São espécimes da fauna silvestre, para os efeitos deste Decreto, todos os componentes da biodiversidade incluídos no reino animal, pertencentes às espécies nativas, migratórias e quaisquer outras não exóticas, aquáticas ou terrestres, que tenham todo ou parte de seu ciclo original de vida ocorrendo dentro dos limites do território brasileiro ou em águas jurisdicionais brasileiras.

Art. 25. ***Introduzir espécime animal no País, ou fora de sua área de distribuição natural, sem parecer técnico oficial favorável e licença expedida pela autoridade ambiental competente:***

Multa de R$ 2.000,00 (dois mil reais), com acréscimo por exemplar excedente de:

I – R$ 200,00 (duzentos reais), por indivíduo de espécie não constante em listas oficiais de espécies em risco ou ameaçadas de extinção;

II – R$ 5.000,00 (cinco mil reais), por indivíduo de espécie constante de listas oficiais de fauna brasileira ameaçada de extinção, constante ou não da CITES.

§ 1o Entende-se por introdução de espécime animal no País, além do ato de ingresso nas fronteiras nacionais, a guarda e manutenção continuada a qualquer tempo.

§ 2o Incorre nas mesmas penas quem reintroduz na natureza espécime da fauna silvestre sem parecer técnico oficial favorável e licença expedida pela autoridade ambiental competente.'

Importa destacar que, à época dos fatos, não fora ainda editado o Decreto nº 6.686, de 10 de dezembro de 2008, razão por que a regular o caso em análise permanece em vigor a redação originária do Decreto nº 6.514/08.

A 'descrição da infração', segundo o agente ambiental, consistiu na circunstância da autora *'Manter animais silvestres exóticos sem licença do órgão ambiental. + 27 (Vinte e sete) espécimes.'* (evento 01 - ANEXOS PET7).

Delineado o quadro, importa destacar que a fundamentar a conduta administrativa, estabelece o art. 225, § 1º, VII, da CF:

'Art. 225. - Todos têm Direito ao meio ambiente ecologicamente equilibrado, bem de uso comum do povo e essencial à sadia qualidade de vida, impondo-se ao Poder Público e à coletividade o dever de defendê-lo e preservá-lo para as presentes e futuras gerações.

§ 1º. - Para assegurar a efetividade desse Direito, incumbe ao Poder Público: (...)

VII - ***proteger a fauna*** *e a flora,* ***vedadas, na forma da lei, as práticas que coloquem em risco sua função ecológica, provoquem a extinção das espécies ou submetam os animais à crueldade.'*** *(grifado).*

A norma constitucional, na realidade, recepcionou corpo normativo então vigente, consubstanciado na Lei nº 6.938/81, que instituiu a Política Nacional do Meio Ambiente. Nela, o art. 14 já dispunha:

'Art 14 - Sem prejuízo das penalidades definidas pela legislação federal, estadual e municipal, o não cumprimento das medidas necessárias à preservação ou correção dos inconvenientes e danos causados pela degradação da qualidade ambiental sujeitará os transgressores:

I - à multa simples ou diária, nos valores correspondentes, no mínimo, a 10 (dez) e, no máximo, a 1.000 (mil) Obrigações Reajustáveis do Tesouro Nacional - ORTNs, agravada em casos de reincidência específica, conforme dispuser o regulamento, vedada a sua cobrança pela União se já tiver sido aplicada pelo Estado, Distrito Federal, Territórios ou pelos Municípios.

II - à perda ou restrição de incentivos e benefícios fiscais concedidos pelo Poder Público;

III - à perda ou suspensão de participação em linhas de financiamento em estabelecimentos oficiais de crédito;

IV - à suspensão de sua atividade. (...)'

Foi, entretanto, com o advento da Lei nº 9.605/98, que versa sobre 'as sanções penais **e administrativas** derivadas de condutas a atividades lesivas ao meio ambiente', que a matéria obteve, da parte do legislador, tratamento mais minudente:

'CAPÍTULO VI

DA INFRAÇÃO ADMINISTRATIVA

Art. 70. Considera-se infração administrativa ambiental toda ação ou omissão que viole as regras jurídicas de uso, gozo, promoção, proteção e recuperação do meio ambiente.

§ 1º São autoridades competentes para lavrar auto de infração ambiental e instaurar processo administrativo os funcionários de órgãos ambientais integrantes do Sistema Nacional de Meio Ambiente – SISNAMA, designados para as atividades de fiscalização, bem como os agentes das Capitanias dos Portos, do Ministério da Marinha.

§ 2º Qualquer pessoa, constatando infração ambiental, poderá dirigir representação às autoridades relacionadas no parágrafo anterior, para efeito do exercício do seu poder de polícia.

§ 3º A autoridade ambiental que tiver conhecimento de infração ambiental é obrigada a promover a sua apuração imediata, mediante processo administrativo próprio, sob pena de co-responsabilidade. § 4º As infrações ambientais são apuradas em processo administrativo próprio, assegurado o Direito de ampla defesa e o contraditório, observadas as disposições desta Lei.

Art. 71. O processo administrativo para apuração de infração ambiental deve observar os seguintes prazos máximos:

I – vinte dias para o infrator oferecer defesa ou impugnação contra o auto de infração, contados da data da ciência da autuação;

II – trinta dias para a autoridade competente julgar o auto de infração, contados da data da sua lavratura, apresentada ou não a defesa ou impugnação;

III – vinte dias para o infrator recorrer da decisão condenatória à instância superior do Sistema Nacional do Meio Ambiente – SISNAMA, ou à Diretoria de Portos e Costas, do Ministério da Marinha, de acordo com o tipo de autuação;

IV – cinco dias para o pagamento de multa, contados da data do recebimento da notificação.

Art. 72. As infrações administrativas são punidas com as seguintes sanções, observado o disposto no art. 6º:

I – advertência;

II- multa simples;

III – multa diária;

IV – apreensão dos animais, produtos e subprodutos da fauna e flora, instrumentos, petrechos, equipamentos ou veículos de qualquer natureza utilizados na infração;

V – destruição ou inutilização do produto;

VI – suspensão de venda e fabricação do produto;

VII – embargo de obra ou atividade;

VIII – demolição de obra;

IX – suspensão parcial ou total de atividades;

X – (VETADO)

XI – restritiva de Direitos.

§ 1º Se o infrator cometer, simultaneamente, duas ou mais infrações, ser-lhe-ão aplicadas, cumulativamente, as sanções a elas cominadas.

§ 2º A advertência será aplicada pela inobservância das disposições desta Lei e da legislação em vigor, ou de preceitos regulamentares, sem prejuízo das demais sanções previstas neste artigo.

§ 3º A multa simples será aplicada sempre que o agente, por negligência ou dolo:

I – advertido por irregularidades que tenham sido praticadas, deixar de saná-las, no prazo assinalado por órgão competente do SISNAMA ou pela Capitania dos Portos, do Ministério da Marinha;

II – opuser embaraço à fiscalização dos órgãos do SISNAMA ou da Capitania dos Portos, do Ministério da Marinha.

§ 4° A multa simples pode ser convertida em serviços de preservação, melhoria e recuperação da qualidade do meio ambiente.

§ 5º A multa diária será aplicada sempre que o cometimento da infração se prolongar no tempo.

§ 6º A apreensão e destruição referidas nos incisos IV e V do caput obedecerão ao disposto no art. 25 desta Lei.

§ 7º As sanções indicadas nos incisos VI a IX do caput serão aplicadas quando o produto, a obra, a atividade ou o estabelecimento não estiverem obedecendo às prescrições legais ou regulamentares.

§ 8º As sanções restritivas de Direito são:

I – suspensão de registro, licença ou autorização;

II – cancelamento de registro, licença ou autorização;

III – perda ou restrição de incentivos e benefícios fiscais;

IV – perda ou suspensão da participação em linhas de financiamento em estabelecimentos oficiais de crédito;

V – proibição de contratar com a Administração Pública, pelo período de até três anos.

Art. 73. Os valores arrecadados em pagamento de multas por infração ambiental serão revertidos ao Fundo Nacional do Meio Ambiente, criado pela Lei nº 7.797, de 10 de julho de 1989, Fundo Naval, criado pelo Decreto nº 20.923, de 8 de janeiro de 1932, fundos estaduais ou municipais de meio ambiente, ou correlatos, conforme dispuser o órgão arrecadador.

Art. 74. A multa terá por base a unidade, hectare, metro cúbico, quilograma ou outra medida pertinente, de acordo com o objeto jurídico lesado.

Art. 75. O valor da multa de que trata este Capítulo será fixado no regulamento desta Lei e corrigido periodicamente, com base nos índices estabelecidos na legislação pertinente, sendo o mínimo de R$ 50,00 (cinqüenta reais) e o máximo de R$ 50.000.000,00 (cinqüenta milhões de reais).

Art. 76. O pagamento de multa imposta pelos Estados, Municípios, Distrito Federal ou Territórios substitui a multa federal na mesma hipótese de incidência.'

Inicialmente, houve a regulamentação da lei pelo Decreto nº 3.179/99, que, todavia, veio a ser revogado pelo Decreto nº 6.514/08.

Traçado o contexto fático-jurídico, tem-se que o exercício do poder de polícia, tal como levado a efeito pelo IBAMA, mostrou-se *injurídico e contrário aos ditames estabelecidos pelo Estado Constitucional Ambiental.*

Certo, não houve vício de forma a ser reconhecido, logo, o *devido processo ambiental*, sob o prisma formal, restou obedecido. Houve oportunidade para a apresentação de defesa, sua análise pela autoridade processante, oportunidade para apresentação de substrato probatório, tudo como se percebe da leitura dos documentos juntados por ocasião da propositura da demanda, e, ainda, daqueles que se fizeram acompanhar da contestação.

No entanto, de outro lado, tem-se franca e irremissível mácula à concepção material do *due process* (art. 5º, LV, CF), diante da *uso desproporcional do poder de polícia ambiental.* Isso porque, diante dos elementos trazidos ao processo, da prova produzida na audiência, e, por fim, da base empírica que se trouxe à baila, a autoridade ambiental valorou equivocadamente e de modo flagrantemente excessivo o fato que veio a sofrer, por parte dela, autuação.

Inicialmente, ao fundamentar o auto de infração com fulcro no art. 25 do Dec. 6.514/08 (*'Introduzir espécime animal no País, ou fora de sua área de distribuição natural, sem parecer técnico oficial favorável e licença expedida pela autoridade ambiental competente*), à luz de ilações e sem lastro em qualquer circunstância autorizadora que impusesse fosse reconhecida a incidência da norma. Com efeito, na peça contestatória (evento 26 – fl. 4), a defesa jurídica do IBAMA narra que *'Foi informado pelos funcionários da residência que o animal teria sido adquirido de João Luiz Tomazzeli, preso e autuado em abril de 2010 pelo comércio ilegal de fauna silvestre exótica introduzida ilegalmente no País'*. A par de se apresentar pouco crível a afirmação, uma vez que causa espécie que 'funcionários da residência' tivessem ciência de tais elementos, as Notas Fiscais colacionadas, seja no evento 01, seja no evento 26, evidenciam que em momento algum houve transação comercial de animais da fauna silvestre celebrada entre a parte autora e sociedade empresária ou empresário individual com domicílio estrangeiro.

Por outro lado, em relação ao eventual cometimento do ilícito administrativo prefigurado no art. 24 do Decreto nº 6.514/08 (*Matar, perseguir, caçar, apanhar, coletar, utilizar espécimes da fauna silvestre, nativos ou em rota migratória, sem a devida permissão, licença ou autorização da autoridade competente, ou em desacordo com a obtida*), tem-se que deve o tipo ser lido com a acuidade necessária, dentro da juridicidade que se expôs. Nesta senda, a instrução processual demonstrou que a autora não agiu, tal como facilmente se deduz da Constituição da República, premida por '**práticas que coloquem em risco sua função ecológica, provoquem a extinção das espécies ou submetam os animais à crueldade**'.

Antes, o que se tem, e ao juízo não é dado desconsiderar a realidade em que atua no exercício da judicatura, é a manutenção de animais de estimação, domésticos ou domesticados, no seio do lar, costume este arraigado no âmbito desta Subseção Judiciária e nos Municípios que a compõem. Ao contrário do que diz o réu, o fato da autora ter pretendido regularizar o 'Projeto de Criador Conservacionista Cornélia Conrad Lowndes' não pode depor em seu desfavor, não sendo razoável entender-se que todo aquele que venha a procurar a autarquia ambiental o faça no esteio de uma suposta ilicitude não demonstrada. Além disso, as fotos tiradas pelo agente ambiental por ocasião da diligência, bem demonstram que há estrutura física adequada, bem assim fitossanitária (assistência por profissional habilitado – médico veterinário), a afastar qualquer prejuízo que venha a atingir o bem jurídico-ambiental protegido. Aliás, a prova em audiência demonstrou que as aves objeto da lide são tratadas de forma equiparável aos seres humanos.

A interpretação dada, de todo modo, não foge daquela preconizada por Edis Milaré:

'Cabe notar que o poder de polícia administrativa ambiental, a serviço da comunidade e na defesa do patrimônio público, nunca será eficazmente exercido sem uma pedagogia adequada às situações. Ainda que 'ignorantia legis neminem excusat', ***constatamos e entendemos que muitos desvios nocivos ao meio ambiente provêm de velhos vícios culturais, da falta de consciência sobre problemas e exigências ambientais, assim como da compulsão de hábitos arraigados na população em geral. É mais nobre educar do que punir, sem dúvida. Entretanto, há casos em que a punição integra o processo pedagógico. Seja como for, quem exerce o poder de polícia administrativa ambiental precisa estar preparado para ambas as medidas, amparado pela lei e armado de profunda consciência social.'*** *(MILARÉ. Edis.* ***Direito do Ambiente.*** *4ª Ed., São Paulo: RT, 2005. p. 752) (grifado).*

Por fim, fazendo coro à saudável advertência de Edis Milaré, o caso em análise evidencia que, para além de sua função meramente repressiva, poderia a autarquia ambiental federal buscar dar concreção mais efetiva ao princípio da educação ambiental (art. 2º, X, da Lei nº 6.938/81), medida que, dentro de um tempo necessário, poderia dar efetivos frutos no âmbito da política pública de proteção do meio ambiente ecologicamente equilibrado.

Enfatize-se, o Estado Constitucional exige que os agentes públicos atuem sem provocar danos excessivos ao administrado, ou seja, devem agir na medida suficiente para cumprir as determinações constitucionais, sem abuso.

Nas palavras de Jorge Reis Novais:

Não há, hoje, controlo judicial das restrições aos Direitos fundamentais, sem o recurso sistemático, permanente, imprescindível, ao ***princípio da proibição do excesso,*** *nas suas diferentes dimensões, máximas ou subprincípios. Para além de outros requisitos, qualquer restrição ou intervenção restritiva num Direito fundamental só passa o teste de constitucionalidade se se puder sucessivamente demonstrar que é* ***apta*** *para realizar um fim legítimo e de peso superior ao Direito fundamental em questão; que é indispensável à realização de tal fim; que não é desproporcionada; que não é desrazoável; que não é indeterminada. [grifado] (****Direito fundamentais: trunfos*** *contra a maioria. Coimbra: Coimbra Editora, 2006, p. 101)*

Verifica-se, assim, que é dever fundamental indissociável da jurisdição evitar a excesso na atuação administrativa a fim de proteger suficientemente os indivíduos titulares de Direitos fundamentais.

Assim, diante da fundamentação adotada, deve ser julgado procedente o pedido veiculado na petição inicial.

III - DISPOSITIVO

Ante o exposto, confirmo a tutela antecipada e **JULGO PROCEDENTE O PEDIDO** para resolver o processo (art. 269 I do CPC) e reconhecer a nulidade do Auto de Infração nº 659205 e do Auto de Apreensão nº 499499, declarando insubsistentes a multa e as penalidades derivadas.

Condeno o demandado ao pagamento das despesas processuais e dos honorários advocatícios, fixados em 10% sobre o valor da causa, observados o grau de zelo do profissional, o lugar de prestação do serviço, a natureza e importância da causa, o trabalho realizado pelo advogado e o tempo exigido para o seu serviço (art. 20 do CPC).

Expeça-se alvará de levantamento dos valores caucionados e vinculados a este processo em nome da parte autora.

Publique-se. Registre-se. Intimem-se.

Arquive-se após o trânsito em julgado.

Blumenau, 09 de fevereiro de 2012.

CLENIO JAIR SCHULZE
Juiz Federal Substituto

Documento eletrônico assinado por CLENIO JAIR SCHULZE, Juiz Federal Substituto, na forma do artigo 1º, inciso III, da Lei 11.419, de 19 de dezembro de 2006 e Resolução TRF 4ª Região nº 17, de 26 de março de 2010. A conferência da autenticidade do documento está disponível no endereço eletrônico http://www.jfsc.jus.br/gedpro/verifica/verifica.php, mediante o preenchimento do código verificador 4193397v10 e, se solicitado, do código CRC B8E7CCAA.

Informações adicionais da assinatura:
Signatário (a): Clenio Jair Schulze
Data e Hora: 10/02/2012 17:18

ANEXO G – Acórdão Caso Cornélia (item 3.2)

APELAÇÃO CÍVEL Nº 5005767-30.2011.404.7200/SC
RELATOR: JOÃO PEDRO GEBRAN NETO
APELANTE: INSTITUTO BRASILEIRO DO MEIO AMBIENTE E DOS RECURSOS NATURAIS RENOVÁVEIS - IBAMA
APELADO: CORNÉLIA CONRAD LOWNDES
ADVOGADO: EVERALDO LUÍS RESTANHO
CÉZAR POLETTO JÚNIOR
RODRIGO PITREZ DE OLIVEIRA

RELATÓRIO

Trata-se de ação ordinária em que CORNÉLIA CONRAD LOWNDES pretende provimento judicial que declare *'a nulidade do Auto de Infração n.º 659.205 e, consequentemente, do Auto de Apreensão n.º 499.499, em relação apenas às cinco aves que hoje permanecem sob a posse da Requerente, quais sejam, 2 Ecletus roratus (papagaios), 1 Cacatua alba e 2 Cacatua roseicapilla'.*

Regularmente processado, sobreveio sentença (E.86) julgando procedente o pedido para reconhecer a nulidade do Auto de Infração n.º 659.205 e do Auto de Apreensão n.º 499.499, declarando insubsistentes a multa e as penalidades derivadas. Honorários advocatícios, fixados em 10% sobre o valor da causa, e custas processuais pelo demandado.

Apelou o IBAMA (E.97) sustentando, em suma, que inexiste qualquer vício no auto de infração lavrado pelo IBAMA, sendo que a parte autora foi flagrada na posse de espécie exótica sem autorização que a respalde, incorrendo, com isso, na infração prevista no art. 25 do Decreto n.º 6.514/08.

Com contrarrazões (E.102), vieram os autos para julgamento.

É o relatório.

Juiz Federal João Pedro Gebran Neto
Relator

Documento eletrônico assinado por Juiz Federal João Pedro Gebran Neto, Relator, na forma do artigo 1º, inciso III, da Lei 11.419, de 19 de dezembro de 2006 e Resolução TRF 4ª Região nº 17, de 26 de março de 2010. A conferência da autenticidade do documento está disponível no endereço eletrônico http://www.trf4.jus.br/trf4/processos/verifica.php, mediante o preenchimento do código verificador 5423382v3 e, se solicitado, do código CRC 991A998D.

Informações adicionais da assinatura:
Signatário(a): João Pedro Gebran Neto
Data e Hora: 20/11/2012 18:53

APELAÇÃO CÍVEL Nº 5005767-30.2011.404.7200/SC
RELATOR: JOÃO PEDRO GEBRAN NETO
APELANTE: INSTITUTO BRASILEIRO DO MEIO AMBIENTE E DOS RECURSOS NATURAIS RENOVÁVEIS - IBAMA
APELADO: CORNÉLIA CONRAD LOWNDES
ADVOGADO: EVERALDO LUÍS RESTANHO
CÉZAR POLETTO JÚNIOR
RODRIGO PITREZ DE OLIVEIRA

VOTO

A Constituição Federal de 1988 trata, em capítulo próprio, do tema Meio Ambiente, nos seguintes termos:

Art. 225. Todos têm Direito ao meio ambiente ecologicamente equilibrado, bem de uso comum do povo e essencial à sadia qualidade de vida, impondo-se ao Poder Público e à coletividade o dever de defendê-lo e preservá-lo para as presentes e futuras gerações

Posteriormente, legislação específica, a Lei n.º 6.938/81, que instituiu a Política Nacional do Meio Ambiente, e a Lei n.º 9.605/98, que versa sobre as sanções penais e administrativas derivadas de condutas a atividades lesivas ao meio ambiente, tratar da matéria nos seguintes termos, no que tange ao caso em análise:

Lei n.º 6.938/81:

Art. 14 – Sem prejuízo das penalidades definidas pela legislação federal, estadual e municipal, o não cumprimento das medidas necessárias à preservação ou correção dos inconvenientes e danos causados pela degradação da qualidade ambiental sujeitará os transgressores:

I – à multa simples ou diária, nos valores correspondentes, no mínimo, a 10 (dez) e, no máximo, a 1.000 (mil) Obrigações Reajustáveis do Tesouro Nacional – ORTNs, agravada em casos de reincidência específica, conforme dispuser o regulamento, vedada a sua cobrança pela União se já tiver sido aplicada pelo Estado, Distrito Federal, Territórios ou pelos Municípios. (...)

Lei n.º 9.605/98:

Art. 70. Considera-se infração administrativa ambiental toda ação ou omissão que viole as regras jurídicas de uso, gozo, promoção, proteção e recuperação do meio ambiente.

O IBAMA, no exercício de suas atribuições institucionais e valendo-se do seu poder de polícia, procedeu à lavratura, em 15 de setembro de 2010, do Auto de Infração n.º 659.205 e, ainda, do Auto de Apreensão n.º 499.499 em desfavor da ora apelada (E.1, ANEXOS PET7 e ANEXOS PET8).

As condutas atribuídas à autora são tipificadas nos artigos 24 e 25 do Decreto n.º 6.514/08, que contam com a seguinte redação:

Das Infrações Contra a Fauna

Art. 24. Matar, perseguir, caçar, apanhar, coletar, utilizar espécimes da fauna silvestre, nativos ou em rota migratória, sem a devida permissão, licença ou autorização da autoridade competente, ou em desacordo com a obtida:

(...)

Art. 25. Introduzir espécime animal no País, ou fora de sua área de distribuição natural, sem parecer técnico oficial favorável e licença expedida pela autoridade ambiental competente:

Oportuno observar as particularidades contidas nos autos do presente feito, merecendo destaque, inicialmente, o fato de que a autora possui notas fiscais de origem da aquisição lícita das aves objeto da presente ação, tendo sido tais documentos expedidos por empresas credenciadas pelo IBAMA, como se verifica da relação contida no documento E.1, ANEXOS PET9.

NF n° 000051 – Ref. Ecletus roratus – Anilha FOB-2002-LD-239117 -Emitida em 14/5/2003 pela empresa Amazon Birds Ltda.

NF n° 000548 – Ref. Cacatua-gala – Anilha n° JJS-0090 – Emitida em 09/06/2009 pela empresa Naomi Petshop Ltda.

NF n° 000584 – Ref. Cacatua-gala – Anilha n° LHRD-314 – Emitida em 26/08/2009 pela empresa Naomi Petshop Ltda.

NF n° 000706 – Ref. Cacatua alba – Anilha n° SOERI 12.0-2009-3498 – Emitida em 03/03/2010 pela empresa Naomi Petshop Ltda

Outro ponto que merece destaque, diz respeito ao relatório técnico, expedido pela médica veterinária, Dra. Vanessa Vieira, atestando as boas condições de saúde das aves, tanto quanto a adequação dos viveiros em que estão acondicionadas (E.1, ANEXOS PET11), assim como o laudo parasitológico das aves, indicativos da inexistência *'de ovos de helmintos e de cistos de protozoários'* (E.1, ANEXOS PET12).

Levando-se em conta esses aspectos que entendo relevantes, vejo como perfeitamente possível, sob o ponto de vista jurídico, o particular manter em cativeiro doméstico animais silvestres, como dimana do texto da Portaria n.º 117/97 do IBAMA, que regula o comércio de animais vivos da fauna silvestre. Claro que, ao confrontar-se o diploma normativo com o caso, deve-se considerar o fato de que a sua posse pela parte recorrida remonta a período posterior, já submetida aos rigores ora vigentes. Mas esta referência normativa serve para evidenciar a viabilidade jurídica da conduta da parte recorrida, a qual, merece anotação também, tem forte conteúdo cultural, pois, ainda que não seja desejável, é consabida a existência, em larga escala e num passado próximo, daquele tipo de ave em cativeiro doméstico sem regularização junto aos órgãos ambientais competentes. Cônscio, aliás, deste tipo de comportamento social, o legislador flexibilizou as regras penais ambientais, isentando de pena a irregular guarda doméstica de espécie silvestre não considerada ameaçada de extinção (art. 29 e § 2º da Lei n. 9.605/98).

Desta forma, atento as particularidades contidas no presente feito, entendo que cabível a manutenção das aves pela parte apelada, entretanto, tal fato não tem o condão de afastar a imputação atribuída à criadora das aves silvestres em desacordo com a legislação específica que trata da matéria.

Ora, adotar postura diversa desta, seguramente, acarretaria em estímulo a esta prática, repelida, mais do que pelos dispositivos específicos acima mencionados, pelos princípios mais elementares do Direito ambiental, especialmente os da precaução e da preservação.

Nesse passo, entendo que deve ser mantida a sentença no que toca à nulidade do auto de apreensão, entretanto, no que diz respeito à multa aplicada, em face da infração ambiental cometida, a mesma deve mantida.

Ante o exposto, voto por dar parcial provimento à apelação, exclusivamente para manter incólume o auto de infração n.º 659205.

É o voto.

Juiz Federal João Pedro Gebran Neto
Relator

Documento eletrônico assinado por **Juiz Federal João Pedro Gebran Neto, Relator**, na forma do artigo 1º, inciso III, da Lei 11.419, de 19 de dezembro de 2006 e Resolução TRF 4ª Região nº 17, de 26 de março de 2010. A conferência da **autenticidade do documento** está disponível no endereço eletrônico http://www.trf4.jus.br/trf4/processos/verifica.php, mediante o preenchimento do código verificador **5423383v4** e, se solicitado, do código CRC **5C02F7FD**.

Informações adicionais da assinatura:
Signatário(a): João Pedro Gebran Neto
Data e Hora: 20/11/2012 18:53

APELAÇÃO CÍVEL Nº 5005767-30.2011.404.7200/SC
RELATOR: JOÃO PEDRO GEBRAN NETO
APELANTE: INSTITUTO BRASILEIRO DO MEIO AMBIENTE E DOS RECURSOS NATURAIS RENOVÁVEIS - IBAMA
APELADO: CORNÉLIA CONRAD LOWNDES
ADVOGADO: EVERALDO LUÍS RESTANHO
CÉZAR POLETTO JÚNIOR
RODRIGO PITREZ DE OLIVEIRA

VOTO DIVERGENTE

Sem prejuízo de eventualmente alterar meu voto face ao que seja alegado em sustentação oral, peço vênia para DIVERGIR PARCIALMENTE DO RELATOR quanto à anulação do auto de apreensão, o que faço pelos seguintes fundamentos:

A parte autora pretendia anulação do auto de infração 659205 (PET7 do evento 1) e do auto de apreensão 499499 (PET7 do evento 1). Ambos os pedidos foram deferidos pela sentença, que julgou procedente a ação para anular os dois atos administrativos.

Quanto à anulação do auto de infração, ACOMPANHO O RELATOR (que dá provimento parcial à apelação, reforma a sentença e julga improcedente a ação) porque efetivamente houve infração à legislação ambiental. A parte autora manteve animais exóticos em cativeiro, sem a necessária e devida autorização do órgão ambiental competente. Se era necessária a autorização e o criador não a possuía, temse configurada infração ambiental e está justificada a autuação, diante do que consta do processo e foi dito pelo relator. Saliento também que não me parece seja excessiva a multa aplicada, seja porque encontra respaldo nas circunstâncias de fato e na regulamentação apropriada, seja porque apenas um dos espécimes apreendidos (eram 5) foi adquirido pelo valor de R$ 20.000,00, conforme nota fiscal que consta dos autos. Então se apenas um dos espécimes custou R$ 20.000,00, fica afastada qualquer alegação de desproporção no valor fixado para a multa pela infração ambiental pela manutenção em cativeiro dos 5 animais. Nisso nenhum reparo faço ao voto do relator.

Entretanto, quanto à anulação do auto de apreensão, DIVIRJO DO RELATOR para dar provimento à apelação do IBAMA e reformar a sentença, julgando também improcedente esse pedido da parte autora. E o faço porque o acessório segue o principal: se a manutenção dos animais pela autora era ilícito ambiental, se foi sancionado com considerável multa pecuniária, não parece possível que se lhe permita regularizar essa situação e permanecer com a posse e a guarda dos animais que ilicitamente detinha (porque não tinha autorização do órgão ambiental). Se estamos reconhecendo que o auto de infração subsiste e que, portanto, a autora é infratora da legislação ambiental, não se lhe pode premiá-la para permitir que permaneça com os animais que ilicitamente detém. A multa pecuniária pela infração ambiental não pode servir para legitimar a manutenção dos animais irregulares, a multa não pode servir como preço para regularização de uma situação que estava irregular (e que a autora provavelmente sabia que estava irregular, afinal não são poucos os animais que mantinha em cativeiro – os autos falam em mais de 27 espécimes).

Não importa se são da fauna silvestre ou exóticos, o certo é que se está reconhecendo que a autora cometeu infração ambiental ao mantê-los em cativeiro sem a necessária autorização, e portanto entendo que não se lhe pode permitir que, pagando a multa, possa com os animais permanecer.

A legislação ambiental é bastante rígida quanto a isso e essa rigidez se justifica diante do bem jurídico que se está protegendo. A Constituição Federal manda a todos agentes públicos que sejam duros com quem infringe a legislação ambiental, especialmente pelo que consta do parágrafo 3º do artigo 225: *'As condutas e atividades consideradas lesivas ao meio ambiente sujeitarão os infratores, pessoas físicas ou jurídicas, a sanções penais e administrativas, independentemente da obrigação de reparar os danos causados'.*

O intérprete, portanto, não pode deferir nem permitir o que a lei não defere nem permite.

Ainda, convém destacar o tratamento diferenciado que a lei ambiental dá à apreensão do 'produto' e dos 'instrumentos' da infração ambiental (artigo 25 da Lei 9.605 de 1998). Basta comparar essa norma à legislação penal para se perceber a diferença gritante que existe entre os dois regimes, porque nos crimes não-ambientais a perda do produto do crime depende de condições especiais previstas no artigo 91II do CP (*'são efeitos da condenação ... a perda ... dos instrumentos do crime, desde que consistem em coisas cujo fabrico, alienação, uso, porte ou detenção constitua fato ilícito'*), enquanto o artigo 25 da Lei 9.605 de 1998 não traz essa condição: *'verificada a infração, serão apreendidos seus produtos e instrumentos, lavrando-se os respectivos autos'*.

E quanto aos animais que se encontrarem nessa condição de instrumentos ou produtos da infração ambiental (e não apenas do crime ambiental), o parágrafo 1º do artigo 25 especifica: *'Os animais serão libertados em seu habitat ou entregues a jardins zoológicos, fundações ou entidades assemelhadas, desde que fiquem sob a responsabilidade de técnicos habilitados'*. Ou seja, o infrator não tem a possibilidade de pagar a multa e assim quase que 'recomprar' os animais.

Um último aspecto parece conveniente acrescentar, quanto à alegação de que os animais estariam bem tratados, por conta de laudo apresentado por médico-veterinário (documento trazido pela autora). Estive lotado durante quase 7 anos em vara ambiental, lidando diariamente com essas questões, e percebi que essas questões são eminentemente técnicas, que dependem de conhecimento técnico específico que nós, leigos, não possuímos. Então aquilo que parece apropriado para quem cria um animal como se fosse doméstico, nem sempre é o apropriado para o animal. É importante então que estas questões pertinentes à manutenção dos animais em cativeiro fosse examinada à luz de perícia técnica, imparcial, realizada segundo os critérios técnicos e com observância do devido processo legal, o que não me parece tenha sido feito pelo juízo de origem nem possa aquele laudo particular e incompleto trazido pelo médicoveterinário pudesse dar conta dessas peculiaridades. Então, desqualificado aquele laudo particular como prova válida, não me parece apropriado substituir a opção legal do parágrafo 1o do artigo 25 da Lei 9.605 de 1998 pela manutenção dos animais com a parte autora, principalmente quando esses animais podem e devem ser destinados a criadouro legalizado, na forma legalmente prevista.

O laudo particular da médica-veterinária não especifica quais as aves a que se está referindo, não indicando estivesse tratando especificamente dos espécimes exóticos de que trata o auto de apreensão. Saliento que a autora parece criar diversas outras aves, como por exemplo marrecos, e não se sabe se a dita prova 'técnica' da médica-veterinária não está a se referir a esses outros animais, distintos daqueles tratados nos autos de infração e de apreensão discutidos. Será que é possível que convivam num mesmo espaço (naquele grande viveiro que consta das fotografias) marrecos e cacatuas, é uma pergunta que fica sem resposta, e portanto não me sinto confortável para aceitar a alegação de que os animais exóticos de que trata o auto de apreensão estão bem cuidados e em boas condições de cativeiro.

Além disso, destaco o anexo 4 do evento 26 do processo originário (correspondência encaminhada pelo biólogo e pelo veterinário ao Ibama, quando da transferência de outros animais). Esse documento dá conta de riscos para os animais, não apenas para aqueles discutidos nesta ação, mas também outras aves que estavam no local e que não são discutidas nesta ação. Os fatos ali descritos são suficientes, no meu entender, para justificar que somente com prova robusta se pudesse manter os animais com a guarda dos animais discutidos nesta ação. Lá foi dito: 'de maneira geral, as aves apresentam estado de saúde satisfatório, com exceção de algumas marrecas com lesões articulares ainda não esclarecidas, o que dificulta sua locomoção'.

Por tudo isso, divirjo do relator e dou provimento à apelação do Ibama para julgar improcedentes os pedidos examinados na sentença, invertendo os ônus da sucumbência e condenando a parte autora a pagá-los, inclusive honorários advocatícios, que arbitro em R$ 5.000,00, considerando o conteúdo econômico da lide e o trabalho exigido dos profissionais.

Ante o exposto, voto por dar provimento à apelação do Ibama para julgar improcedentes os pedidos examinados na sentença.

Desembargador Federal CÂNDIDO ALFREDO SILVA LEAL JUNIOR

Documento eletrônico assinado por Desembargador Federal CÂNDIDO ALFREDO SILVA LEAL JUNIOR, , na forma do artigo 1º, inciso III, da Lei 11.419, de 19 de dezembro de 2006 e Resolução TRF 4ª Região nº 17, de 26 de março de 2010. A conferência da autenticidade do documento está disponível no endereço eletrônico http://www.trf4.jus.br/trf4/processos/verifica.php, mediante o preenchimento do código verificador 5505744v4 e, se solicitado, do código CRC 207767F9.

Informações adicionais da assinatura:
Signatário(a): Cândido Alfredo Silva Leal Junior
Data e Hora: 21/11/2012 19:04

APELAÇÃO CÍVEL Nº 5005767-30.2011.404.7200/SC
RELATOR: JOÃO PEDRO GEBRAN NETO
APELANTE: INSTITUTO BRASILEIRO DO MEIO AMBIENTE E DOS RECURSOS NATURAIS RENOVÁVEIS - IBAMA
APELADO: CORNÉLIA CONRAD LOWNDES
ADVOGADO: EVERALDO LUÍS RESTANHO
CÉZAR POLETTO JÚNIOR
RODRIGO PITREZ DE OLIVEIRA

EMENTA

DIREITO AMBIENTAL E ADMINISTRATIVO. MULTA. INFRAÇÃO AMBIENTAL. GUARDA DOMÉSTICA. PÁSSARO SILVESTRE.

. Resta incólume o auto de infração porque constatada a infração à legislação ambiental, tendo em vista que a autora manteve animais exóticos em cativeiro, sem a necessária e devida autorização do órgão ambiental competente.

. Reconhecido que o auto de infração subsiste, não se pode premiar a autora para permitir que permaneça com os animais que ilicitamente detém, ainda que pagando a multa.

. A rigidez da legislação ambiental justifica-se diante do bem jurídico que se está protegendo, não podendo o intérprete deferir nem permitir o que a lei não defere nem permite.

. Os animais que se encontram na condição de instrumentos ou produtos da infração ambiental (e não apenas do crime ambiental) devem ser apreendidos, nos termos do que dispõe o art. 25 da Lei nº 9.605/98.

. As questões pertinentes à manutenção dos animais em cativeiro devem ser examinadas à luz de perícia técnica, imparcial, realizada segundo os critérios técnicos e com observância do devido processo legal, de modo que o laudo particular não se mostra apropriado para substituir a opção legal do parágrafo 1º do artigo 25 da Lei 9.605 de 1998 pela manutenção dos animais com a parte autora, principalmente quando esses animais podem e devem ser destinados a criadouro legalizado, na forma legalmente prevista.

. Apelação provida.

ACÓRDÃO

Vistos e relatados estes autos em que são partes as acima indicadas, decide a Egrégia 4ª Turma do Tribunal Regional Federal da 4ª Região, por maioria, vencido parcialmente o Relator, dar provimento à apelação, nos termos do relatório, votos e notas taquigráficas que ficam fazendo parte integrante do presente julgado.

Porto Alegre, 20 de novembro de 2012.

Desembargador Federal CÂNDIDO ALFREDO SILVA LEAL JUNIOR
Relator

Documento eletrônico assinado por Desembargador Federal CÂNDIDO ALFREDO SILVA LEAL JUNIOR, Relator, na forma do artigo 1º, inciso III, da Lei 11.419, de 19 de dezembro de 2006 e Resolução TRF 4ª Região nº 17, de 26 de março de 2010. A conferência da autenticidade do documento está disponível no endereço eletrônico http://www.trf4.jus.br/trf4/processos/verifica.php, mediante o preenchimento do código verificador 5510740v3 e, se solicitado, do código CRC 60F37555.

Informações adicionais da assinatura:
Signatário(a): Cândido Alfredo Silva Leal Junior
Data e Hora: 21/11/2012 19:04

ANEXO H – Decisão Interlocutória Caso da Defensoria Pública (item 3.3)

AÇÃO ORDINÁRIA (PROCEDIMENTO COMUM ORDINÁRIO) Nº 5020973-50.2012.404.7200/SC
AUTOR: CLAUDIO LEMOS
PROCURADOR: ANA LUIZA ZAGO DE MORAES (DPU) DPU018
RÉU : INSTITUTO BRASILEIRO DO MEIO AMBIENTE E DOS RECURSOS NATURAIS RENOVÁVEIS – IBAMA

DECISÃO (LIMINAR/ANTECIPAÇÃO DA TUTELA)

Trata-se de ação ordinária ajuizada por CLAUDIO LEMOS contra o INSTITUTO BRASILEIRO DO MEIO AMBIENTE E DOS RECURSOS NATURAIS RENOVÁVEIS – IBAMA visando à declaração de nulidade de multa imposta por fiscais da Autarquia. Alega o autor, em suma, que: [a] em 5-10-2006 foi autuado com multa de R$ 3.500,00, por manter em cativeiro sete pássaros de sua propriedade; [b] em 5-7-2007 fez acordo para a Transação Penal no processo perante o Juizado Especial Criminal da Capital, restando integralmente cumprido, com sentença de extinção da punibilidade em 25-22008; [c] interpôs recurso administrativo, ao qual foi negado provimento, sendo-lhe exigido o pagamento da multa; [d] o valor da sanção foi fixada de forma exorbitante e desarrazoada, sem indicação dos critérios que lhe serviram de base; [e] ela também é ilegal porque não foi garantido o prévio exercício de defesa na via administrativa; e [f] ocorreu a prescrição da ação punitiva da Administração, posto que se trata de infração também punida como crime e, neste caso, deve ser aplicado o prazo prescricional do Código Penal, que é de três anos. Com esses fundamentos, requer:

***b.** Em sede **liminar**, a antecipação dos efeitos da tutela, para que a Ré se abstenha de qualquer medida judicial ou extrajudicial para a cobrança da dívida;*

É, em síntese, o que consta da inicial, a qual veio acompanhada de documentos.

Decido.

Segundo consta dos documentos juntados aos autos, o procedimento de fiscalização teve início após a constatação da posse dos animais pelo autor em sua residência, expedindo-se Auto de Infração nº. 558570-D e Termo de Apreensão e Depósito nº. 472098 com Relatório Técnico de Fiscalização (Evento nº. 1 – OFIC, fls. 1/5). O Autor apresentou defesa perante o órgão administrativo, a qual foi julgada improcedente em 27/11/2008 (Evento 1-OFIC2, fl. 22/24). Contra esta decisão o autor apresentou recurso, tendo sido assistido pela Defensoria Pública da União. Novamente o recurso foi julgado improcedente e mantido o auto de infração (Evento 1 – OFIC2, fl. 53). Assim, não prospera, pelo menos em sede de liminar, o argumento de ofensa ao devido processo legal.

Também não procede a alegação de prescrição, posto que o prazo referido no § 2º do art. 1º da Lei n. 9.783/99 diz respeito ao Direito à imposição da própria penalidade e ela foi imposta ao autor no dia do fato pelo IBAMA, oportunidade em que foi lavrado o Auto de Infração. De outro lado, pelas cópias juntadas, também não se operou a chamada prescrição intercorrente, pois o processo administrativo não ficou paralisado mais do que três anos.

Quanto à sanção imposta, observo que ela foi aplicada com base no seguinte dispositivo do Decreto n. 3.179/99, que vigia à época dos fatos:

Art. 11. Matar, perseguir, caçar, apanhar, utilizar espécimes da fauna silvestre, nativos ou em rota migratória, sem a devida permissão, licença ou autorização da autoridade competente, ou em desacordo com a obtida:

Multa de R$ 500,00 (quinhentos reais), por unidade, com acréscimo por exemplar excedente de:

I – R$ 5.000,00 (cinco mil reais), por unidade de espécie constante da lista oficial de fauna brasileira ameaçada de extinção e do Anexo I da Comércio Internacional das Espécies da Flora e Fauna Selvagens em Perigo de Extinção-CITES; e

II – R$ 3.000,00 (três mil reais), por unidade de espécie constante da lista oficial de fauna brasileira ameaçada de extinção e do Anexo II da CITES.

§ 1o Incorre nas mesmas multas:

I – quem impede a procriação da fauna, sem licença, autorização ou em desacordo com a obtida;

II – quem modifica, danifica ou destrói ninho, abrigo ou criadouro natural; ou

III – quem vende, expõe à venda, exporta ou adquire, ***guarda, tem em cativeiro*** *ou depósito, utiliza ou transporta ovos, larvas ou* ***espécimes da fauna silvestre****, nativa ou em rota migratória, bem como produtos e objetos dela oriundos, provenientes de criadouros não autorizados ou* ***sem a devida permissão, licença ou autorização da autoridade competente.***

O autor, de fato, segundo se infere dos documentos juntados aos autos, não possuía licença para a manutenção dos pássaros em cativeiro, mas mesmo assim compareceu ao IBAMA para se explicar, o que, ante a ilicitude da conduta, não foi suficiente para elidir a sanção aplicada.

Todavia, tratando-se de guarda doméstica de animais silvestres, os parágrafos 2º e 3º do artigo supramencionado dispunham o seguinte:

§ 2o No caso de guarda doméstica de espécime silvestre não considerada ameaçada de extinção, pode a autoridade competente, considerando as circunstâncias, deixar de aplicar a multa, nos termos do § 2o do art. 29 da Lei no 9.605, de 1998.

§ 3o No caso de guarda de espécime silvestre, deve a autoridade competente deixar de aplicar as sanções previstas neste Decreto, quando o agente espontaneamente entregar os animais ao órgão ambiental competente.

A norma em questão tem fundamento no § 2º do art. 29 da Lei dos Crimes Ambientais – Lei n. 9.605/98, a qual dispõe que *'no caso de guarda doméstica de espécie silvestre não considerada ameaçada de extinção, pode o juiz, considerando as circunstâncias, deixar de aplicar a pena'.* Trata-se de uma hipótese de perdão judicial, não obstante o seu caráter subjetivo, pois a lei não esclarece quais as circunstâncias que o justificariam. A jurisprudência, todavia, tem se inclinado a não considerar lesiva e, portanto, merecedora de perdão judicial, a conduta consistente na manutenção de poucos espécimes de animais em cativeiro em ambiente doméstico. Veja-se, como exemplo, o seguinte julgado:

PENAL. PROCESSUAL PENAL. AMBIENTAL. LEI Nº 9.605/98, ART. 34, INCISO III. ABSOLVIÇÃO. ART. 29, § 1º, III, DA LEI Nº 9.605/98. PERDÃO JUDICIAL. GUARDA DOMÉSTICA DE ESPÉCIE SILVESTRE NÃO AMEAÇADA DE EXTINÇÃO. 1. Ausente prova conclusiva da captura de percentual superior aos 20% de camarões de tamanho não permitido, resta como não configurado o crime do art. 34, parágrafo único, inciso III, da Lei nº 9.605/98. 2. O número reduzido de aves (seis), duas de cada espécie, não considerados ameaçados de extinção, apreendidos na residência do acusado, justificam a incidência do perdão judicial. (TRF4, ACR 2005.71.01.001690-0, Sétima Turma, Relator Néfi Cordeiro, D.E. 25/06/2008)

DIREITO PENAL. CRIME CONTRA A FAUNA. GUARDA DOMÉSTICA. ART.29 DA LEI 9.605 DE 1998. AVES DA FAUNA SILVESTRE. PERDÃO JUDICIAL. ART.29 PAR. 2º. 1. Ainda que a priori seja realmente típica, a própria Lei que criou o tipo penal em exame (guarda doméstica de animais da fauna silvestre), prevê, em seu art. 29, par. 2º, o caso de perdão judicial, cujos requisitos se enquadram perfeitamente neste caso concreto, pois as aves que se encontravam em cativeiro eram em número de quatorze, as quais já foram devolvidas pela autoridade policial ao órgão competente (fundação Ecológica Zoobotânica) que as devolverá ao seu ambiente natural, (fl. 32 – Termo de entrega) e não são consideradas espécimes em extinção, conforme listagem divulgada através do IBAMA. (Portaria nº 1.522/89). 2. Recurso criminal que se nega, provimento. (TRF4, RSE 1999.04.01.007626-4, Segunda Turma, Relator Vilson Darós, DJ 07/07/1999)

No caso dos autos, de acordo com o a defesa administrativa, o autor desconhecia a necessidade de obter licença para a manutenção de poucos pássaros em ambiente doméstico, assim como desconhecia a ilicitude do ato. De outro lado, o autor não permaneceu com a posse ou guarda dos animais, os quais foram entregues ao IBAMA.

Trata-se de pessoa humilde, com quatro filhos, cuja renda mensal aproxima-se de dois salários mínimos (EVENTO3-CHEQ2), mostrando-se desproporcional a fixação da multa em R$ 3.500,00. Atendendo ao disposto na norma, e diante do caso concreto, caberia à autoridade deixar de aplicar a multa, posto que se tratava de apenas sete aves, nenhuma delas ameaçada de extinção, como expressamente constou do relatório de fiscalização (Evento 1 – OFIC2, fl. 4/5).

Neste sentido, há também precedente do Tribunal Regional Federal da 1ª Região, *verbis*:

ADMINISTRATIVO E PROCESSUAL CIVIL – ANTECIPAÇÃO DE TUTELA SUSPENDENDO A EXIGIBILIDADE DE MULTA ADMINISTRATIVA POR SUPOSTO CRIME AMBIENTAL (MANTER EM CATIVEIRO PÁSSAROS DA FAUNA SILVESTRE SEM AUTORIZAÇÃO).

1 – Consoante Acordo de Cooperação Técnica firmado entre o IBAMA/MG e a Defensoria Pública da União, pode-se converter multa ambiental (por manutenção em cativeiro de 07 pássaros silvestres brasileiros) em medida de cunho educativo (prestação de serviços de preservação, melhoria e recuperação), a teor do art. 72, §4º, da Lei nº 9.605/98, não vicejando a mera vontade do IBAMA em denunciar o aludido pacto, que, enquanto vigente, assegura à autora a conversão aludida, que, ao que consta, ostenta a necessária eficácia comum às sanções (reprimir e educar).

– Há previsão legal para que o Juiz deixe de aplicar a pena (§2º do art. 29 da Lei nº 9.605/99 e art. 11, §2º, do Decreto nº 3.179/99) e, no caso, não há notícia de que as aves, embora da fauna silvestre brasileira, estejam em risco de extinção.

– Considera-se, também, o perfil sócio-econômico e a conduta da agravada-autuada, pessoa semianalfabeta e de poucos recursos, que, além de desconhecer a infração cometida, fato comum na realidade brasileira interiorana, demonstrou – no que mais importa – não infligir maus-tratos aos pássaros, criados em ambiente doméstico, sem qualquer exposição de risco ao meio ambiente ou à fauna silvestre; prova inconteste de tais fatos é que permaneceram em seu poder, na condição de depositária, mesmo após a autuação.

– Presentes os requisitos do art. 273 do CPC e adotando-se o princípio da insignificância, a suspensão da exigibilidade da multa é medida que se impõe. 5- Agravo não provido. 6 – Peças liberadas pelo Relator, em 23/10/2007, para publicação do acórdão (AG 200701000243936, JUIZ FEDERAL RAFAEL PAULO SOARES PINTO (CONV.), 7ª T., DJ 09-11-2007).

Há, assim, ao menos em análise preliminar, verossimilhança nas alegações do autor. O perigo de dano irreparável, por sua vez, se perfaz pela probabilidade de vir o autor a sofrer execução, com os notórios ônus que dela decorrem.

4. Ante o exposto, **defiro o pedido de antecipação de tutela** para suspender a exigibilidade da multa imposta pelo Auto de Infração n. 558570-D.

Intimem-se. Cite-se.

Florianópolis, 27 de novembro de 2012.

Marjôrie Cristina Freiberger Ribeiro da Silva
Juíza Federal Substituta

Documento eletrônico assinado por Marjôrie Cristina Freiberger Ribeiro da Silva, Juíza Federal Substituta, na forma do artigo 1º, inciso III, da Lei 11.419, de 19 de dezembro de 2006 e Resolução TRF 4ª Região nº 17, de 26 de março de 2010. A conferência da autenticidade do documento está disponível no endereço eletrônico http://www.jfsc.jus.br/gedpro/verifica/verifica.php, mediante o preenchimento do código verificador 4857010v8 e, se solicitado, do código CRC 41D956DC.

Informações adicionais da assinatura:

Signatário(a): Marjôrie Cristina Freiberger Ribeiro da Silva

Data e Hora: 27/11/2012 17:15

ANEXO I – Sentença Caso do Plantel (item 3.4)

AÇÃO ORDINÁRIA (PROCEDIMENTO COMUM ORDINÁRIO) Nº 5000863-83.2010.404.7205/SC
AUTOR: DEOCLECIO BRICK FILHO
ROSANI BRICK
ADVOGADO: GERSON DA SILVA
RÉU: INSTITUTO BRASILEIRO DO MEIO AMBIENTE E DOS RECURSOS NATURAIS RENOVÁVEIS – IBAMA

SENTENÇA

I – RELATÓRIO

Por inicial ajuizada a 18 MAI 2010 pretendem os requerentes indenização pelo instituto requerido por danos causados em razão da atuação dos seus agentes em diligência que culminou com a apreensão de várias aves nativas, requerendo, ainda, a anulação das autuações. Em sede de tutela antecipada, pretendem ordem judicial que determine a devolução dos pássaros. Requerem o benefício da assistência judiciária gratuita. Juntam documentos.

Pelo Magistrado Federal Substituto Clenio Jair Schulze foi diferida a apreciação da antecipação de tutela para posterior manifestação do IBAMA, a qual foi prestada no evento 7.

A tutela antecipada foi indeferida (evento 9).

Citado, o IBAMA apresentou contestação onde defendeu a legalidade dos atos vergastados (evento 21).

Após a réplica, as partes foram instadas a especificar provas sendo que apenas os autores requereram a prova testemunhal e pericial.

Pelo despacho saneador lançado no evento 38 foi indeferido o pedido de produção de prova pericial, deferida a testemunhal e o depoimento pessoal do representante legal do réu, tendo a decisão do evento 50 revogado este último e determinado de ofício oitiva dos agentes de fiscalização do IBAMA Alvino Arnaldo Pereira, Márcio Telmo Borgonovo e Carlos Aristeu Mergen.

Chamado o feito à ordem foi indeferido o pedido de assistência judiciária gratuita, tendo a parte autora recolhido custas iniciais (eventos 68 e 73).

Na data aprazada foi realizada a audiência de instrução e julgamento na qual foi tomado o depoimento pessoal dos autores e ouvidas duas testemunhas do Juízo (evento 81) e três arroladas pelos autores.

No Juízo Deprecado de Itajaí foi realizada audiência onde foi colhido o depoimento da testemunha Carlos Aristeu Mergen (evento 94).

Após razões finais apresentadas pelas partes, vieram os autos à conclusão.

Baixados, determinei a juntada pelo IBAMA de cópia legível do Termo de Depósito nº 472103-C e Auto de Infração nº 659022-D (OUT11 – evento 1); comando que restou cumprido no evento 109.

Retornaram os autos à conclusão.

É o relatório. Decido.

II – FUNDAMENTAÇÃO

Pretendem os autores a declaração de nulidade dos autos de infração nº 449878 e 659022, com a consequente devolução das espécies apreendidas e restabelecimento dos cadastros de credenciamento junto ao órgão requerido, bem assim a condenação deste em danos morais, ao argumento de que a inobservância do princípio da legalidade pelos agentes administrativos, teria impossibilitado o regular exercício da ampla defesa e do contraditório.

Consabido que todo ato expedido pela Administração Pública no desempenho da função administrativa reveste-se de presunção relativa de acerto, visto que o princípio da legalidade impõe que a Administração aja somente de acordo com a lei.

Por força disso, a Administração Pública está dispensada de apresentar elementos que justifiquem os pressupostos de fato e de Direito que levaram à expedição do ato. É dizer, **somente a impugnação** – deduzida na esfera administrativa ou judicial – **é que abre a possibilidade ao administrado para discutir a legitimidade do ato, mediante a apresentação de provas que sejam capazes de remover a presunção de acerto que repousa sobre o ato administrativo.**

Nesse sentido, ensina Maria Sylvia Zanella di Pietro, em seu *Direito Administrativo brasileiro* (3ª ed., Atlas, 1992, p. 151):

'... a parte interessada é que deverá provar, perante o Judiciário, a alegação de ilegalidade do ato; inverte-se o ônus da prova, porém não de modo absoluto: a parte que propôs a ação deverá, em princípio, provar que os fatos em que se fundamenta a sua pretensão são verdadeiros;'

Em assim sendo, não se aceita a pura e simples argumentação de que determinado ato administrativo encontra-se maculado. Cabe ao administrado produzir provas que prestem suporte a tal alegação, sendo, portanto, essa comprovação o objeto de exame nos autos.

Primeiramente, cabe uma breve resenha dos fatos.

Em **04 MAI 2010**, o IBAMA, através de seus agentes, promoveu fiscalização na propriedade dos autores, os quais são cadastrados junto ao órgão na categoria de 'criador amador de passeriforme', para a apuração nesta atividade de irregularidades noticiadas anonimamente. Constatada a procedência dos fatos realizaram a apreensão de 37 (trinta e sete) pássaros silvestres, notificando os demandantes (nº 556629 e 557857) para comparecimento, em dois dias, junto ao Escritório Regional do IBAMA 'para emissão de auto de infração' (f. 8 – PROCADM2 – evento 1 e f. 3 – PROCADM2 – evento 109).

No dia **05 MAI 2010,** os agentes fiscais do IBAMA expediram dois Termos de Depósito (nº 472108 – C e nº 455636 – C), nos quais o Parque Cyro Gevaerd – SANTUR, localizado no município de Balneário Camboriú/SC, foi tido como depositário dos '16 (dezesseis) pássaros da fauna silvestre brasileira' e '36 (trinta e seis) pássaros silvestres', respectivamente, sendo que apenas neste último (nº 455636) consta a identificação do representante do depositário (Bióloga Márcia Regina Gonçaves Achutti) que assinou o Termo (f. 5 – PROCADM2 – evento 1 e f. 6 – PROCADM2 – evento 109).

No mesmo dia, referida Bióloga firmou Declarações na qual relacionou as aves depositadas com as observações pertinentes, como número e diâmetro de anilha e eventuais ferimentos (f. 3/5 – PROCADM6 – evento 1 e fls. 13/14 – PROCADM2 – evento 109).

De outro norte, na data aprazada (**06 MAI 2010),** tendo os autores comparecido no local determinado, tiverem lavrados em seu desfavor:

- DEOCLECIO:

a) AUTO DE INFRAÇÃO/MULTA (nº 449878 – D), no qual constou como descrição da infração a de 'ter em cativeiro 36 (trinta e seus) espécimes da fauna silvestre nativa em desacordo coma licença obtida', sendo que tal conduta foi tipificada como incursa no art. 70 c/c art. 29, §1º, III da Lei nº 9.605/98 e art. 3º, III, IV, VII c/c art. 24, I, §3º, III, do Decreto nº 6.514/2008. Do referido documento consta ainda a imputação de multa no valor de R$ 18.000,00 e a abertura do prazo de 20 (vinte) dias para pagamento ou apresentação de defesa ao IBAMA (f. 3 – PROCADM2 – evento 1).

b) TERMO DE APREENSÃO, EMBARGO/INTERDIÇÃO (nº 455637 – C), tendo no campo destinado a descrição dos produtos, petrechos apreendidos e justificativa do embargo/interdição (16) os assentamentos seguintes: '*fica apreendido 36 (trinta e seis) aves silvestres nativas abaixo descriminadas: – 07 (sete) papa-capim. 05(cinco) pintassílgo; 05 (cinco) bonito do campo ou gatoramobandeira; 05 (cinco) tié preto; 04 (quatro) trinca-ferro; 03 (três) gatoramo-bico-grosso; 02 (dois) tico-tico; 02 (dois) sabiá-uma; 01 (um) azulão; 01 (um) pimentão; 01 (um) saíra-bico-fino. *fica apreendidoas anilhas não utilizadas: IBAMA OA2.4 133888; IBAMA AO 2.4 133889; IBAMA AO 2.4 133891; IBAMA AO 2.4 133894; IBAMA 03/04 3.0 045801. *fica embargada a atividade de criador amador de passeriformes' (f. 6 – PROCADM2 – evento 1).

- ROSANI:

a) AUTO DE INFRAÇÃO/MULTA (nº 659022 – D), contendo como descrição da infração 'Ter em cativeiro 16 espécimes da fauna silvestre brasileira, em desacordo com a licença obtida', e enquadrando o ato infracional no 'art. 70 c/c 29, §, III da Lei nº 9.605/98 e art. 3º, II, IV c/c art. 24, I, §, III, do Decreto nº 6.514/2008'. Ainda no documento foi fixada a multa no valor de R$ 8.000,00 e dado ciência quanto ao prazo de 20 (vinte) dias para o respectivo pagamento ou defesa administrativa junto ao IBAMA (f. 1 - PROCADM2 - evento 109);

b) TERMO DE DEPÓSITO (nº 472103 - C), onde restou consignado a apreensão de '16 pássaros da fauna silvestre brasileira' (f. 4 - PROCADM2 - evento 109).

Dando continuidade ao processo administrativo instaurado contra o autor, em **10 MAI 2010** foi elaborado Relatório de Fiscalização e com relação a autora Rosani este datou de **20 MAI 2010** (fls. 9/11 - PROCADM2 - evento 1 e fls. 8/9 - PROCADM2 - evento 109).

Não há notícias nos autos de que nos processos referidos tenha havido por parte dos demandantes a apresentação de defesa ou mesmo o pagamento das multas imputadas.

Do quadro supra delineado tem-se, portanto, que razão assiste a parte autora, em parte e termos.

É certo que a alegação dos demandantes de que houve violação do princípio do contraditório e ampla defesa, por ausência de indicação do fundamento e tipo das infrações por eles cometidas, não subsiste, isso porque, conforme aposto, os autos de infração/multa, *que se recusaram assinar*, continham tais dados, bem como o prazo para apresentação de defesa. A inércia volitiva dos autores, no ponto, não pode dar ensejo a nulidade dos autos em comento que pelo menos, quanto a este aspecto, se deu no estrito campo da legalidade. O silêncio do administrado não significa nem importa mácula do ato administrativo.

Contudo, tenho que o devido processo legal, o qual compreende o contraditório e ampla defesa, deixou de ser observado quando os agentes fiscais do IBAMA, após minuciosa análise das aves na residência dos autores, a qual perdurou mais de cinco horas, houveram por bem proceder a apreensão de todas, com ou sem irregularidades anotadas, encaminhando-as para local ignorado dos demandantes, onde, à revelia deles, foram as aves novamente examinadas.

Veja-se que o 'depósito' das aves silvestres junto à SANTUR deu-se em data intermediária à da notificação dos autores e à da lavratura dos autos de infração e apreensão, o que, indene de dúvidas, suprimiu-lhes o Direito de, querendo, acompanhar os trabalhos, e, impugnar, a tempo e modo, eventuais fatos controvertidos.

Não se desconhece que há previsão legal para que o agente atuante possa, em caso de infração ambiental, proceder à apreensão do objeto/animal fiscalizado (art. 72, da Lei nº 9.605/98 e art. 101, do Decreto nº 6.514/08), contudo tal norma não prevê, como de fato não poderia, sob pena de afronta ao princípio do devido legal, que essa apreensão, bem assim a entrega/depósito dos animais (aves) seja feita sem a ciência do alegado 'infrator'. Tanto assim é verdade que o dispositivo legal reitor da matéria dispõe expressamente que tal medida **tem como objetivo garantir o resultado prático do processo administrativo** (art. 101, I, § 1º, do Decreto nº 6.514/08).

Ora, a ausência de intimação/notificação quanto ao procedimento de depósito das aves, acaba por ir justamente de encontro com o escopo da norma legal, tal como aposto, na medida em que coloca em xeque a responsabilidade dos autores por algumas das mazelas constatadas nas aves por ocasião da análise destas na SANTUR, porquanto, segundo afirmam os demandantes, e são corroborados pela prova testemunhal colhida, inclusive dos próprios agentes fiscais do IBAMA (evento 81), na inspeção procedida na sua casa alguns pássaros apresentavam anilhas aparentemente adulteradas, sem, contudo, possuírem qualquer outra lesão, tal como, dedos mutilados.

Dessarte, tenho que **embora a autuação dos autores tenha sido legítima, já que restou comprovada a existência de aves de seu pantel no SISPASS com anilhas com características de adulterações**, o que tipifica infração ambiental, nos termos da Lei 9.605/98, não houve, por outro lado, o respeito absoluto da Administração às formalidades legais de defesa e contraditório quando do depósito e exame das aves apreendidas.

Essa circunstância deve ser sobrelevada a partir da concepção do processo administrativo enquanto garantia do cidadão/administrado. Certo, não se compadece com a atual ordem constitucional, conduta administrativa que não permita a participação do cidadão, possibilitando-lhe a dedução de alegações, a exposição de motivos e a entrega de subsídios, tudo de modo a que, no esteio de um processo dialógico, possa emprestar á decisão final exarada por autoridade competente ampla legitimidade.

Para além disso, ademais, há outro ponto a ser destacado. O art. 37, *caput*, impõe à Administração Pública a obediência, entre outros, ao princípio da publicidade. Nessa perspectiva, é bem de ver que procedimentos sigilosos, tal como veio a configurar aquele em análise, não podem significar menoscabo ao Direito de defesa do interessado, tal como bem ressaltou o e. Min. GILMAR MENDES no julgamento do RE 434.059/DF, J. 07 MAI 2008:

'Na realidade, há muito vem a doutrina constitucional enfatizando que o Direito de defesa não se resume a simples Direito de manifestação no processo. Efetivamente, o que o constituinte pretende assegurar – como bem anota Pontes de Miranda – é uma pretensão à tutela jurídica. (...)

Observe-se que não se cuida aqui, sequer, de inovação doutrinária ou jurisprudencial. Já o clássico João Barbalho, nos seus Comentários à Constituição de 1891, asseverava que 'com a plena defesa são incompatíveis, e, portanto, inteiramente inadmissíveis os processos secretos, inquisitoriais, as devassas, a queixa ou o depoimento de inimigo capital, o julgamento de crimes inafiançáveis na ausência do acusado ou tendo-se dado a produção das testemunhas de acusação sem ao acusado se permitir reinquiri-las, a incomunicabilidade depois da denúncia, o juramento do réu, o interrogatório dele sob coação de qualquer natureza, por perguntas sugestivas ou capciosas'.

Os elementos de convicção trazidos aos autos, assim, evidenciam que não houve irregularidade premente que venha a impor a pecha da ilegalidade ao procedimento adotado pelo IBAMA. De outro lado, como se expôs, a autoridade em alguns momentos adotou postura que não se coaduna, à inteireza, com o devido processo administrativo constitucional. Tanto isso se mostra evidente, que não logrou demonstrar, mediante base empírica idônea, houvesse de fato o rol de irregularidades apontadas, acabando, desta feita, por cominar multa desproporcional.

Disso, se infere, à luz do art. 2º da Lei 9.784, que impõe à Administração Pública a obediência ao princípio da proporcionalidade, medida passível de correção pelo Judiciário.

Nessa toada, e considerando que o Judiciário não se presta a dar provimento inúteis, a **redução da pena imposta** é medida necessária que vai ao encontro do devido processo legal substantivo (art. 5., LIV, CF), razão por que, fixo em analogia ao art. 24, I, do Decreto nº 6.514/08, e com base nas

Declarações firmadas pela bióloga Márcia Regina Gonçaves Achutti (f. 3/5 – PROCADM6 – evento 1 e fls. 13/14 – PROCADM2 – evento 109), o valor de R$ 500,00 (quinhentos reais) por ave apreendida e sem qualquer irregularidade constatada.

Assim, e para que não remanesçam dúvidas, o total devido pelo IBAMA ao autor Deoclecio é de R$ 10.000,00 (20 aves) e, à autora Rosani, R$ 7.500,00 (15 aves), corrigidos monetariamente nos mesmos moldes da multa administrativa aplicada, sendo autorizado, desde já, a compensação entre os valores devidos a titulo de multa.

Passo, pois, a analise do alegado dano moral.

É bem de ver que a instrução da demanda demonstrou, seja diante da prova documental coligida, seja pela produção da prova oral, que a conduta administrativa atacada, que veio a prefigurar os Autos de Infração nº 449878 – D e nº 659022 – D, deu-se dentro da legalidade, não se podendo falar em abuso do poder (*sviamento di potere*) pela autoridade responsável pela prática do ato, *senão em conduta deseducada.*

Embora se corra o risco do truísmo, o que se tem, diante dos elementos de convicção carreados aos autos, é ato de fiscalização, próprio do poder de polícia enquanto prerrogativa (poder-dever) da Administração Pública, cuja presunção de legitimidade não foi afastada pelos autores no ponto.

Em outras palavras, não houve conduta ilícita, indispensável, frise-se, para a imposição de qualquer responsabilidade aos agentes estatais, ainda que sob a ótica da modalidade objetiva (art. 37, § 6º, CF).

Mais não fosse, sequer comprovada ofensa à honra subjetiva. Com efeito, vive-se em uma sociedade de risco, em que dissabores podem vir a ocorrer na vida de todos que dela fazem parte. Estar sujeito à fiscalização, por evidente, é medida que, antes de se configurar ofensa à honra, visa a, justamente, resguardar interesse público proeminente em face do interesse privado, próprio, ademais, da desigualdade jurídica inegavelmente existente entre Estado e cidadão-administrado, tudo a salvaguardar o bem comum e sempre com foco na dignidade da pessoa humana enquanto valor fundamental a ser preservado.

O posicionamento da jurisprudência do Tribunal Regional Federal da 4ª Região vai em idêntico sentido, *mutatis mutandi*:

'ADMINISTRATIVO. CIVIL. RESPONSABILIDADE OBJETIVA DO ESTADO. PRISÃO EM FLAGRANTE. OFERECIMENTO DE DENÚNCIA. DANO MORAL. INOCORRÊNCIA. Não demonstrada a existência de ilicitude ou excesso na prisão em flagrante efetuada, nem na atuação ministerial, ao oferecer a denúncia, inexiste a responsabilização objetiva do Estado, ou o dever de indenizar o particular.' (TRF4, AC 0011217-56.2008.404.7002, Terceira Turma, Relator ***FERNANDO QUADROS DA SILVA****, D.E. 19 JUL 2011)*

'ADMINISTRATIVO. TRÂNSITO. PENALIDADE. DESCONSTITUIÇÃO. PLACAS DO VEÍCULO. 'CLONAGEM'. COMPROVAÇÃO. DANO MORAL NÃO CONFIGURADO. 1.- Os elementos probatórios carreados aos autos evidenciam que as placas do automóvel do autor foram objeto de 'clonagem', prática que induziu em erro a própria autoridade policial, a revelar a necessidade de desconstituição da penalidade aplicada. 2.- Em que pese o fato do incidente ter causado alguns transtornos ao autor, não se caracterizou uma falha ou omissão injustificada por parte da União. Não há que se falar em conduta ilícita praticada por parte do agente da Polícia Rodoviária Federal, que agiu em observância a regra explicitada em lei, e no exercício do poder de polícia, de modo que descabido o pagamento de indenização por danos morais.' (TRF4 5001387-07.2010.404.7100, Relatora p/ Acórdão ***MARIA LÚCIA LUZ LEIRIA****, D.E. 22 JUN 2011)*

Assim, o pedido de fixação de indenização/compensação por alegado dano moral é improcedente.

III – DISPOSITIVO

Ante o exposto, **JULGO PARCIALMENTE PROCEDENTE O PEDIDO**, com resolução do mérito, nos termos do art. 269, I, do CPC, para reconhecendo a existência de irregularidade, sob os aspecto formal, nos processos administrativos deflagrados contra os autores, condenar o IBAMA a pagar-lhes, nos termos da fundamentação, o valor de R$ 500,00 (quinhentos reais) por ave apreendida e sem qualquer vício constatado, devendo a importância apurada ser corrigida monetariamente nos mesmos moldes da multa administrativa aplicada, autorizada, desde já, a compensação com os valores devidos a este mesmo título (multa). Por não se tratar de irregularidade premente que venha a impor a pecha da ilegalidade a tais processos, reconheço ainda a incolumidade dos Autos de Infração n. 449878-D e 659022 – D, bem assim das penas de multas e embargo da atividade de criador amador de passeriforme impostas aos autores.

Diante da sucumbência recíproca, deverão os honorários sucumbenciais ser compensados, a teor do art. 21, *caput*, do CPC.

Custas pelas partes.

Publicada e registrada eletronicamente. Intimem-se.

Blumenau, 24 de janeiro de 2012.

ADAMASTOR NICOLAU TURNES
Juiz Federal

Documento eletrônico assinado por **ADAMASTOR NICOLAU TURNES, Juiz Federal**, na forma do artigo 1º, inciso III, da Lei 11.419, de 19 de dezembro de 2006 e Resolução TRF 4ª Região nº 17, de 26 de março de 2010. A conferência da **autenticidade do documento** está disponível no endereço eletrônico http://www.jfsc.jus.br/gedpro/verifica/verifica.php, mediante o preenchimento do código verificador **4151459v6** e, se solicitado, do código CRC **D9954199**.

Informações adicionais da assinatura:
Signatário(a): Adamastor Nicolau Turnes
Data e Hora: 25/01/2012 10:49

ANEXO J – Acórdão Caso do Plantel (item 3.4)

APELAÇÃO CÍVEL Nº 5000863-83.2010.404.7205/SC
RELATOR: CARLOS EDUARDO THOMPSON FLORES LENZ
APELANTE: DEOCLECIO BRICK FILHO
ADVOGADO: GERSON DA SILVA
APELANTE: INSTITUTO BRASILEIRO DO MEIO AMBIENTE E DOS RECURSOS NATURAIS RENOVÁVEIS – IBAMA
APELANTE: ROSANI BRICK
ADVOGADO: GERSON DA SILVA
APELADO: OS MESMOS
MPF: MINISTÉRIO PÚBLICO FEDERAL

DECISÃO

Vistos, etc.

Trata-se ação ordinária ajuizada contra o Ibama, em que os requerentes pretendem indenização por danos causados em razão da atuação dos agentes da Ré em diligência que culminou com a apreensão de várias aves nativas, requerendo, ainda, a anulação das autuações. Em sede de tutela antecipada, pretendem ordem judicial que determine a devolução dos pássaros.

Indeferida a tutela antecipada (evento 9).

O IBAMA apresentou contestação onde defendeu a legalidade dos atos vergastados (evento 21).

Sobreveio sentença julgando parcialmente procedente o pedido, para reconhecendo a existência de irregularidade, sob os aspecto formal, nos processos administrativos deflagrados contra os autores, condenar o IBAMA a pagar-lhes, nos termos da fundamentação, o valor de R$ 500,00 (quinhentos reais) por ave apreendida e sem qualquer vício constatado. Por não se tratar de irregularidade premente que venha a impor a pecha da ilegalidade a tais processos, reconheceu, ainda, a incolumidade dos Autos de Infração n. 449878-D e 659022 – D, bem assim das penas de multas e embargo da atividade de criador amador de passeriforme impostas aos autores. Honorários compensados, frente à sucumbência recíproca, a teor do art. 21, caput, do CPC.

Em suas razões, os autores requerem sejam anuladas as multas administrativas constantes nos autos de infração, ao argumento de que demonstrado nos autos que os pássaros apreendidos se encontram em situação regular. Pretendem a reforma da sentença no que tange à compensação das multas das multas cominadas na sentença com as multas administrativas do IBAMA. Aduzem que plenamente comprovada a ocorrência do dano moral.

De outra banda, O IBAMA em seu recurso aduz que a sentença deve reformada quanto à condenação para que os autores sejam indenizados pelas aves apreendidas em que forem constatadas posteriormente irregularidades. Aduz que a sentença é incoerente, na medida em que reconheceu a legalidade e a legitimidade da autuação levada a cabo pelos IBAMA, mantendo os autos de infração.

Com parecer do MPF subiram os autos.

DECIDO.

Tenho que o decisum merece reforma.

Para tanto, valho-me do pertinente parecer elaborado pelo douto MPF (evento 5), cujos fundamentos adoto como razões de decidir, *verbis*:

No caso em tela, DEOCLECIO BRICK FILHO e ROSANI BRICK ajuizou a presente ação ordinária em face do INSTITUTO BRASILEIRO DO MEIO AMBIENTE E DOS RECURSOS NATURAIS RENOVÁVEIS

- IBAMA, pretendendo anulação dos autos de infração nº 449878-D e nº 659022-D.

Conforme relatado pelo magistrado singular:

Pretendem os autores a declaração de nulidade dos autos de infração nº 449878 e 659022, com a consequente devolução das espécies apreendidas e restabelecimento dos cadastros de credenciamento junto ao órgão requerido, bem assim a condenação deste em danos morais, ao argumento de que a inobservância do princípio da legalidade pelos agentes administrativos, teria impossibilitado o regular exercício da ampla defesa e do contraditório.

(...)

Em 04 MAI 2010, o IBAMA, através de seus agentes, promoveu fiscalização na propriedade dos autores, os quais são cadastrados junto ao órgão na categoria de 'criador amador de passeriforme', para a apuração nesta atividade de irregularidades noticiadas anonimamente.

Constatada a procedência dos fatos realizaram a apreensão de 37 (trinta e sete) pássaros silvestres, notificando os demandantes (nº 556629 e 557857) para comparecimento, em dois dias, junto ao Escritório Regional do IBAMA 'para emissão de auto de infração' (f. 8 – PROCADM2 – evento 1 e f. 3 – PROCADM2 – evento 109).

No dia 05 MAI 2010, os agentes fiscais do IBAMA expediram dois Termos de Depósito (nº 472108 – C e nº 455636 – C), nos quais o Parque Cyro Gevaerd – SANTUR, localizado no município de Balneário Camboriú/SC, foi tido como depositário dos '16 (dezesseis) pássaros da fauna silvestre brasileira' e '36 (trinta e seis) pássaros silvestres', respectivamente, sendo que apenas neste último (nº 455636) consta a identificação do representante do depositário (Bióloga Márcia Regina Gonçaves Achutti) que assinou o Termo (f. 5 – PROCADM2 – evento 1 e f. 6 – PROCADM2 – evento 109).

No mesmo dia, referida Bióloga firmou Declarações na qual relacionou as aves depositadas com as observações pertinentes, como número e diâmetro de anilha e eventuais ferimentos (f. 3/5 – PROCADM6 – evento 1 e fls. 13/14 – PROCADM2 – evento 109).

De outro norte, na data aprazada (06 MAI 2010), tendo os autores comparecido no local determinado, tiverem lavrados em seu desfavor:

- DEOCLECIO:

a) AUTO DE INFRAÇÃO/MULTA (nº 449878 – D), no qual constou como descrição da infração a de 'ter em cativeiro 36 (trinta e seus) espécimes da fauna silvestre nativa em desacordo coma licença obtida', sendo que tal conduta foi tipificada como incursa no art. 70 c/c art. 29, §1º, III da Lei nº 9.605/98 e art. 3º, III, IV, VII c/c art. 24, I, §3º, III, do Decreto nº 6.514/2008. Do referido documento consta ainda a imputação de multa no valor de R$ 18.000,00 e a abertura do prazo de 20 (vinte) dias para pagamento ou apresentação de defesa ao IBAMA (f. 3 – PROCADM2 – evento 1).

*b) TERMO DE APREENSÃO, EMBARGO/INTERDIÇÃO (nº 455637 – C), tendo no campo destinado a descrição dos produtos, petrechos apreendidos e justificativa do embargo/ interdição (16) os assentamentos seguintes: '*fica apreendido 36 (trinta e seis) aves silvestres nativas abaixo descriminadas: – 07 (sete) papa-capim. 05(cinco) pintassílgo; 05 (cinco) bonito do campo ou gatoramo-bandeira; 05 (cinco) tié preto; 04 (quatro) trinca-ferro; 03 (três) gatoramo-bico-grosso; 02 (dois) ticotico; 02 (dois) sabiá-uma; 01 (um) azulão; 01 (um) pimentão; 01 (um) saíra-bico-fino. *fica apreendidoas anilhas não utilizadas: IBAMA OA2.4 133888; IBAMA AO 2.4 133889; IBAMA AO 2.4 133891; IBAMA AO 2.4 133894; IBAMA 03/04 3.0 045801. *fica embargada a atividade de criador amador de passeriformes' (f. 6 – PROCADM2 – evento 1).*

- ROSANI:

a) AUTO DE INFRAÇÃO/MULTA (nº 659022 – D), contendo como descrição da infração 'Ter em cativeiro 16 espécimes da fauna silvestre brasileira, em desacordo com a licença obtida', e enquadrando o ato infracional no 'art. 70 c/c 29, §, III da Lei nº 9.605/98 e art. 3º, II, IV c/c art. 24, I, §, III, do Decreto nº 6.514/2008'. Ainda no documento foi fixada a multa no valor de R$ 8.000,00 e dado ciência quanto ao prazo de 20 (vinte) dias para o respectivo pagamento ou defesa administrativa junto ao IBAMA (f. 1 – PROCADM2 – evento 109);

b) TERMO DE DEPÓSITO (nº 472103 – C), onde restou consignado a apreensão de '16 pássaros da fauna silvestre brasileira' (f. 4 – PROCADM2 – evento 109).

Dando continuidade ao processo administrativo instaurado contra o autor, em 10 MAI 2010 foi elaborado Relatório de Fiscalização e com relação a autora Rosani este datou de 20 MAI 2010 (fls. 9/11 – PROCADM2 – evento 1 e fls. 8/9 – PROCADM2 – evento 109).

Não há notícias nos autos de que nos processos referidos tenha havido por parte dos demandantes a apresentação de defesa ou mesmo o pagamento das multas imputadas.

Merece ser parcialmente reformada a sentença.

O juízo a quo entendeu pela necessidade de notificação do interessado quando da apreensão das aves, de forma que a apreensão da forma realizada pelo IBAMA se mostrou contrária ao contraditório e à ampla defesa, verbis:

Não se desconhece que há previsão legal para que o agente atuante possa, em caso de infração ambiental, proceder à apreensão do objeto/animal fiscalizado (art. 72, da Lei nº 9.605/98 e art. 101, do Decreto nº 6.514/08), contudo tal norma não prevê, como de fato não poderia, sob pena de afronta ao princípio do devido legal, que essa apreensão, bem assim a entrega/depósito dos animais (aves) seja feita sem a ciência do alegado 'infrator'. Tanto assim é verdade que o dispositivo legal reitor da matéria dispõe expressamente que tal medida tem como objetivo garantir o resultado prático do processo administrativo (art. 101, I, § 1º, do Decreto nº 6.514/08).

Ora, a ausência de intimação/notificação quanto ao procedimento de depósito das aves, acaba por ir justamente de encontro com o escopo da norma legal, tal como aposto, na medida em que coloca em xeque a responsabilidade dos autores por algumas das mazelas constatadas nas aves por ocasião da análise destas na SANTUR, porquanto, segundo afirmam os demandantes, e são corroborados pela prova testemunhal colhida, inclusive dos próprios agentes fiscais do IBAMA (evento 81), na inspeção procedida na sua casa alguns pássaros apresentavam anilhas aparentemente adulteradas, sem, contudo, possuírem qualquer outra lesão, tal como, dedos mutilados.

A respeito da notificação do interessado anteriormente à apreensão dos pássaros, o art. 17, §1º, da IN nº 01/2003 do IBAMA reza:

Art. 17. A inobservância desta instrução normativa implicará na aplicação das penalidades previstas nas Leis nº. 5.197, de 3 de janeiro de 1967 e nº. 9.605, de 12 de fevereiro de 1998, no Decreto nº 3.179, de 21 de setembro de 1999, e demais legislações pertinentes.

§1º – Quando da aplicação, pelo agente autuante em caso de fiscalização, das penalidades dispostas no art. 2º. do Decreto nº. 3.179, de 1999, ao criador amadorista, deverá aquele proceder, anteriormente à apreensão dos pássaros, à notificação do interessado, para, no período de 15 dias, apresentar a documentação que comprove a legalidade de seu plantel.

Como se denota do teor do próprio dispositivo, a notificação do interessado antes da apreensão dos pássaros se faz necessária somente naqueles casos em que o ilícito ambiental não ocorre de maneira flagrante.

No caso, a notificação dos quanto ao procedimento de apreensão, seja esta notificação antes, como condição, ou depois do procedimento, como forma de ciência, se mostra desnecessária, visto que a verificação do ilícito se deu de forma flagrante, inexistindo prejuízo aos interessados.

Da mesma forma, não se vislumbra qualquer ofensa a lei federal, não havendo inclusive qualquer fundamentação legal por parte do magistrado a quo nesse sentido, bem como à Constituição Federal, mormente aos princípios do contraditório, da ampla defesa e da publicidade.

Gize-se que caso o legislador pretendesse que o infrator tivesse ciência quando do procedimento de depósito das aves teria assim expressamente previsto, como fez referência o magistrado, na Lei nº 9.605/98 e no Decreto nº 6.514/08.

Outrossim, expressamente consignado na sentença a legalidade dos autos de infração, devendo ser reformada a mesma quanto à condenação do IBAMA ao pagamento de multa.

Quanto à legalidade dos autos de infração, depreende-se dos autos que a autuação foi legítima, restando comprovada a existência de aves no plantel dos autores com anilhas com características de adulteração, tipificando as infrações previstas no art. 29, §1º, III, da Lei nº 9.605 e 24, §3º, III.

Quanto à ausência de ato ilícito a ensejar reparação por dano moral, reporta-se aos fundamentos da própria sentença:

É bem de ver que a instrução da demanda demonstrou, seja diante da prova documental coligida, seja pela produção da prova oral, que a conduta administrativa atacada, que veio a prefigurar os Autos de Infração nº 449878 – D e nº 659022 – D, deu-se dentro da legalidade, não se podendo falar em abuso do poder (sviamento di potere) pela autoridade responsável pela prática do ato, senão em conduta deseducada.

Embora se corra o risco do truísmo, o que se tem, diante dos elementos de convicção carreados aos autos, é ato de fiscalização, próprio do poder de polícia enquanto prerrogativa (poder-dever) da Administração Pública, cuja presunção de legitimidade não foi afastada pelos autores no ponto.

Em outras palavras, não houve conduta ilícita, indispensável, frise-se, para a imposição de qualquer responsabilidade aos agentes estatais, ainda que sob a ótica da modalidade objetiva (art. 37, § 6º, CF). Mais não fosse, sequer comprovada ofensa à honra subjetiva. Com efeito, vive-se em uma sociedade de risco, em que dissabores podem vir a ocorrer na vida de todos que dela fazem parte. Estar sujeito à fiscalização, por evidente, é medida que, antes de se configurar ofensa à honra, visa a, justamente, resguardar interesse público proeminente em face do interesse privado, próprio, ademais, da desigualdade jurídica inegavelmente existente entre Estado e cidadão-administrado, tudo a salvaguardar o bem comum e sempre com foco na dignidade da pessoa humana enquanto valor fundamental a ser preservado. O posicionamento da jurisprudência do Tribunal Regional Federal da 4ª Região vai em idêntico sentido, mutatis mutandi:

'ADMINISTRATIVO. CIVIL. RESPONSABILIDADE OBJETIVA DO ESTADO. PRISÃO EM FLAGRANTE. OFERECIMENTO DE DENÚNCIA. DANO MORAL. INOCORRÊNCIA. Não demonstrada a existência de ilicitude ou excesso na prisão em flagrante efetuada, nem na atuação ministerial, ao oferecer a denúncia, inexiste a responsabilização objetiva do Estado, ou o dever de indenizar o particular.' (TRF4, AC 0011217-56.2008.404.7002, Terceira Turma, Relator FERNANDO QUADROS DA SILVA, D.E. 19 JUL 2011)

'ADMINISTRATIVO. TRÂNSITO. PENALIDADE. DESCONSTITUIÇÃO. PLACAS DO VEÍCULO. 'CLONAGEM'. COMPROVAÇÃO. DANO MORAL

NÃO CONFIGURADO. 1.- Os elementos probatórios carreados aos autos evidenciam que as placas do automóvel do autor foram objeto de 'clonagem', prática que induziu em erro a própria autoridade policial, a revelar a necessidade de desconstituição da penalidade aplicada. 2.- Em que pese o fato do incidente ter causado alguns transtornos ao autor, não se caracterizou uma falha ou omissão injustificada por parte da União. Não há que se falar em conduta ilícita praticada por parte do agente da Polícia Rodoviária Federal, que agiu em observância a regra explicitada em lei, e no exercício do poder de polícia, de modo que descabido o pagamento de indenização por danos morais.'

(5001387-07.2010.404.7100, Relatora p/ Acórdão MARIA LÚCIA LUZ LEIRIA, D.E. 22 JUN 2011)

Assim, o pedido de fixação de indenização/compensação por alegado dano moral é improcedente.

Dessarte, quanto à legalidade dos autos de infração e à inocorrência de dano moral, deve ser mantida a sentença por seus próprios fundamentos.

Nesse sentido, ainda, os seguintes julgados:

ADMINISTRATIVO. INFRAÇÃO AMBIENTAL. ANIMAIS SILVESTRES. ANULAÇÃO DO AUTO DE INFRAÇÃO. AUTUAÇÃO DENTRO DO PRAZO CONCEDIDO PARA DEFESA. PENA DE MULTA.

1. Não era necessário que o IBAMA aguardasse o decurso do prazo de 20 dias concedido na notificação para aplicar a penalidade tendo em vista que a infração já havia se consumado e ainda estava ocorrendo. 2. Considerando que a parte autora já havia sido notificada anteriormente pelo Batalhão de Polícia Ambiental de que deveria regularizar a sua situação, o que não foi feito, não há irregularidades na aplicação da pena de multa simples.

3. In casu, a guarda direta dos animais silvestres em situação irregular era flagrante e constituia-se em uma conduta continuada e permanente. Ressalte-se que a perda dos pássaros mantidos em cativeiro não pode ser encarada como abuso de autoridade da autarquia, visto que o fato de não serem espécimes em extinção não retira o caráter irregular e ilegal do ato praticado pela parte autora.

(TRF/4ªR, APELAÇÃO CÍVEL nº 2004.71.00.011342-4/RS, 4ª Turma, Rel. Juiz MÁRCIO ANTÔNIO ROCHA publicado no D.J.U. de 12/04/2006)

ADMINISTRATIVO E AMBIENTAL. LICENÇA DE PESCA. AUTUAÇÃO. NOTIFICAÇÃO. IMPOSIÇÃO DE MULTA. PRESUNÇÃO DE VERACIDADE E LEGITIMIDADE DOS ATOS ADMINISTRATIVOS. OBSERVÂNCIA DO PRINCÍPIO DO DEVIDO PROCESSO LEGAL E DO CONTRADITÓRIO.

1. Os atos administrativos gozam de presunção de legitimidade. Para desconstituir os fundamentos da autuação, é necessário que o interessado apresente um mínimo de verossimilhança e coerência em suas alegações, o que não ocorreu no caso dos autos. Verifica-se na documentação trazida aos autos, inclusive relatório de fiscalização, que o auto de infração do IBAMA, que instruiu a inicial do presente feito, e conta com registros fotográficos, é instrumento apto a demonstrar que as embarcações do autor estavam efetivamente pescando em local proibido, dada a presunção de legitimidade que detém.

2. Foram observados os princípios do devido processo legal e do contraditório, a partir da notificação do apelante, quanto ao auto de infração, conforme salientou o magistrado de primeiro grau: 'houve inequívoca ciência do autor quanto às penalidades aplicadas, na medida em que a sua procuradora apresentou petição, nos autos do procedimento administrativo nº 00350.000049/2010-72, requerendo cópia integral para fins de apresentação de recurso administrativo (Evento 1, PROCADM19).(...) E se a parte não se valeu dos recursos que lhe eram postos à disposição, não pode vir depois alegar que a penalidade lhe foi imposta sem a oportunização de defesa.'

3. Na hipótese, o apelante não trouxe argumentos novos capazes de infirmar os fundamentos que embasaram a sentença recorrida.

4. Apelação improvida.

(TRF/4ªR, Apelação Cível nº 5000226-56.2010.404.7101/RS, 3ª Turma, Rel. CARLOS EDUARDO THOMPSON FLORES LENZ)

EMBARGOS À EXECUÇÃO. MEIO AMBIENTE. IBAMA. AUTO DE INFRAÇÃO. TÍTULO EXECUTIVO. VALIDADE.

Em caso de desrespeito ao embargo interposto pelo órgão ambiental fiscalizador, aplicável a penalidade de multa, obedecendo-se a legislação ambiental específica.

Não há que se falar em nulidade do auto de infração expedido pelo IBAMA em caso de desobediência ao embargo decorrente de desrespeito à legislação ambiental.

(TRF/4ªR, AC nº 2003.04.01.037988-6/SC, 4ª Turma, RELATOR : Des. Federal EDGARD ANTÔNIO LIPPMANN JÚNIOR D.E. publicado em 07/01/2008)

ADMINISTRATIVO. AMBIENTAL. EMBARGO. MULTA. CORTE DE ÁRVORE EM ÁREA DE PROTEÇÃO PERMANENTE. AUSÊNCIA DE LICENÇA EXPEDIDA PELO IBAMA. NECESSIDADE.

1. Em matéria ambiental, por estrita observância dos princípios da prevenção e da precaução, a atuação do ente público reveste-se de caráter tipicamente inibitório, porquanto se presta justamente a impedir o dano e a minorar o perigo de sua ocorrência.

2. Verifico que a empresa utiliza-se dos benefícios fiscais previstos na Lei 5.106/66 e no Decreto-Lei 1.134/70, que condicionam o corte de árvores em área de preservação permanente à edição de autorização do órgão ambiental federal, conforme exige a Portaria do IBAMA nº50 N, de 17/04/98.

3. Não possuindo a empresa licença emitida pelo IBAMA, mas apenas a oriunda do ente estadual, correta a aplicação de multa e o embargo do corte pelo órgão federal.

4. Não há ilegalidade ou abusividade na atuação do IBAMA, pois, constatada a infração administrativa por mera violação a regra jurídica, e observados os princípios da legalidade e da anterioridade, resta autorizada a aplicação de penalidade ao infrator.

5. Não há Direito a prévio contraditório ou ampla defesa, uma vez que o Poder de Polícia é dotado dos atributos da discricionariedade, da auto-executoriedade e da coercibilidade.

(TRF/4ªR, AMS nº 2004.72.01.005949-0/SC, 3ª Turma, Rel. Juíza VÂNIA HACK DE ALMEIDA D.E. publicado em 23/08/2007)

ADMINISTRATIVO. SEGURO-DESEMPREGO. PESCADOR. EXIGÊNCIA DE LICENÇA AMBIENTAL DE PESCA. INDENIZAÇÃO A TÍTULO DE DANO MORAL INCABÍVEL.

1. O Ministério do Trabalho e Emprego pode exigir outros documentos não previstos no artigo 2º da Lei nº 10.779, de 2003 para habilitação do benefício de seguro-desemprego.

2. Tomando em conta os três elementos reconhecidamente essenciais na definição da responsabilidade civil – a ofensa a uma norma preexistente ou erro na conduta, um dano e o nexo de causalidade entre um e outro – a questão colocada neste feito não se amolda aos parâmetros jurídicos do dever de responsabilização da Autarquia e da União pelos prejuízos alegadamente sofridos pela parte autora, razão pela qual nega-se provimento à apelação.

(TRF/4ªR APELAÇÃO CÍVEL Nº 0002051-91.2008.404.7101/RS, 3ª Turma, RELATOR : Des. Federal FERNANDO QUADROS DA SILVA)

RECEBIMENTO DE MADEIRA SEM LICENÇA VÁLIDA. ATPF's FURTADAS. DESCONHECIMENTO. NULIDADE DO AUTO DE INFRAÇÃO. DANO MORAL. NÃO-CONFIGURAÇÃO.

Configurada a nulidade do auto de infração lavrado por recebimento de madeira sem licença válida, uma vez desconhecido o fato de que as ATPF's eram furtadas.

Do fato de ter sido lavrado auto de infração em nome da autora não se extrai a ocorrência de dano à sua imagem, caracterizando mero dissabor ou aborrecimento.

(TRF/4ªR APELAÇÃO/REEXAME NECESSÁRIO Nº 2008.70.00.004770-4/PR, 4ª Turma, Rel. Juiz Federal JORGE ANTONIO MAURIQUE, D.E. publicado em 07/10/2010)

ADMINISTRATIVO. INFRAÇÃO PENAL AMBIENTAL. MULTA ADMINISTRATIVA. PAGAMENTO. AÇÃO DE EXECUÇÃO FISCAL. CÓDIGO CIVIL DE 2002, ARTIGO 940. DANO MORAL.

Fato suscetível de provocar aborrecimentos e incômodos, mas que, a par disso, não pode ser visto como excepcional no relacionamento nem sempre pacífico entre a Administração e os administrados.

Se para cada incômodo se entendesse devida indenização por dano moral, cair-se-ia no absurdo e na desproporção, além de se estimular a monetarização dos conflitos sociais em detrimento de sua pacificação.

Reparação de dano moral inadmissível na espécie.

(TRF/4ªR, EMBARGOS INFRINGENTES nº 2006.72.05.005333-1/SC, 4ª Turma, RELATOR : Des. Federal VALDEMAR CAPELETTI)

ADMINISTRATIVO. DIREITO AMBIENTAL. CLUBE DE CAÇA SEM AUTORIZAÇÃO. SANÇÃO. CRIAÇÃO DE ESPÉCIES EXÓTICAS. AUTORIZAÇÃO. ARQUIVAMENTO DE INQUÉRITO POLICIAL. DANO MORAL. DESCABIMENTO. DANO MATERIAL.

A comunicação de fato que, a princípio, configura crime ou o pedido de apuração de sua existência ou autoria, suficientes a ensejar a abertura de inquérito policial, corresponde ao exercício de um dever legal e regular de Direito, que não culmina na responsabilidade indenizatória. Inexistência de dano moral. Pelo auto de infração ter decorrido de uma irregularidade cometida pelo próprio autor, incabível a reparação dos danos materiais pretendida.

Não cabe ao órgão ambiental notificar o autor para regularizar seu empreendimento, uma vez que se trata de obrigação inerente ao próprio empreendedor.

O fato de não ter havido resposta por parte dos órgãos públicos, quanto ao pedido de autorização para criadouro, não autoriza a proceder à criação de animais silvestres.

(TRF/4ªR, APELAÇÃO CÍVEL Nº 2005.70.13.000511-3/PR, 4ª Turma, , 4ª Turma, Rel. Des. Federal MARGA INGE BARTH TESSLER D.E. publicado em 07/01/2010)

ADMINISTRATIVO. AMBIENTAL. EMBARGO. MULTA. CORTE DE ÁRVORE EM ÁREA DE PROTEÇÃO PERMANENTE. AUSÊNCIA DE LICENÇA EXPEDIDA PELO IBAMA. NECESSIDADE.

1. Em matéria ambiental, por estrita observância dos princípios da prevenção e da precaução, a atuação do ente público reveste-se de caráter tipicamente inibitório, porquanto se presta justamente a impedir o dano e a minorar o perigo de sua ocorrência.

2. Verifico que a empresa utiliza-se dos benefícios fiscais previstos na Lei 5.106/66 e no Decreto-Lei 1.134/70, que condicionam o corte de árvores em área de preservação permanente à edição de autorização do órgão ambiental federal, conforme exige a Portaria do IBAMA nº 50 N, de 17/04/98.

3. Não possuindo a empresa licença emitida pelo IBAMA, mas apenas a oriunda do ente estadual, correta a aplicação de multa e o embargo do corte pelo órgão federal.

4. Não há ilegalidade ou abusividade na atuação do IBAMA, pois, constatada a infração administrativa por mera violação a regra jurídica, e observados os princípios da legalidade e da anterioridade, resta autorizada a aplicação de penalidade ao infrator.

5. Não há Direito a prévio contraditório ou ampla defesa, uma vez que o Poder de Polícia é dotado dos atributos da discricionariedade, da auto-executoriedade e da coercibilidade.

(TRF/4ªR, AMS nº 2004.72.01.005949-0/SC, 3ª Turma, Rel. Juíza VÂNIA HACK DE ALMEIDA D.E. publicado em 23/08/2007)

Por esses motivos, forte no que dispõe o art. 557, §1º-A, do CPC, nego provimento à apelação do autor e dou provimento ao apelo do IBAMA, para o fim de para reformar a sentença e julgar improcedentes os pedidos deduzidos pelo autor, nos termos supra fundamentados. Honorária exclusivamente suportada pelo autor, arbitrada em 10% sobre o valor atualizado da causa.

Diligências legais.

Porto Alegre, 23 de abril de 2012.

Carlos Eduardo Thompson Flores Lenz
Relator

Documento eletrônico assinado por **Carlos Eduardo Thompson Flores Lenz, Relator**, na forma do artigo 1º, inciso III, da Lei 11.419, de 19 de dezembro de 2006 e Resolução TRF 4ª Região nº 17, de 26 de março de 2010. A conferência da **autenticidade do documento** está disponível no endereço eletrônico http://www.trf4.jus.br/trf4/processos/verifica.php, mediante o preenchimento do código verificador **4962603v3** e, se solicitado, do código CRC **D5155294**.

Informações adicionais da assinatura:

Signatário(a): Carlos Eduardo Thompson Flores Lenz

Data e Hora: 23/04/2012 16:29

ÍNDICE GERAL